El sujeto que falta

Directorio Institucional
UNIVERSIDAD AUTÓMOMA DE QUERÉTARO

Dra. Silvia Lorena Amaya Llano
Rectora

Dra. Oliva Solís Hernández
Secretaria Académica

Dr. José Salvador Arellano Rodríguez
Director de la Facultad de Filosofía

Mtro. Luis Mauricio Martínez Martínez
Enlace de Publicaciones de la Facultad de Filosofía

Lic. Diana Rodríguez Sánchez
Directora del Fondo Editorial Universitario

Davide E. Daturi
Mauricio Ávila Barba
José Antonio Mateos Castro
(coords.)

El sujeto que falta

Aproximaciones a un concepto necesario

UNIVERSIDAD **AUTÓNOMA** DE QUERÉTARO

FACULTAD DE FILOSOFÍA

sb

México • Madrid • Buenos Aires • Bogotá • Quito • Lima • Santiago • Montevideo • Asunción

Daturi, Davide E.

El sujeto que falta : aproximaciones a un concepto necesario / Davide E. Daturi ; Mauricio Ávila Barba ; José Antonio Mateos Castro. - 1a ed. - Ciudad Autónoma de Buenos Aires : SB, 2025.

226 p. ; 23 x 16 cm.

ISBN 978-631-6593-97-9

1. Filosofía Contemporánea. 2. Epistemología. 3. Ontología. I. Ávila Barba, Mauricio II. Mateos Castro, José Antonio III. Título

CDD 190

Esta obra fue dictaminada en su totalidad por tres pares académicos mediante el sistema doble ciego y fue sometida a un proceso de identificación de duplicidad de la información mediante un *software* especializado.

Este libro es producto de las investigaciones del cuerpo académico "Pensamiento Contemporáneo: Ser, Conocer y Hacer" de la Universidad Autónoma del Estado de México, del cuerpo académico "Filosofía Contemporánea" de la Universidad de Querétaro y del cuerpo académico "Modernidad y Humanismo" de la Universidad Autónoma de Tlaxcala, pertenecientes a la red de investigación "Filosofía, Cultura y Pensamiento".

ISBN 978-631-6593-97-9
1ª edición, 2025

Índice

Introducción
¿Quién viene después del sujeto? 9

Parte uno
El sujeto en diálogo con la ciencia y la epistemología

Neurofilosofía: del sujeto al cerebro 23
Mauricio Ávila

   I. Neurofilosofía: Distinciones disciplinares 25

   II. Neurofilosofía y Filosofía analítica 29

   III. Neurofilosofía: explicaciones precientíficas y potencial creativo
de la filosofía 34

   Conclusión 39

   Bibliografía 41

Sujeto y sentido en el auge de la inteligencia artificial 43
Davide Eugenio Daturi

   Sujeto y conciencia 44

   La inteligencia sin sujeto: el caso de la artificial 54

   Referencias 59

Epistemología y ontología: reflexión acerca del ocaso del sujeto
y la emergencia de la ciencia nueva 61
Roberto Andrés González Hinojosa

   Introducción 61

   CODA 76

   Referencias 77

Conciencia y cognición. En Memoria de Daniel Dennett (1942-2024) 79
Robert Stingl

    Introducción 79

    El "yo cartesiano" de Descartes frente al "teatro cartesiano" de
    Dennett 81

    Neurociencia y filosofía 83

    Conclusiones 87

    Referencias 88

PARTE DOS
El sujeto y la historia

El sujeto moderno, una construcción discursiva 91
Miguel Ángel Sobrino Ordóñez

    La concepción sustancialista de Descartes 94

    Kant: el yo como reunión de facultades 102

    Wittgenstein y la disolución del sujeto 106

    Conclusión 113

    Referencias 115

¿Sujeto? Hermenéutico 117
Mario Díaz Domínguez

    Introducción 117

    Hermenéutica y hermenéutica filosófica 118

    Elementos centrales de la hermenéutica 120

    Martin Heidegger y la hermenéutica 124

    Conclusiones 133

    Referencias 135

**Subjetividades posthumanas y tecnología:
explorando intersecciones entre humanidad y máquina** 137
Eduardo M. González de Luna

    Introducción 137

    Subjetividad y tecnología en el mundo contemporáneo 138

    Antecedentes teóricos 139

Paradigmas del posthumanismo:
Simondon, Deleuze, Guattari, Braidotti 142

Comentarios finales. El impacto actual de la tecnología
en la subjetividad 146

Referencias 147

PARTE TRES
El sujeto y la política

Discurso y crisis del sujeto: claves de reflexión posdemocráticas 151
Gabriel A. Corral Velázquez

    Introducción 151

    Discurso y sujeto: identidades en crisis 152

    Las claves posdemocráticas de la crisis 155

    Las claves de futuro 160

    Discusión 162

    Referencias 163

Los derechos humanos entre el individuo y la comunidad 165
Juan Monroy García

    Introducción 165

    Condiciones sociales y políticas de Europa 166

    Pensamiento utópico 167

    La concepción absolutista del Estado 169

    El liberalismo inglés 170

    El liberalismo francés 172

    El siglo XX y los derechos humanos 179

    Comentarios Finales 180

    Referencias 181

**Sujetos vulnerados: migrantes, excepción y ciudadanía
¿más allá de los derechos humanos?** 183
José Antonio Mateos Castro

    I 183

    II 185

III 192

A modo de conclusión.. 195

Referencias 196

La Constitución Mexicana de 1824. Una subjetivación germinal....... **199**
Herminio Nuñez Villavicencio

Introducción 199

Vientos de libertad en Europa 199

¿Qué sucedía, mientras tanto, en nuestro país? 202

La Polis en la Grecia antigua.. 204

¿Cuál era la acción política en la *Polis*? 206

La cuestión del sujeto en la actualidad................................ 209

Parte conclusiva.. 218

Referencias 218

Semblanzas de los autores... **221**

¿Quién viene después del sujeto?

El siglo XX ha sido escenario de una clara puesta en tela de juicio de la noción filosófica de sujeto, sobre todo en su acepción cartesiana, es decir, fundamentalmente "epistemológica". Esta "maniobra", desarrollada –de manera particular– en la filosofía francesa, debe considerarse como el punto de llegada de una crítica al poder de la Razón llevada a cabo de forma continua desde la época romántica, a pesar de que, en el planteamiento idealista, las nociones de sujeto y subjetividad mantuvieron un lugar predominante, hasta después coincidir en la crítica a una acepción "fuerte" de este concepto, en las obras de Marx, Freud y Nietzsche.

Por lo general, la problematización del sujeto empieza históricamente en relación con su participación consciente a la vida intersubjetiva. Nietzsche es uno de los primeros filósofos que pone en tela de juicio el hecho de que exista solo un Yo consciente detrás de nuestras acciones, mientras reflexiona sobre aquellos actos "sin sujeto" que nos mueven en el día a día y que a menudo solo el otro puede interpretar como el reflejo de alguna, si bien misteriosa, intención. El *id* freudiano sería finalmente una manera de ofrecer una explicación científica de las intuiciones nietzscheanas.

Sin embargo, la crítica se fue construyendo alrededor de otra arista central. El sujeto, como punto de llegada de la evolución animal mediante su propiedad esencial, la "consciencia", ha sido considerado a menudo como la causa principal de las problemáticas sociales, políticas, climáticas y educativas que atañen el mundo actual. La razón se ha individuado en la manera en que en la historia este sujeto se ha ido imponiendo sobre todo como sujeto técnico (y, en la actualidad, tecnológico) que controla y trasforma la realidad por intereses –en particular económicos y nacionalistas– que no siempre son para una mejora de la entera humanidad. Por lo cual, si se considera habitualmente que la violencia o las inigualdades humanas (la *barbarie humana* de la cual habla Vico) se deben a la animalidad intrínseca al ser humano, se pierde de vista que esta no hubiera podido prosperar y desarrollarse a los niveles en que nos encontramos sin la finalidad consciente propia del sujeto técnico.

Para dar una breve introducción genealógica a la definición filosófica del sujeto moderno, debemos reconocer a la obra cartesiana el mérito de conectar este concepto con la noción de conciencia (Agustín González Gallego, *Antropología filosófica. Del subjectum al sujeto*, Barcelona, Montesinos p. 20). Del sujeto intencional y substancial escolástico se pasa al sujeto pensante y autoconsciente de Descartes. Sin embargo, el paralelo entre sujeto y conciencia se hace más evidente en el momento en que Locke –en su célebre *Essays*– modifica la afirmación cartesiana, por la cual "pensar es tener una idea", en la expresión: "pensar significa estar consciente de una idea". Además, Locke se encarga de introducir y darle valor a la nueva noción epistemológica de consciencia (*consciousness*), distinguiéndola de la conciencia ética (*conscience*) que guía el sujeto en sus acciones, dando cabida, por tanto, a dos nociones de sujeto, el sujeto del conocer o "cognitivo" y el sujeto del actuar o "moral".

Kant fue probablemente el filósofo que más reconoció la complejidad de esta situación. No pudiendo afirmar una distinción esquizofrénica entre los dos dentro del mismo ser humano, habla de dos mundos (de la naturaleza y de los fines), cada uno caracterizado por juicios diferentes, el determinante y el moral, donde los dos elementos predominantes son, por un lado, el Yo Pienso que debe acompañar el sujeto cognitivo y, por otro, el interés que guía el sujeto moral. Hay momentos en donde el sujeto está interesado en conocer lo que percibe, y hay momentos en que actúa por el mismo Bien, guiado por el conocido Imperativo Categórico. En el medio está el querer que necesita determinar, es decir, representarse el objeto del deseo, y el vínculo entre conocer y querer se vuelve todavía más complejo. Sin embargo, el claro parteaguas abierto por los dos reinos pide necesariamente la introducción de un tercer juicio –el "estético"– para recomponer la fractura entre el mundo del conocimiento y el mundo de la acción moral. Es aquí en donde, como nos dice Agamben, saber y querer se encuentran mezclados en el vínculo generado por el objeto estético, y antes que todo por el artístico. No es difícil entender que, si se multiplican los juicios, esto es porque el ser humano empezaba a darse cuenta de que las experiencias que podían llevarlo a ser feliz ya no podían caer exclusivamente bajo las dos categorías clásicas, de la sensibilidad y la razón. De esta forma, el interés y el desinterés se propuso como coordenada trasversal, en donde puede haber juicios sensibles pero desinteresados (juicio estético) como juicios morales interesados (máximas).

Sucesivamente, fue Schopenhauer quien, en este horizonte de ideas, dirigió su atención hacia el elemento que permitiera poner orden en estas distinciones.

La consecuencia fue reconocer que, así como existe un interés consciente, de la misma manera existe un interés que nos guía de forma inconsciente, y detrás de ambos se debe postular el mismo principio: la Voluntad.

En este sentido, el sujeto epistemológico, que ha sido considerado el punto de partida de la filosofía moderna —como garante del conocimiento verdadero—, se vio suplantado finalmente por un sujeto inconsciente que llegaría a ser el verdadero motor del actuar humano con Freud, quien puso el sello final sobre este tema, introduciendo —como dijimos— la noción "científica" de inconsciente.

Ahora bien, en este texto —por un lado— es nuestra intención retomar el camino aquí dibujado en el afán de demostrar que la crítica al sujeto epistemológico no resuelve la cuestión de que, guste o no guste, la conciencia de nosotros mismos, un "Yo mínimo", como se dice actualmente en los estudios de fenomenología psicológica, independientemente de que seamos o no un producto de nuestras experiencias, acompaña claramente nuestra vida cotidiana. Es decir, siempre hay un sujeto como referente de nuestra relación consciente con el mundo. Solo que podemos definirlo en muchas otras maneras: no solo sujeto del conocimiento o moral, sino también, sujeto del deseo, sujeto de creencia, sujeto de amor, de odio, etc. La evidencia es que, a pesar de que se modifiquen nuestras experiencias, además de los contenidos, hay una constancia que no puede ponerse en duda.

A menudo, se considera erróneamente que la filosofía estructuralista y posestructuralista del siglo XX se haya opuesto enérgicamente a toda noción de sujeto introducida en la historia de la filosofía, sobre todo en aquella moderna. Sin embargo, las críticas de Foucault, Deleuze, Bataille, Lacan, Althusser, Lyotard, y luego de Badiou, Nancy, Rancière, Derrida y Butler, deben contextualizarse para una mejor comprensión de estas ideas. Partimos del hecho de que una visión crítica de la reflexión en filosofía y un llamado a dar cuenta y estudiar la manera en que el cuerpo se relaciona con el mundo de manera prerreflexiva o pretética está ya presente en Sartre y, desde luego en Merleau-Ponty, dos filósofos que tuvieron —sobre todo el segundo— una amplia influencia sobre los autores que acabamos de citar. La idea principal era que el sujeto, así como se conoce comúnmente desde la mirada filosófica moderna, reflexivo y teleológico en el sentido de que piensa y actúa escogiendo los medios adecuados para alcanzar un fin, ese sujeto debe contrastarse con un sujeto que tiene una relación mucho más compleja con el entorno en el que vive. De esta forma, nociones como identidad individual, lingüística, cultural, sexual, etc. empezaron a aparecer como la consecuencia de un proceso de subjetivación que empieza desde temprana edad y toda teoría que propusiera una idea estática de sujeto, desde la primera noción platónica de alma, tenían el claro defecto de reflejar una particular, pero sesgada y limitada, "imagen del pensamiento". Es así como los otros autores citados dieron su aportación sobre este tema, sosteniendo la idea de que había llegado la hora de desechar completamente este concepto en el interior de la disciplina filosófica. Pero esta "maniobra" no daba cuenta de que no solo la filosofía, sino el ser humano mismo, corría el riesgo de que con el agua sucia se desechara también el niño, porque con el sujeto se iban aquellas pocas certezas epistemológicas, morales, estéticas, sobre las cuales se había podido mantener juntos individuos, culturas, ideologías sumamente diferentes. Después de todo, ¿hacia dónde había que mirar?

En 1988 salió la publicación de un dossier de la revista *Topoi*, coordinado por Jean Luc Nancy, cuyo título refleja el fenómeno de desaparición de la noción de sujeto en el panorama filosófico francés que hemos descrito. El título del dossier era este: *¿Who comes after the subject?* Entre los autores invitados, con breves contribuciones, encontramos algunas de las figuras más relevantes de la filosofía francesa de la época: Badiou, Deleuze, Blanchot, Henry, Marion, Rancière. Sin embargo, más que cualquier otro, el texto de un filósofo menos conocido, Vincent Descombes, titulado "A Propos of the 'Critique of the Subject' and of the Critique of this Critique", incluido en el mismo dossier, permite entender un aspecto particularmente significativo de la problemática del fin o, más bien, de la "muerte" del sujeto. Como ya se dijo, la crítica nietzscheana al sujeto estaba dirigida sobre todo a la idea de que toda nuestra experiencia del mundo es consciente. La importancia de intelectuales que vivieron en la misma época y directamente conectadas como Schopenhauer, el mismo Nietzsche y, desde luego, Freud, está en la manera en que crearon las bases para un pensamiento científico del campo de fenómenos psíquicos que anteriormente se habían quedado encerrados en el mundo de la creación artística y que ahora se introduce en la categoría de los productos del inconsciente. Para este aspecto, Rancière desarrolla el concepto de "inconsciente estético", viendo justo en el psicoanálisis freudiano el primer visto bueno científico a una teorización del mundo inconsciente. En el número especial de la revista *Topoi*, la propuesta de Descombes hace hincapié en el hecho de que quien viene después del sujeto es el sujeto mismo, ya que la crítica que empieza con la introducción de la noción de inconsciente nunca ha estado en contra de la noción de sujeto y tampoco de aquella de consciencia. Por su parte, la propuesta de Lacan, retomada por Foucault y Deleuze, era más bien poner en tela de juicio la manera en que cada ser humano había sido considerado desde la edad media hasta la actualidad como un único e inquebrantable individuo que atraviesa toda su vida sin transformaciones –además de las relativas a la iconología de las tres etapas de la vida–, proponiendo en cambio la necesidad de verlo como un producto de la naturaleza fáctica y concreta de las relaciones sociales y de poder. Por tanto, Descombes sostiene que no se ha renunciado a la noción de sujeto, sino la cuestión es entender "qué sujeto viene después del sujeto moderno".

En este tenor, es decir, en el afán de contestar a esta pregunta, ha sido pensado el presente texto. Y, justo por esta razón, creemos que regresar al cuestionamiento de la noción de sujeto no es una maniobra obsoleta, como podría parecer en un primer momento. No es volver sobre un tema que en otro tiempo ya ha sido objeto de múltiples miradas críticas, sino que refleja la necesidad de dibujar un territorio de investigación sobre un problema viejo que, empero, se va midiendo con el hecho concreto de un ser humano sumergido en un mundo nuevo, en donde, sobre todo, las relaciones interpersonales dependen cada vez más de los medios tecnológicos. Y el filósofo debe llegar a dar cuenta de esto. Las formas de fragmentación de los intereses y deseos personales en numerosas experiencias tienen su fundamento en la reiteración sin pausa de imágenes y textos en los medios de comunicación actuales, que va más allá de las mejores expectativas del capitalismo clásico. Es aquí en donde vive un nuevo sujeto, el digital, que es todo menos un ser único, autoconsciente e igual a sí mismo. Un ejemplo es la construcción de comunidades virtuales en donde no hay un Yo sino un aglomerado de sujetos larvales que viven la existencia efímera de avatares, en el tiempo entre la entrada y salida de la aplicación.

La razón de nuestra investigación colectiva se encuentra, por tanto, en un paso sucesivo respecto al marco, además fundamental, de la obra posestructuralista de Lacan, Foucault, Deleuze, Badiou, etc. Se trata, sobre todo, de repensar la cuestión de la subjetividad a la luz de nuevas aristas en que este tema se ha articulado en los últimos años. Sin embargo, lo haremos también dirigiendo nuestra atención al pasado para poder alcanzar una mejor determinación de las bases conceptuales e incluso terminológicas de las cuales depende nuestra comprensión del presente y nuestra proyección del futuro.

De esta manera, por tanto, con la intención de mezclar lecturas y propuestas que miran hacia el pasado para leer el presente o que miran hacia el presente para comprender el futuro próximo, hablamos aquí de un *sujeto que falta* porque se tratará de visualizarlo a la luz de una necesidad que apremia, si queremos entender mejor al ser humano de la primera mitad del siglo XXI. Para hacerlo se decidió dividir el libro en tres secciones correspondientes a tres tópicos céntrales: el sujeto en la ciencia y epistemología, en la historia y en la política. Esta elección temática refleja el hecho de que la disolución de este concepto no impide buscarlo en algunas de las instituciones más relevantes del mundo occidental como la ciencia y la política o en el mismo proceso de transformación epistemológica que de la metafísica clásica y el sujeto cartesiano llega a los planteamientos kantianos y luego al siglo veinte, pero ya con supuestos diferentes, con la fenomenología y Wittgenstein.

La primera parte de esta obra, dirigida a la comprensión de la relación del sujeto con los desarrollos científicos, se abre con la participación de Mauricio Ávila Barba quien, en el trabajo "Neurofilosofía: Del sujeto al cerebro", sugiere la eliminación de la noción de "sujeto". Si dicha noción, aunque de manera problemática, históricamente está definida por el cartesianismo (como una sustancia cuyo atributo es la conciencia, así como las modalidades que le corresponden: sentir, pensar, dudar, etc.); si la neurociencia ha desplazado las explicaciones cartesianas sobre lo mental por los enfoques basados, entre otros aspectos, en el cerebro; entonces, ¿para qué mantener la noción de "sujeto", si ésta no contiene ninguna "virtud explicativa" en el marco de la neurociencia?

Una perspectiva teórica-metodológica que permite la eliminación de una jerga filosófica que implica la noción de "sujeto" será la neurofilosofía. En este trabajo, Ávila Barba sugiere el vínculo de la filosofía con la neurociencia, propuesto por P. S. Churchland. Churchland, quien se deslinda de la filosofía de la mente, estableció una relación paradójica entre dichas disciplinas: La filosofía como una explicación precientífica y, a la vez, como una reflexión creativa sobre los problemas de la neurociencia.

Sucesivamente encontramos la contribución de Davide E. Daturi quien sostiene la necesidad de relacionar la noción de sujeto con aquella de sentido. A pesar de que no se puede negar que este concepto nace en la época moderna, antes de Descartes, en el hombre libre e individualista del final de la edad media, es imposible pensar en el sujeto práctico de la cultura burguesa sin conectarlo con la noción amplia de sentido, por el hecho incuestionable de que, seamos seres racionales o más emotivos, en el momento en que nos dirigimos hacia el mundo siempre generamos una mínima noción de qué es lo que está ahí, frente a nosotros, en aquel que llamamos "el mundo real". Somos sujetos de experiencia y, finalmente, desde muy pequeños aprendemos a manejar sentido. Sin embargo, para Daturi, este aspecto no es el único que caracteriza la naturaleza humana. El arte y la creatividad nos permiten hablar también de actos que se mueven en la frontera del sentido, ya que somos capaces de crear cosas nuevas y, por consiguiente, nuevo sentido, porque sabemos mirar hacia una región meramente potencial –mediante la relación sensible del cuerpo con el mundo material– para la cual el autor introduce la noción de "sentido de horizonte". A partir de este marco conceptual finalmente Daturi sostiene que la diferencia fundamental entre la manera en que un ser humano maneja el sentido y una máquina de Inteligencia Artificial no se debe solo a la conciencia que, podemos decir, el primero tiene del mundo y de sí mismo, sino que se debe precisamente a la carencia en la segunda, por ahora, de la capacidad de crear el descrito "sentido de horizonte".

El tercer texto que reflexiona sobre la noción de sujeto en el ámbito del conocimiento se titula "Epistemología y ontología: Reflexión acerca del ocaso del sujeto y la emergencia de la ciencia nueva", escrito por Roberto Andrés González Hinojosa. Este investigador sostiene que la Modernidad fue "regida por leyes inamovibles, mismas que servían de base para dos cosas, por un lado, para una visión uniforme del ser, y, en segundo lugar, para enarbolar la esperanza de una forma de la verdad concebida como universal y necesaria". En este sentido, para el autor, "la correspondencia entre el ser y el pensar, ha venido a ser posible a partir de esta razón que en su fondo se piensa como homogénea", donde el punto más álgido ha sido alcanzado por la idea de un sujeto único y todopoderoso. Sin embargo, la intención del autor es hacer hincapié en que el "el ocaso del sujeto" que caracteriza la época actual responde a un "agotamiento del solipsismo" que había abonado a la visión descrita. Es en este marco de crisis de la noción de sujeto que se puede perfilar una nueva ciencia para nuestro tiempo, si bien a favor de un conocimiento "irremediablemente relativo y provisional".

Finalmente, en la última contribución de esta primera parte, Robert Stingl nos propone una lectura de la obra del filósofo cognitivo Daniel Dennett, a modo también de homenaje dado su reciente fallecimiento. Después de una introducción del pensamiento del pensador estadounidense, el autor nos propone una lectura de la noción de sujeto en línea con el planteamiento general de este filósofo, recordando que la consciencia, como principio fundamental de la subjetividad, es un mero producto de la evolución y, por tanto, el que llamamos sujeto debe verse exclusivamente en este marco específico, es decir, como el simple producto de una ilusión.

La segunda parte del libro se compone de contribuciones que privilegian un estudio histórico de la noción de sujeto con el fin de rastrear la manera en que este concepto se ha ido formando y transformando tanto en la filosofía como en la realidad del hombre occidental. El primer texto incluido en este tópico es el capítulo de Miguel Ángel Sobrino, quien recorre de manera cuidadosa el camino que desde Descartes llega a Wittgenstein, pasando por

Kant. Para Sobrino, estos tres autores permiten entender cómo, desde la introducción cartesiana de una noción fuerte de sujeto epistemológico y ético, este ente que actúa como fundamento del conocimiento y de la conducta haya ido perdiendo su substancialidad con el sujeto trascendental kantiano, hasta que, con Wittgenstein, se puede hablar de una verdadera "disolución del sujeto", a excepción de su tratamiento exclusivo en un marco metafísico.

Sucesivamente, el texto "¿Sujeto? Hermenéutico", Mario Diaz Domínguez sostiene que a partir del pensamiento moderno la idea de sujeto ha marcado el rumbo de la filosofía, ya sea para enaltecerlo, destronarlo o moderarlo en relación con otros entes. Sea cual fuere el camino de la elección, este ha sido pensado a partir de la idea de objeto, es decir, que el sujeto es visto desde el ámbito epistemológico, a saber, sujeto-objeto. Tenemos entonces un sujeto cognoscente de lo que hay en el mundo, un sujeto que aprehende a los objetos y nos dice lo que son al poder determinarlos. Sin embargo, esta actitud epistemológica ha generado que el sujeto sea concebido como aquel que posee el conocimiento y pueda ejercer cierto dominio y control sobre el objeto conocido. Ante esta premisa no tenemos dilema alguno al reconocer que es el sujeto quien conoce al objeto, sin embargo, lo que ponemos en cuestión es el tipo de conocimiento, la finalidad y el uso que hace el sujeto del mismo, esto es, que si asumimos el conocimiento en aras de dominio y control se ejerce cierta manipulación sobre el objeto, lo cual genera que no se le conozca como tal sino como es moldeado a los intereses del sujeto. La brújula que guía este trabajo es anteponer a esa idea de sujeto epistémico una idea de sujeto hermenéutico, el cual problematizaría su habitar en el mundo en relación con los objetos. Esto nos conduciría a pensar el sujeto y el objeto de otra manera para clarificar, a partir de esa relación, la estructura última de la propia constitución del sujeto, que no sería epistémica sino hermenéutica. La filosofía temprana de Martin Heidegger nos permite pensar al sujeto fuera del baremo de la epistemología y retrotraerlo a sede hermenéutica para así encontrar una idea de sujeto donde no es amo y señor de las cosas y mucho menos del mundo que habita.

La siguiente aportación correspondiente a esta área es el texto titulado "Subjetividades posthumanas y tecnología: Explorando intersecciones entre humanidad y máquina". En dicho trabajo, Eduardo Manuel González de Luna elabora un recorrido histórico por diferentes definiciones sobre la noción de "subjetividad". Comienza con I. Kant, quien vincula la noción de "sujeto" —trascendental— a una *instancia* que juzga moralmente sus propias acciones, esto en el marco de la razón y el imperativo categórico. Continúa con T. Adorno y M. Horkheimer, quienes denuncian a la subjetividad propia de la Modernidad, caracterizada por la racionalidad instrumental y la industria cultural. Termina con las nociones de "subjetividad" y "tecnología" en el Posthumanismo, desde las perspectivas de Gilbert Simondon, Gilles Deleuze, Félix Guattari y Rosi Braidotti, quienes, desde diferentes supuestos, analizan los modos de ser y percibir el mundo que emergen a medida que la tecnología define la vida humana.

González de Luna sugiere que en el posthumanismo es factible rechazar las formas tradicionales y estáticas de la identidad. Por ello, plantea una constitución de la subjetividad en el marco de la tecnología, de la vida *con* y *en* las máquinas, que permita desplazar la visión antropocéntrica y humanista que coloca al ser humano en el centro del universo. Lo anterior posibilitaría trastocar la calidad y la naturaleza de las relaciones entre diferentes entidades, tal como los animales humanos, los animales no humanos, las plantas y las tecnologías.

Finalmente, en la tercera sección del libro se reflexiona sobre la posibilidad de rescatar una noción más adecuada de sujeto en el marco de las relaciones interpersonales que constituyen en general la vida política. En el trabajo "Discurso y Crisis del Sujeto: Claves de Reflexión posdemocráticas", Gabriel Alfonso Corral Velázquez articula la noción del "sujeto" en el ámbito de la producción de los discursos en las sociedades posdemocráticas. Por la noción de "posdemocracia" se entiende la condición de las sociedades complejas y diversas que no pueden articularse bajo una noción de "identidad" ni de "discurso" hegemónicos.

En discusión con Ernesto Laclau y Chantal Mouffe, Corral Velázquez propone que la hegemonía del discurso se refiere a la capacidad de un grupo social para construir y mantener un consenso en torno a ciertos significados y prácticas. La crisis del sujeto se enmarca en un quiebre discursivo que da paso a una democracia que posibilita la inclusión y el reconocimiento de nuevas demandas y sujetos políticos. Por ello, continúa Corral Velázquez, en una sociedad posdemocrática es imperativa la crisis del sujeto, éste definido unívocamente desde significados y prácticas hegemónicas, y dar paso a la creación de significantes vacíos; términos que pueden ser llenados con diferentes contenidos, según las necesidades de la lucha política. Con base en lo anterior, sería posible la unificación de demandas heterogéneas bajo una identidad colectiva común.

A continuación, en un amplio recorrido histórico que tiene como centro de interés el surgimiento de las libertades modernas en el mundo occidental, Juan Monroy considera que la noción de sujeto se puede rastrear en la historia de la Europa central y, de manera particular, en el desarrollo de las ideas que desde el surgimiento del Humanismo renacentista llevan a la época contemporánea hasta la institución de los derechos humanos mediante los cuales se fue reconociendo el carácter de individuo del sujeto, como posesor de derechos único e inalienables, en el marco de los proyectos democráticos actuales.

El tercer texto de esta sección, titulado "Sujetos vulnerados: migrantes, excepción y ciudadanía ¿más allá de los Derechos Humanos?" el autor, José Antonio Mateos Castro, plantea la necesidad de problematizar la situación del migrante, los vacíos jurídicos y los lugares de excepción, además de los Derechos Humanos (DH) y sociales negados o no reconocidos en las cartas magnas y/o convenciones. Este ejercicio filosófico de problematizar la situación que viven los sujetos vulnerados lo lleva a plantear una forma distinta para concebir a los Derechos Humanos, no solo desde una perspectiva jurídica, sino también moral o filosófica menos abstracta, es decir, más abierta e incluyente.

Ante este panorama, considera Mateos Castro que forma distinta de pensar a los DH tendría que optar por una protección más allá del estado-nación. Considerarlo no como la instancia que concede derechos —no violenta— sino como la instancia que debe velar por ellos, protegerlos. Hacer del Estado un medio y no un fin, no aquel que impone límites. En otras palabras, crear un paradigma más allá de la política y el Estado-nación. Se trata de pensar los DH como defensa moral sobre la cual se articulan las relaciones entre estados y actores no gubernamentales con un alcance transnacional. De tal modo que, los DH son quizá, la última utopía, que se mantiene en pie, que ha resistido, que no ha naufragado. Mateos considera que los DH son derechos morales, proyecto utópico, lucha política y moral, incluso más allá de lo jurídico, es más, como un nuevo proceso y no como la última etapa de los DH, utopía sin la cual, ¿qué nos quedaría de humanos?

Finalmente, la última aportación de la sección y del libro es el trabajo de Herminio Nuñez Villavicencio, quien propone una reflexión de amplio vuelo y sumamente original de la noción de sujeto y sobre todo en torno a la posibilidad de entender este concepto en el marco de la realidad histórica y social de México. Reconocido y atento estudioso de los puntos de contacto entre problemáticas históricas, filosóficas y literarias, Nuñez desarrolla un discurso genealógico que trata de aclarar la manera en que se llevó a cabo aquella que define una "subjetivación marginal" mediante la primera Constitución de los Estados Unidos Mexicanos de 1824. Para lograrlo partirá de una reflexión sobre el espíritu de libertad que, sin bien se piensa que tiene un origen moderno, encuentra su antecedente histórico en la polis griega. De hecho, no hay que olvidar el hecho de que la historia de Atenas y Esparta fue un punto de referencia central para los revolucionarios franceses en la fundamentación de su discurso. De ahí el teatro pasa necesariamente a tratar de entender las diferencias entre mundo griego antiguo y el nacimiento de la nación en que se reconocen los mexicanos de hoy. Para llevarlo a cabo, según Nuñez, es relevante entender el contexto de la colonización en el que, antes de la *Independencia*, se crearon las bases de la sociedad mexicana. En este sentido, la clave para entender el sujeto moderno en México es el individualismo propagado por el capitalismo occidental, por lo cual, en lugar de basarse en una verdadera comunidad, se ha tratado de dar vida a una sociedad de individuos. Si bien es difícil regresar al pasado, es en este marco que, según Herminio Nuñez, frente a un sujeto "funcionario", se tiene que poder pensar en la transformación de la realidad social mediante la propuesta de un sujeto "crítico".

En cada uno de los trabajos presentados, la noción de sujeto se articula en un dominio de conceptos que se organizan y transitan por diferentes espacios: el científico, el psicológico, el ético-moral, el político, el histórico, entre otros. Además, como lo señaló M. Foucault, cada dominio se dispone en *una trama propia*, la cual, aunque sea de manera difusa, se estructura bajo *formas de sucesión, campos de presencia y campos de intervención*, esto es, procedimientos que, legítimamente, se pueden aplicar a los enunciados y conceptos. Así, la noción de sujeto, junto con los conceptos que la acompañan, se ubica en *ordenaciones enunciativas* propias de cada dominio (inferencias, razonamientos demostrativos, formas de los relatos, etc.). También, ésta queda circunscrita a campos de presencia donde transita como verdad admitida; a campos de concomitancia que permiten distinguirla de las nociones de otros dominios; así como a campos de la memoria donde figura sólo como un concepto en desuso. Finalmente, ésta queda sometida a reglas de transcripción, re-escritura y traducción (pautas para la *re-elaboración* de los conceptos en un dominio); pero, también, los conceptos que integran un dominio se circunscriben a reglas de transferencia (pautas que se siguen para trasladar conceptos de un dominio a otro), así como a reglas de aproximación (pautas legítimas para precisar conceptos).

La noción de sujeto, entonces, es una suerte de concepto errante. En cada dominio se afianza, se reinventa o se olvida. Por ello, la expresión "el sujeto que falta", hilo conductor de esta compilación, sugiere al lector, o bien articular toda reflexión bajo dicha noción, sin la cual, por ejemplo, ni la política ni la ética tendrían sentido; o bien a re-plantearla y despojarla de su origen cartesiano y/o kantiano, adecuándola a nuevos paradigmas filosóficos, históricos, políticos, entre otros; o bien a olvidarla o a ubicarla en el espacio de la memoria, como un concepto que circula en muchos dominios pero inoperante.

Finalmente, agradecemos a la Universidad Autónoma de Querétaro (UAQ), así como al Dr. José Salvador Arellano Rodríguez, director de la

Facultad de Filosofía de la misma universidad, su apoyo para la publicación de este libro; fruto del esfuerzo de los miembros de la Red filosofía, pensamiento y sociedad, con clave 6609/REDP2022, incorporada en el registro permanente de Redes temáticas de colaboración académica de la Universidad Autónoma del Estado de México (UAEMéx) y que reúne cuerpos académicos de las ya citadas UAQ, UAEMéx y de la Universidad Autónoma de Tlaxcala (UAT).

Davide Eugenio Daturi
Mauricio Ávila Barba
José Antonio Mateos Castro

Parte uno

El sujeto en diálogo con la ciencia y la epistemología

Neurofilosofía: del sujeto al cerebro

Mauricio Ávila

Universidad Autónoma de Querétaro

> Las preguntas, ya sean formuladas por filósofos o neu-
> rocientíficos, son parte de la misma investigación ge-
> neral sobre el cerebro-mente. Las distinciones admi-
> nistrativas tienen un propósito en lo que respecta a
> proporcionar espacios de oficinas y salarios.
>
> P. S. Churchland (1986)

La noción de "Sujeto" es equívoca. Unas veces señala hacia una posición vacía que puede ser ocupada por quien cumpla con requisitos específicos: el médico ante el enfermo, el psicólogo ante el paciente, el abogado ante el delincuente, etc.; otras veces refiere a un lugar en el enunciado: Sujeto, verbo y complemento; otras veces señala un elemento en la dupla del conocimiento: Sujeto y objeto; otras veces, denota una entidad de naturaleza inmaterial; entre muchas otras posibilidades. En este último sentido, en la historia de la filosofía, la noción de "Sujeto" se ha remitido a la filosofía cartesiana: Al sujeto se le define a través de la noción de "Sustancia", distinta a la noción de "Extensión", cuyo atributo es el pensamiento.

Desde diferentes tradiciones se han realizado muchos cuestionamientos a esta concepción dualista del humano. En los últimos años, la filosofía de la mente se integró a una *zona de reunión* que convocaba muchas disciplinas en torno a la naturaleza de lo mental. Entre otros tópicos, se tomó como reto una paradoja de la doctrina cartesiana sobre lo mental: ¿Cómo podían interactuar dos sustancias que tenían atributos distintos: la extensión y el pensamiento? Aquí la filosofía de la mente tenía un papel específico: Hacer un análisis del lenguaje. Como lo mencionó P. M. Churchland en su libro *Matter and*

Consciousness (1988), con la filosofía se puso de manifiesto el carácter del auto-conocimiento de la mente (esto al propiciar una definición clara en las posibles teorías y los tipos de pruebas que eran necesarias para su esclarecimiento); además, ella contribuyó a la clarificación de los problemas ontológicos, lógicos, epistémicos y metodológicos implicados en el problema mente-cuerpo. De esta manera, junto con la psicología cognitiva, la inteligencia artificial, las neurociencias, entre otras disciplinas, la filosofía –*la analítica*– contribuía al planteamiento *multidimensional* sobre la naturaleza de los estados mentales.

En 1986, Patricia Smith Churchland publicó el libro *Neurophilosophy: Toward a Unified Science of the Mind-Brain*. El título era muy original –antes no se había escuchado la noción de "Neurofilosofía"–, sugerente y, al mismo tiempo, controvertido. Ella presentó a la neurofilosofía en una dirección distinta, aunque no excluyente, de la seguida por la filosofía de la mente.

En una entrevista para *Serius Science* (2015), ella sostuvo que la neurociencia podría dar respuesta –no definitiva– a los problemas sobre la mente y el cuerpo, la conciencia, la libertad, la moralidad, entre otras cuestiones planteadas en la filosofía. Agregó que el *desplazamiento* de los problemas de la filosofía a la neurociencia se justificaba, pues los estados mentales (por ejemplo, nuestra capacidad de aprender, recordar o pensar) eran funciones del cerebro. ¿Cuál era, entonces, el vínculo entre la filosofía y la neurociencia que planteaba P. S. Churchland? Al respecto, ella nos sugiere que la relación entre filosofía y neurociencia se caracteriza por un entramado entre las preguntas de la filosofía y las respuestas de la neurociencia; a la filosofía ya no se le concibe como una suerte de herramienta de análisis del lenguaje que permitiría la precisión de los conceptos sobre lo mental.

¿Cómo se insertó el sujeto cartesiano en el marco de la neurofilosofía? Lo anterior conlleva a preguntarse sobre las características implicadas en el vínculo existente entre neurociencia y filosofía que se plantea en la neurofilosofía: ¿El nexo entre neurociencia y filosofía es una reducción o una eliminación de los problemas, de los objetos, de los conceptos, de los métodos, de la segunda por la primera; o constituye el reconocimiento de un estilo de pensamiento, de preguntar –el filosófico– implicado –no tomado en cuenta– en la actividad científica de la neurociencia?

Entonces, para analizar el vínculo entre filosofía y neurociencia, así como el estatus del sujeto cartesiano en el problema sobre lo mental, en este trabajo exploramos tres aproximaciones a las preguntas anteriores: Primero, problematizamos el vínculo entre la filosofía y la neurociencia; en segundo lugar, planteamos un deslinde entre la neurociencia y el análisis conceptual, propio de la filosofía analítica (Filosofía de la mente); en tercer lugar, describimos la doble relación que P. S. Churchland planteó entre la neurociencia y la filosofía: La filosofía como una explicación precientífica y como una reflexión creativa sobre los problemas de la neurociencia.

Con ello mostramos cómo la noción de "Sujeto" –la cartesiana– está eliminada de todo estudio sobre lo mental en el ámbito de la neurofilosofía. Pero, sugerimos que, bajo el rigor de la neurofilosofía, también se pretende que otros problemas de la filosofía sean eliminados –o, al menos, reducidos– en favor de las explicaciones de la neurociencia.

I. Neurofilosofía: Distinciones disciplinares

Diferenciar *disciplinas* apelando, por ejemplo, a la distinción escolástica entre el objeto de estudio material y el objeto de estudio formal –algo así como el *fenómeno* a estudiar y la perspectiva particular del estudio– es relativamente sencillo si distinguimos *la* ética de *la* psicología –ambas abordan los actos humanos, quizá la primera desde el punto de vista de sus condiciones de moralidad buena o mala, o en su carácter amoral; la segunda desde la perspectiva de sus motivaciones, condicionamientos, etc. Pero toda distinción se complica cuando se trata de *disciplinas* como *la* sociología, *la* psicología social y *la* antropología social: entre ellas se comparten conceptos, métodos de trabajo, entre otros aspectos.

Aunque sea una clasificación en desuso –una diferenciación entre el objeto formal y el objeto material–, podemos estar tentados a distinguir a la neurociencia de la filosofía, y viceversa, a través de dos distintos *rigores*: la investigación empírica (neurociencia) y, por poner un ejemplo, la investigación conceptual (filosofía); la primera investiga el *fenómeno* mental-corporal, la segunda se enfoca en la precisión lógica-conceptual. Sin embargo, la doble perspectiva del *mismo objeto* de estudio no define a la neurofilosofía. P. S. Churchland no propone dos perspectivas de análisis sobre lo mental. Se requiere de otra *clave* para visualizar la relación filosofía y neurociencia en la noción de "Neurofilosofía". P. S. Churchland no sólo planteó una movilidad de investigadores por distintos departamentos, un tránsito de la filosofía a los laboratorios, lo que implicó una *indistinción* –acotada– entre los asuntos de la neurociencia y la filosofía (una cooperación); empero, paradójicamente, además ella sostuvo un rechazo de la primera hacia la segunda.

En el libro *El orden del discurso*, Michel Foucault (2002) expresó que una "disciplina" "define un ámbito de objetos, un conjunto de métodos, un *corpus* de proposiciones consideradas verdaderas, un juego de reglas y de definiciones, de técnicas y de instrumentos" (33). La idea es básica: la *realidad*, en sí misma, *no es ni filosófica ni neurocientífica*; depende de la formulación que se haga de ella, lo que no quiere decir que cualquier *cuento de hadas* pueda pasar como lo *real*. Con base en ello, la neurofilosofía se nos plantea en términos de un *corpus* –incipiente, así lo considera P. S. Churchland– alrededor de un objeto de estudio, al menos, *neuro-filosófico*: mente-cuerpo. Así, la neurofilosofía constituye una formulación de lo *real* que implica un objeto de estudio –lo mental–, articulado por un acercamiento y rechazo de la neurociencia a cierta filosofía.

Para entender esta articulación *plural* de un objeto de estudio, destaquemos tres ejemplos; el acercamiento y rechazo de la neurociencia hacia la filosofía, lo veremos en los apartados siguientes.

Primero. En la *Arqueología del saber* (1969), M. Foucault sugirió que la definición del objeto "enfermedad mental", en el s. XIX, el discurso psiquiátrico *puso en obra* un conjunto de relaciones determinadas, al menos, de carácter médico-psicológico-jurídico:

> relaciones entre planos de especificación, como las categorías penales y los grados de responsabilidad disminuida. Relaciones entre instancias de decisión médica e instancias de decisión judicial. Relación entre las normas familiares, sexuales, penales del comportamiento de los individuos y el cuadro de los síntomas patológicos y de las enfermedades de que son signos. Relación entre la restricción terapéutica en el medio hospitalario y la restricción punitiva en la prisión (59-60).

Segundo. En la *Guía nacional para la integración y el funcionamiento de los comités hospitalarios de bioética* (2015), el fenómeno ético-moral no se define como un asunto de carácter filosófico. Al contrario, en el análisis y la resolución de un problema moral se pone en juego diversas instancias:

> En la resolución de los dilemas éticos: 1. Los profesionales de la salud clarifican los datos clínicos del caso, como el diagnóstico, el pronóstico y las alternativas de tratamiento, esto debe ser considerado como el paso previo a todo análisis bioético; 2. El experto en bioética conduce la reflexión y la ponderación de los valores y principios en conflicto, conforme a la metodología de análisis bioético; 3. El abogado define el marco legal vigente y los aspectos legales a contemplar bajo el cual se analizará el caso; y 4. Los representantes ciudadanos hacen consideraciones como usuarios de los servicios de salud (20).

Entonces, *lo moral* se ha tornado en un entramado, al menos, ético-médico-jurídico. No son tres perspectivas del mismo hecho. Al contrario, insistimos, el asunto moral, en el ámbito de la práctica médica, está articulado por diferentes *saberes*.

Tercero. En el ámbito de la investigación científica, el valor social y, sobre todo, el moral acompañan y constituyen el *rigor* científico; otra vez: no es que lo ético, lo social y lo científico sean perspectivas de *la* práctica científica, constituyen la propia práctica y sus objetos de estudio. Como se describe en las pautas CIOMS (2016).

> Aunque el valor social y científico es la justificación fundamental para realizar una investigación, los investigadores, patrocinadores, comités de ética de la investigación y autoridades de salud tienen la obligación moral de asegurar que toda investigación se realice de tal manera que preserve los derechos humanos y respete, proteja y sea justa con los participantes en el estudio y las comunidades donde se realiza la investigación. El valor social y científico no puede legitimar que los participantes en el estudio o las comunidades anfitrionas sean sometidos a maltratos o injusticias (1).

No discutimos si las *ideas* sobre la enfermedad mental son verdaderas o no, o si el entramado entre lo moral, el valor social y el valor científico que condicionan a una investigación sean aceptables; en cada comunidad epistémica se pondrá a prueba las razones de tales propuestas. En realidad, lo que se descarta, en primera instancia, es la *existencia* de un objeto en *sí mismo* –un presupuesto ya muy cuestionado en la filosofía de la ciencia– y la presuposición de qué hay diferentes miradas sobre éste (la ética, la social, la jurídica, etc.): El objeto es una construcción; no quiere decir que es arbitraria. En consecuencia con lo anterior, de manera más enfática, se recuperan formulaciones que desbordan los límites *disciplinares con sus objetos y prácticas*: el objeto "enfermedad mental" *es*, al menos, psicológico-jurídico; el objeto "moral" *es*, al menos, ético-médico-jurídico; y la investigación científica *es*, al menos, ética-social.

Se podría estar tentado a soslayar la relevancia social y las implicaciones morales en la investigación científica: el mundo *es lo que es* y una *indagación*, aunque no tenga valor social, podría dar cuenta de lo *real*. También, apelando a toda *una* historia, se podría fijar lo moral al dominio de la filosofía y, así, reclamar su título de propiedad para los filósofos. Sin embargo, más que apelar a un criterio epistémico con el cual definir los límites entre diferentes disciplinas y tradiciones, es relevante advertir cómo *proyectos de investigación* rompen con sus límites disciplinares y van ganando terreno en distintos ámbitos, tales como académicos, políticos, terapéuticos, etc.

La apuesta de la neurofilosofía tiene este matiz. P. S. Churchland insinúa que su formulación es incipiente: No hay una historia de la neurofilosofía. En el libro publicado en 1986, las pretensiones de una teoría unificada de mente-cerebro y los retos que esto implicaba –como una respuesta satisfactoria al reduccionismo de la mente al cuerpo– articulaban uno de los hilos conductores que vincularían a la filosofía con la neurociencia y, con ello, al menos desborda los límites de la filosofía que pretendía dar cuenta de lo mental a través de soluciones metafísicas; incluso, restringe –sin demeritar– a la filosofía que se centra en el análisis de lenguaje.

En gran medida, la articulación entre la filosofía y la neurociencia se deriva de una apuesta ontológica: *el materialismo* (Churchland, 1986, 1). La simplicidad, como virtud epistémica de una explicación científica, es una directriz fundamental que orienta a la neurofilosofía. Este *presupuesto* es una condición necesaria no sólo para avanzar en un marco de trabajo hacia una ciencia unificada de mente-cuerpo –no sobre *la* mente *y el* cerebro–, además sobre la comprensión de la neurofilosofía: si lo mental (filosofía-psicología) nada tiene que ver con lo corporal, entonces se justifica un *proyecto de investigación* con objetos, conceptos y métodos de trabajo propios, distintos de las explicaciones sobre lo corporal (neurociencia); al contrario, si la neurociencia *puede ser* social, como lo sugiere José Luis Díaz (2015), entonces la distinción entre campos temáticos se complica. En este sentido, "lo mental", como objeto de la neurofilosofía, trastoca los planteamientos y, sobre todo, la posición de la filosofía vinculada a dicho problema, tanto la tradicional (R. Descartes) como la actual (análisis conceptual).

P. S. Churchland no está dispuesta a aceptar divisiones tradicionales en la filosofía implicadas en la noción de "Sujeto": una distinción kantiana entre los fenómenos –la naturaleza *mecánica*– y el noúmeno –*algo indeterminado* que hace posible la libertad de los individuos, esto frente a la necesidad –interpretada como un determinismo– que caracteriza a los fenómenos en el mundo natural. Tampoco, ella está dispuesta a transitar por la propuesta cartesiana de una distinc*ión sustancial*: lo mental, siente; lo mental, piensa; lo mental, percibe; etc.; en cambio, lo corporal, se caracteriza por la extensión y ésta no tiene relación con lo mental. Ni mucho menos, ella quiso sujetarse a una filosofía del lenguaje que someta, de manera *a priori*, los alcances de la investigación neurocientífica, esto bajo el *pretexto* del rigor conceptual.

Así, si la neurociencia ha abierto investigaciones en lo relativo a la naturaleza del "yo", la conciencia, el conocimiento y el libre arbitrio, entre otros tópicos que están implicados, por ejemplo, en la moral, la ética y la epistemología, entonces la separación de ámbitos se torna problemática. Permítaseme decirlo en palabras muy llanas: si en realidad, los humanos somos mamíferos –verdad de perogrullo–, ¿cómo establecer una serie de conceptualizaciones o explicaciones, por ejemplo, con relación al libre arbitrio, la representación o la experiencia subjetiva, que sea congruente con este *hecho*?, o ¿por qué no cambiar de *paradigma* de investigación y trazar otro horizonte de análisis, por ejemplo, entre la moral y las neurociencias, la epistemología y las neurociencias, o entre otros ámbitos propios de la filosofía? En el fondo, así lo consideró P. S. Churchland, las neurociencias han puesto a prueba distintos planteamientos o tradiciones en la filosofía y los va trastocando. Uno de los casos más emblemáticos es la neuro-ética, donde la noción de "valores morales" se va reconfigurando en "valores basados en el cerebro"[1].

Esta constitución del objeto de estudio, lo mental, implica encuentros y desencuentros entre la filosofía y la neurociencia. P. S. Churchland afirmó que las mismas preguntas orientan a la filosofía y a la neurociencia, al menos, en los tópicos como la conciencia, la experiencia subjetiva, el libre arbitrio y la cognición: éstas son preguntas sobre la mente-cerebro, más que preguntas *particulares* de neurociencia o de filosofía (Churchland, 1986, 2). Sin embargo, también planteó deslindes, específicamente, con el análisis del lenguaje sobre lo mental, con la metafísica y la epistemología. Por ello, para visualizar lo que implica el traslape entre la filosofía y la neurociencia, habría que visualizar las diferentes delimitaciones y los acercamientos entre ambas disciplinas.

II. Neurofilosofía y Filosofía analítica

El problema mente-cuerpo –o mente *y* cuerpo para un dualista– está vinculado a la filosofía desde múltiples perspectivas. Como lo señaló Paul M. Churchland (1984), dicha atadura comprende desde problemas ontológicos, epistémicos, semánticos y metodológicos. Aquí la filosofía ha incursionado de diferentes maneras, desde propuestas ontológicas –el dualismo cartesiano–, epistémicas –el racionalismo como la condición de posibilidad del conocimiento–, metodológicas –la introspección como la mejor manera para acceder a lo mental –, hasta semánticas –el conductismo filosófico como la mejor vía para aclarar los términos sobre lo mental.

En particular, para caracterizar el vínculo entre filosofía y neurociencia es importante destacar el rechazo de P. S. Churchland hacia las propuestas de

---

1   Por ejemplo, podemos suponer que "el cableado del cerebro de los mamíferos hace que el cuidado de los niños se un poderoso incentivo" (Churchland, 6 enero 2012).

análisis del lenguaje sobre lo mental[2]. Más que un deslinde que resta importancia a la precisión conceptual, en todo caso, cuestiona la posición de la filosofía en el problema mente –cuerpo y en otros asuntos que históricamente habían sido *propiedad* de los filósofos–por ejemplo, el libre arbitrio, la representación, lo moral y el conocimiento, tópicos donde la neurociencia ha tomado una posición importante. Veamos los límites que, en general, se plantean para el análisis conceptual.

Primer deslinde. En su manifiesto a la filosofía experimental, Joshua Knobe y Shaun Nichols (2009) sugirieron que existen muchos tipos de análisis conceptual. Empero, se podría destacar un punto de coincidencia entre distintas perspectivas: "el análisis conceptual intenta identificar con precisión el significado de un concepto dividiéndolo en sus componentes esenciales[...] con la finalidad de alcanzar niveles de precisión" (p. 4). Esto no sólo significó la reflexión sobre si un concepto se aplicaba a no a un caso, además si un problema era *real* y no sólo una consecuencia causada por el mal uso del lenguaje. Para Knobe y Nichols, un límite del análisis del lenguaje se expresaba de la siguiente manera: supongamos que el filósofo quiere establecer el conjunto de condiciones para la aplicación de un concepto a un caso concreto, por ejemplo, al de "conocimiento", entonces la tarea se dirigiría a explicitar los rasgos que lo definen. Siguiendo con este caso, señalemos que en el análisis tradicional del conocimiento se estableció que "a" sabe que p si y sólo si: 1. p es verdadera; 2. a cree que p; y 3. la creencia de a que p está justificada. Digámoslo así, estas condiciones circunscriben a qué sí y a qué no se le puede llamar "Conocimiento".

En principio siempre sería posible que alguien encontrara un contraejemplo a las condiciones dadas para la noción de "Conocimiento", tal como lo hizo E. Gettier (1963). Con ello queda claro o que bien no se ha cumplido con las cláusulas ideales, o bien que éstas no son suficientes para determinar qué es el conocimiento y a qué caso particular se aplica dicha noción. Así, se pueden delimitar las condiciones de aplicación de las nociones de "mente", "cuerpo", "conciencia", "creencia", entre otras, y pretender ser cada vez más preciso. Empero, como Knobe y Nichols lo sugirieron de manera irónica, el *filósofo del lenguaje* continuamente se enfrentará con alguien que, sentado atrás del salón de clase, levantará la mano y le *propinará* un contraejemplo. Con ello, el filósofo regresará, constantemente, a su gabinete para hacer las precisiones necesarias de aquellos conceptos o asuntos que se quieren problematizar.

---

2   Es necesario aclarar que P. S. Churchland no precisa con claridad a qué perspectiva de análisis conceptual se refiere. En general, sólo advierte que en los años setenta se revirtió el sesgo anticientífico típico del "análisis lingüístico" (Churchland, 1986, IX).

Sin embargo, señalar que algo falla, no es decir mucho. Debe haber otra razón más poderosa para deslindarse o, al menos, para tomar cierta distancia del análisis conceptual.

Segundo deslinde. Específicamente, desde la perspectiva de P. S. Churchland, la reflexión sobre lo mental se define como una filosofía de la neurociencia que no sólo juzga la precisión de los conceptos entorno al problema mente-cuerpo –el lenguaje sobre lo mental–, además se plantea como una suerte de filosofía primera, *a priori*, muy conservadora, que pretende condicionar a la neurociencia. Ésta es la idea básica del deslinde. Para decirlo de manera *irónica*, este es el *tono* con el que P. S. Churchland se dirige a la filosofía del lenguaje: es como si el neurocientífico debiera esperar a que el filósofo hiciera las precisiones adecuadas del término "Conocimiento" para poder avanzar en sus investigaciones sobre éste. Esto no significa que en la neurociencia no se pondere la precisión conceptual, en todo caso, es el lugar que la filosofía pretendería ocupar en los asuntos sobre lo mental.

Entonces, ¿cómo la filosofía que realiza un análisis conceptual se torna en una *filosofía primera*, *a priori*, que sentencia las posibilidades de la neurociencia? Hay preguntas paradigmáticas en la literatura sobre lo mental. Pongamos un ejemplo arriesgado; esto sólo con fines explicativos. ¿Se puede *hablar* de creencias a nivel neuronal?, ¿se puede *hablar* de significado a nivel neuronal? Dicho de manera *laxa*, si las creencias se analizan más como *una disposición a actuar* y no por *su correlato* en el cerebro, la respuesta de un dualista, aunque no sea sustancialista[3], es que no. Atribuir propiedades semánticas o creencias a nivel de sinapsis neuronal, como sabemos desde G. Ryle (1949), se ha catalogado como un "Error categorial". Entonces, desde estos presupuestos, es ingenuo y hasta ridículo no distinguir lo mental de lo cerebral. Para ello, la filosofía del lenguaje tendría la tarea de realizar un análisis conceptual sobre lo mental, esto o bien para establecer alguna característica sobre la *naturaleza* de éste, o bien para mostrar que toda confusión se debe a un error categorial.

Bajo los presupuestos mencionados, la relación entre la filosofía y la neurociencia es una relación de *dependencia*. Para explicar esto, permítase traer a la discusión un planteamiento desde una perspectiva diferente a la de P. S. Churchland. En su conferencia "Epistemología y teoría del conocimiento" (2006), Rolando García narró el *fugaz idilio* entre la filosofía y la ciencia (la de Isaac Newton), trazado por un acuerdo básico: el científico descubre las leyes de la naturaleza que Dios ha creado, el filósofo explica y fundamenta lo que

---

3   Esto es: un dualista que, siendo materialista, sostiene que lo mental no es reducible a lo cerebral.

es la ciencia. Sólo planteado de manera análoga, guardando toda diferencia, así como la filosofía especulativa de I. Kant explicaba y mostraba los fundamentos –*profundos*– de las nociones de "Espacio" y "Tiempo" en la física de Newton, la filosofía del lenguaje definía y precisaba los conceptos involucrados en la neurociencia ("mente", "creencia", "estado mental", etc.): la *correcta* definición de la noción de "Creencia", no implica estados neuronales.

Insistimos. La idea que la neurofilosofía no es filosofía del lenguaje sobre lo mental no pretende establecer una división quirúrgica entre dos campos excluyentes. Empero, el asunto es *simple*, pero *contundente*. Sigamos con el mismo ejemplo para mostrar lo anterior. La posibilidad de caer en un error categorial al definir una creencia a nivel de sinapsis neuronal, si bien puede poner en alerta al neurocientífico, si este riesgo es interpretado como *condición de posibilidad* de la investigación neurocientífica, justificaría la perspectiva que P. S. Churchland tiene sobre la filosofía y el filósofo: a la primera la equipara con una *Razón pura* fundamentadora; al segundo lo define con una actitud burlona –pues considera ingenuo al que rompe con las buenas definiciones y, de manera obstinada, comete errores categoriales. Así, la neurofilosofía se caracterizaría por una postura *anti-intelectual* hacia los límites *a priori* de la filosofía, esto con relación al lenguaje sobre lo mental.

¿Cómo se plantea, entonces, el *giro* propuesto por P. S. Churchland: de priorizar las precisiones del lenguaje hacia preferir las posibilidades que dan los avances de la neurociencia? Para deslindarse de las restricciones que presupone el análisis conceptual, P. S. Churchland sostuvo que la neurofilosofía era muy reciente, por lo que echó mano de la historia de otras disciplinas. En principio, la estrategia fue cuestionar el análisis conceptual con contra ejemplos hallados en la historia de la ciencia. Ésta nos muestra casos que se pueden considerar emblemáticos para el asunto que ahora nos compete. La condena de G. Galileo es uno de ellos. La idea sobre que el sol está en el centro del universo, teoría helio-centrista, y no la tierra, era inconcebible en el sistema de creencias de los defensores de la teoría geo-centrista; como ahora es problemático afirmar que el sol se ubica en el centro del universo.

La idea es *sencilla*: "lo concebible o lo imaginable depende del marco de creencias". La apuesta en la Neurociencia insiste en que bajo las teorías actuales sobre lo mental y lo neuronal, o con el campo acotado de la precisión conceptual de la filosofía analítica, no es viable una propuesta reduccionista que posibilite una perspectiva unificada en el asunto mente-cuerpo. Así, la apuesta de P. S. Churchland implica que las teorías actuales sobre el problema mente-cuerpo, así como sus derivaciones en el ámbito de la filosofía, o bien serán reducidas, o bien eliminadas por otras más adecuadas: las teorías actuales, seguramente, deberán ser superadas en sus limitaciones para proponer otras mejores sobre el asunto mente-cuerpo, al menos, visto desde la doctrina cartesiana del sujeto; aunque, los criterios claros para saber si una teoría fue reducida o eliminada por otras, no siempre sea tan nítido. P. S. Churchland (1986) supone que

> algunas teorías requieren poca corrección para ser reducidas (por ejemplo, la reducción de la teoría de la óptica a la teoría electromagnética), pero en otros casos se necesita tanta corrección que queda casi nada de la teoría reducida, quizá sólo unas pocas generalizaciones. Las teorías del flogisto y de la posesión demoníaca de los trastornos nerviosos son ejemplos. En estos casos, la corrección requerida fue tan completa que parecía más apropiado pensar que los presupuestos ontológicos de la antigua teoría debían ser remplazados por completo por los de la nueva teoría (281).

Si, como lo señala García (2006), "la ciencia ha demostrado que las disciplinas se han renovado, que los conceptos tradicionales que los filósofos habían analizado han caducado por completo" (17), la neurofilosofía se plantea la apertura a un campo de preguntas que se vuelven legítimas. Esto implica una apuesta –insisto, como las que seguirán teniendo las diferentes filosofías que tratan el asunto sobre lo mental– que no tendría por qué ser condicionada, *a priori*, por viejas preguntas o conceptos. Para decirlo de manera muy laxa: Así como las preguntas sobre las posibilidades neurocientíficas en el ámbito de lo mental no dependen de contestar o refutar las preguntas y los compromisos que implican una perspectiva teológica sobre el alma, de la misma manera que no dependerán necesariamente de satisfacer los criterios de un rigor conceptual *a priori*.

Así, siguiendo con nuestro ejemplo problemático, si la noción de "Creencia" se puede o no atribuir a las redes neuronales en el cerebro, quizá esto no depende de las posibilidades dadas *a priori* por el análisis conceptual sino por las que ofrecen las neurociencias: "El esfuerzo colectivo para idear [una teoría sobre mente-cuerpo] se verá limitada por hechos empíricos en todos los niveles, incluidos los hechos neurofisiológicos, etológicos y psicológicos" (Churchland, 1986, 5). Desde la perspectiva de P. S. Churchland, la neurofilosofía no tiene por qué responder al *conservadurismo* que pretende imponer las consecuencias del análisis conceptual sobre lo mental; en todo caso, en el *concierto* que reúne a las comunidades epistémicas, la neurofilosofía deberá presentar sus mejores argumentos para posicionarse –con sus pretensiones *políticas*– como una propuesta razonable, heurística, o como la mejor explicación de lo mental.

Entonces, el objeto de estudio, incipiente, en la neurofilosofía no se caracteriza por la *conjunción* entre quien hace ciencia y quien la regula, entre quien descubre las leyes de la naturaleza y quien define la naturaleza profunda de los conceptos filosóficos-científicos. La neurofilosofía desplaza lo mental, en los términos que estaba implicada en la doctrina cartesiana, hacia la neurociencia. Se niega a contestar las viejas preguntas y a sujetarse en los límites *a priori* que, desde la perspectiva de P. S. Churchland, impone el rigor metodológico del análisis conceptual, así como los presupuestos filosóficos-metafísicos en los que estaban enmarcadas las explicaciones cartesianas sobre lo mental.

III. Neurofilosofía: explicaciones precientíficas y potencial creativo de la filosofía

En su libro *Brain-Wise: Studies in Neurophilosophy* (2002), P. S. Churchland sugirió otros elementos que definen a la neurofilosofía: La neurociencia se tornó filosofía cuando comenzó a investigar asuntos que, históricamente, habían sido propios de ésta (la conciencia, el libre arbitrio, el conocimiento, la representación, entre otros elementos que caracterizaban al sujeto cartesiano). A primera vista, la relación entre ambas disciplinas no se define por una cooperación, sino por una reducción o eliminación. En otras palabras, lo que define este *vínculo* se caracterizó con una lectura histórica sobre cómo se preguntaba y respondía a dichos temas, específicamente en el ámbito de la metafísica y la epistemología. En palabras de P. S. Churchland (2002): "se respondía en un nivel precientífico que debía ser superado" (40). Sin embargo, y a pesar de colocar a la filosofía en una jerarquía tan baja, ésta también se planteó con un valor positivo para la investigación científica. Expliquemos esta doble perspectiva.

Para A. Schopenhauer las representaciones eran el "Velo de maya" que no nos permitía tener acceso a la realidad en sí misma. La expresión "el mundo es una representación" advertía los límites y las condiciones en las que los humanos conocen. Al respecto, A. Schopenhauer (2013) señaló que

> Kant opuso lo así conocido, en cuanto mero fenómeno, a la cosa en sí; por último, la antigua sabiduría hindú dice: "Es la Maya, el velo del engaño que envuelve los ojos de los mortales y les hace ver un mundo del que no se puede decir que sea ni que no sea: pues se asemeja al sueño, al resplandor del sol sobre la arena que el caminante toma de lejos por un mar, o también a la cuerda tirada que ve como una serpiente" (9).

Sabemos que Schopenhauer no hizo experimentos, ni tendría por qué haberlos hecho, y que sus propuestas sobre la representación se sustentan en la duda razonable sobre la concordancia entre lo que pensamos y la realidad: mi representación del mundo, en tanto que fenómeno para la conciencia, únicamente será una *mala copia* de lo real.

La ruta para definir lo que es una representación y los compromisos (epistémicos y metodológicos) que esto implica son muy diferentes para el caso de la neurofilosofía. P. S. Churchland (2002) señala que las representaciones son

> estados del cerebro, como patrones de actividad entre grupos de neuronas, que transportan información. En general, un patrón de actividad neuronal puede incorporar información sobre algo caliente que tocó la mano izquierda o que la cabeza se está moviendo hacia la derecha; puede representar una mayor actividad neuronal: puede *representar* la representación como un estado mental (sé que siento un mosquito en la oreja izquierda); el cerebro también tiene un modelo de las preferencias de uno (sé que prefiero la remolacha al repollo), las habilidades de uno (sé cómo hacer un nudo de camionero, pero no cómo jugar al squash) (64).

No es necesario hacer de Schopenhauer un muñeco de paja que se pueda derribar sin problemas. No es el propósito confrontar una visión con otra. Incluso, en el mejor de los casos, se podría estar tentado a equiparar las afirmaciones de Schopenhauer con las de neurocientíficos como R. Llinás (2002), quien señala que, en realidad, lo que los humanos ven, lo *diseña* el cerebro[4]: al fin y al cabo, en ambos casos, la *representación* no es una *copia fiel* de la realidad. Tampoco el objetivo es hacer lo anterior; además, una misma palabra no implica iguales compromisos ontológicos, metodológicos y epistémicos entre distintas teorías.

En todo caso, lo importante es destacar los compromisos que se establecen con la neurofilosofía, los cuales permiten trastocar las maneras de trabajo de la filosofía en temas que, históricamente, le son propios. Desde esta perspectiva, P. S. Churchland sugiere que las explicaciones metafísicas son una suerte de pensamiento que implica la imposibilidad de establecer respuestas fuera del alcance de los métodos y descubrimientos científicos. Con ello la filosofía asegura para sí un ámbito específico, quizá una *razón de ser*.

---

4   "Téngase en cuenta que el azul no existe como tal en el mundo externo y que tal sensación sólo es una interpretación que hace el cerebro sin el cual los colores no existen" (Llinás, 2002, 117).

Incluso, ésta es la preocupación que filósofas como Adela Cortina ha manifestado con relación a las neurociencias. En su trabajo "Neuroética: ¿Las bases cerebrales de una ética universal con relevancia política?", Adela Cortina (2010) señaló que, si *lo* moral es asunto de la neurociencia, los filósofos estarán condenados al paro: "Ante amenaza de tal calibre no queda sino reaccionar, siquiera sea por honra gremial, por no perder el sueldo y por no favorecer la tendencia del Ministerio del ramo a recortar los presupuestos para la investigación en Humanidades" (133).

Son otros los compromisos que inauguran el proyecto de la neurofilosofía: "No hay nada más firme y fundamental que la ciencia misma. Con ella se conduce por un camino para la comprensión del mundo. Así, no existe un método independiente a la ciencia para descubrir la naturaleza de la realidad" (Churchland, 2002, 39). Bajo estos presupuestos, la explicación científica sobre la noción de "Representación", en realidad, constituye una eliminación de la explicación metafísica-epistémica de la que propuso A. Schopenhauer.

Empero, si bien las *teorías* filosóficas sobre lo mental se proponen como explicaciones *prematuras,* aventuradas, también se consideran ideas creativas sobre los fenómenos del mundo. P. S. Churchland advirtió que, en muchas ocasiones, la reflexión filosófica es una especie de broma. También sugirió que las preguntas filosóficas son creativas, permiten visualizar problemas y proponer soluciones imaginativas sobre los asuntos científicos; finalmente, sostuvo que existen preguntas filosóficas-neurocientíficas que no pertenecen a una disciplina o a otra. Dicho de manera laxa: éstas son preguntas neurofilosóficas.

En la primera perspectiva, según P. S. Churchland, la colaboración de la filosofía hacia la ciencia se nota cuando los métodos, las propuestas y los compromisos de ésta aún no son consistentes, sobre todo en su etapa inicial: las propuestas filosóficas surgen en ese momento, son "teorías" que pueden generar ideas y soluciones creativas, pero que, con el transcurso de la investigación científica, seguramente serán reemplazadas por otras mejores; o, en su caso, serán corregidas. Por ejemplo, P. S. Churchland sugiere que una teoría sobre el libre arbitrio que contemple la no-causalidad como condición de posibilidad, si bien puede ser sugerente, constituye una suerte de explicación precientífica sobre lo que los organismos hacen para elegir y actuar en el mundo; incluso, se cuestiona la pertinencia de usar un término como el de "Voluntad" para referirse a las acciones libres:

> Una tradición filosófica rígida afirma que ninguna elección es libre a menos que no tenga causa, es decir, a menos que la "voluntad" se ejerza independientemente de todas las influencias causales, en un vacío causal. De manera

inexplicable, la voluntad, algo que supuestamente se mantiene al margen de la causalidad basada en el cerebro, toma una decisión sin restricciones. El problema es que los cerebros toman las decisiones y operan de manera causal; es decir, pasan de un estado al siguiente en función de condiciones antecedentes. Además, aunque cerebros toman decisiones, no existe una estructura cerebral discreta o una red neuronal que califique como "la voluntad" y, mucho menos, una estructura neuronal que opera en un vacío causal. La conclusión inevitable es que una filosofía dedicada a la elección sin causa, es tan poco realista como una filosofía dedicada a una Tierra plana (Churchland, 18 de noviembre, 2006).

En la segunda perspectiva, P. S. Churchland (1986) aceptó que la filosofía tiene un papel importante en la investigación sobre lo mental: Las preguntas sobre el cerebro son, al menos, filosóficas-neurocientíficas-psicológicas, esto es, *multinivel*. Dicho en términos laxos, por ejemplo, la psicología se centra en la conducta (arriba), pero comparte preocupaciones con la neurociencia sobre lo que sucede a nivel neuronal (abajo) y se vincula a preguntas más generales de carácter filosófico: perspectivas de análisis de *abajo* hacia *arriba* (de las neuronas a la conducta, de las preguntas particulares hacia las generales), de *arriba* hacia *abajo* (de la conducta a las neuronas, de las preguntas generales a las particulares). Mencionemos algunos ejemplos.

Las preguntas sobre si los estados mentales son reducibles a estados del cerebro, así como qué significa que una teoría sea reducida o eliminada por otra, son preguntas de carácter filosófico. Son cuestiones que surgen en la propia investigación científica y sus hallazgos; aunque, difícilmente serán saldadas a través de una reflexión *a priori* sobre cada caso. Se necesitará del avance neurocientífico y psicológico para estimar sus posibilidades. Así, se debe advertir que estas preguntas quizá sean provisionales. De la misma manera, la pregunta sobre qué es el conocimiento implica un cuestionamiento filosófico. Sin embargo, para responder esta cuestión, P. S. Churchland sugiere que la cognición no está en el cielo de Platón –quien formula la definición clásica del conocimiento–, sino "en el competitivo mundo de Darwin" (Churchland, 2002, 321). Al respecto, P. S. Churchland (1986) señaló:

> ¿Y la epistemología? ¿Podemos resolver cuestiones sobre la naturaleza del conocimiento en los organismos vivos sin una teoría basada empíricamente sobre cómo adquieren el conocimiento los cerebros? ¿O es más bien que las teorías relativas a la naturaleza del conocimiento y la adquisición del conocimiento están ellas mismas constreñidas por la teoría empírica en neurociencia y psicología experimental? La respuesta a la última pregunta es sí (241).

Bajo este presupuesto, las conceptualizaciones sobre la noción de "Conocimiento" podrían considerarse explicaciones filosóficas creativas que, matizadas por la investigación neurocientífica, serán corroboradas, falseadas, corregidas o, en el peor de los casos, eliminadas. De esta manera, acusar de psicologismo a la neurofilosofía, pues confunde la justificación con el origen del conocimiento, quizá se tornaría en la exigencia de contestar a las viejas preguntas que ya no son pertinentes bajo otro esquema de trabajo; esto de manera análoga a otros casos que hemos mencionado y que ya han sido cuestionados por la neurociencia, tal como el libre arbitrio sin causalidad y la voluntad.

En concreto: una "mala broma" (en caso de que se quieran dar contestaciones *a priori* sobre lo mental), una sugerencia creativa y una pregunta –general– en torno a un problema que enfrenta la neurociencia, éstas son las posiciones que toma la filosofía en la neurofilosofía. La filosofía no es algo accesorio, aunque paradójico: la neurofilosofía supone el reconocimiento de la filosofía en el abordaje y la respuesta a los problemas neurocientíficos; pero, también, con sus riesgos y apuestas, es la aprobación de la superioridad epistémica y metodológica de las neurociencias sobre las explicaciones filosóficas.

Para cerrar este apartado, me gustaría señalar que los compromisos de trabajo de la neurociencia en torno a los problemas filosóficos no son tan desproporcionados como, a mi juicio, lo señaló Adela Cortina (2010). Según ella, la neuroética ha incumplido su promesa: "No hay ética universal basada en el cerebro" (143-144). Las neurociencias no han naufragado en esta travesía; no se puede fracasar en lo que uno no se ha propuesto. Establecer los *códigos* implicados en el funcionamiento del cerebro, adquiridos en su evolución, tal como se pretende en la neuroética, no implica una propuesta de tal envergadura.

Al contrario de lo que Adela Cortina sostuvo en el artículo mencionado, años antes en una entrevista, P. S. Churchland (6 de enero, 2012) ya había señalado que es improbable una ética universal basada en la neurofilosofía. Sin embargo, sí sostuvo que la neurociencia tenía mucho que decir sobre los valores: aquellos basados en el cerebro. Aceptar esto no significa ser determinista, caer en una falacia naturalista, pues la biología no es un destino:

> Sería estúpido decir algo como que, dado que en términos generales los hombres son más grandes que las mujeres, entonces las mujeres deberían subordinarse a los hombres. Esto no sería una buena idea. No tienes que pasar necesariamente de lo que es a lo que debe ser. Por otra parte, está claro que el cerebro

de los mamíferos está organizado de tal modo que el cuidado de los hijos y otros miembros del grupo resulta ser un valor fundamental (Churchland, 6 de enero, 2012).[5]

Si bien la falta de respuesta de la neurociencia sobre un asunto fundamental, tal como el ordenamiento moral de una *sociedad decente*, es una motivación para la reflexión, no es adecuado aprovechar estos *huecos* para incrustar, de manera subrepticia, cualquier tesis al respecto; es como si un religioso, aprovechando que la ciencia no explicara el origen de la vida, insistiera en que es pertinente y viable discutir una teoría creacionista.

Por muy creativa que sea toda propuesta filosófica que pretenda dar cuenta de *lo* mental, si es el caso, tendría que confrontarse con la evidencia científica disponible (las neurociencias, las ciencias cognitivas, etc.); de la misma manera, la neurofilosofía constituye un viraje en los planteamientos de la filosofía –en la conciencia, la representación, el libre arbitrio, etc.– que plantea un rigor y, evidentemente, no tendrá respuestas para todo: "La neurociencia no tiene la respuesta para problemas sociales difíciles como pensiones o seguridad social" (Churchland, 6 de enero, 2012).

Conclusión

Con la neurofilosofía, como proyecto incipiente, su voz se escuchó recién en 1986, es posible que se dejen viejas preguntas, incluso aquellas que suponen la existencia de un campo temático; que sea necesario definir nuevos objetos de estudio, así como el ámbito reconocido *en la verdad* que es disputado en las comunidades epistémicas; además, por qué no pensarlo así, es posible que se reconfiguren los departamentos, la distribución de los cubículos, así como otras *determinaciones* académico-administrativas de las instituciones educativas que responden a *viejas preguntas*. Pero, sería problemático decir que las Facultades de filosofía desaparecerán a favor de las Facultades de ciencias biomédicas, de psicología u otras disciplinas.

Empero, no hay objeto de estudio llamado "lo mental" que sea exclusivo de la filosofía; poco importa que ésta apele a los títulos de propiedad de este campo –R. Descartes, Platón, entre otros– para ser reconocida como *supuesto sujeto de ese saber*. Si ésta quiere integrarse en dicha discusión, tendrá que levantar su

---

5   Tampoco la opción a seguir es la *falacia constructivista*: la idea de que los humanos son tablas razas y que su *constitución* se debe a la cultura. Con ello, se borra de un plumazo años de evolución de la especie (Pinker, 2002).

voz en un *ámbito político* donde otras voces reclaman el derecho a imponer su rigor (científico, religioso, filosófico, etc.). En principio, tampoco importará si este rigor se considera tal o no ante sus *oponentes*; en todo caso, cada filosofía o ciencia –con sus virtudes conceptuales, epistémicas, metodológicas, etcétera– se disputará el título a ser la mejor opción o, al menos, una razonable sobre lo mental. Esto en la confrontación y la discusión al interior de las comunidades epistémicas, así como en las alianzas que se conformen –una cooperación fincada en sus *afinidades*: neuro-filosofía, neuro-ética, neuro-fenomenología, entre otras.

De manera análoga, la neurofilosofía trata de *imponer* su rigor: "no hay nada más firme y fundamental que la ciencia misma". Para ello, sacude tradiciones de la filosofía: Replantea sus *objetos* de estudio –lo mental ligado al cerebro, no a la metafísica del sujeto–, sus maneras de abordarlo, de conceptualizarlo. De manera análoga a Pablo González Casanova (2017), quién sostuvo que "en la física […] nada quedó de Aristóteles, Newton hizo la revolución más devastadora en la historia de las ciencias, y la más creadora", en la neurofisolofía se evocan pasajes de la historia de la filosofía sugerentes, pero, al fin, momentos que habría que superar.

En cambio, de manera paradójica, P. S. Churchland circunscribe a la filosofía a un momento positivo. Ella destacó el potencial creativo de la reflexión filosófica como momento fundamental –indistinguible– de la actividad científica.

Entonces, ¿qué implica la reducción de los problemas de la filosofía –aquellos que estaban implicados en el sujeto cartesiano, entre otros– al rigor científico de la neurociencia? Y, con ello, ¿cómo se establece el vínculo entre la filosofía y la neurociencia propio de la neurofilosofía; relación distinta a la que se planteó en la Filosofía de la mente entre éstas? Quizá, lejos de promover un reencuentro, esta vez real y crítico, entre ciencias y humanidades, el cual introduzca en las humanidades un remoce y una reevaluación (Mora, 2007), para el caso sobre lo *mental* –entre otras–, las explicaciones de la filosofía podrían ser, o bien corregidas por la neurociencia (un reduccionismo de las tesis filosóficas al lenguaje de la neurociencia) o bien descartadas (la eliminación de las tesis filosóficas por el lenguaje de la neurociencia). Con ello, por un lado, la neurofilosofía podría plantearse como la posibilidad de reducir una variedad de *asuntos filosóficos* –cuestiones que tendrían que ver con lo mental– en las investigaciones y los descubrimientos de la neurociencia, tales como: la conciencia, lo mental, la libertad, la moral, entre otros; o, por otro lado, aquella podría considerarse "como una investigación capaz de ser cultivada por personas expertas en las dos áreas, capaces de elaborar argumentos y teorías empleando tanto recursos teóricos lógicos como evidencias empíricas" (Díaz, 1 de diciembre de 2018).

Bibliografía

Comisión Nacional de Bioética (CNB) (2015). *Guía nacional para la integración y el funcionamiento de los Comités Hospitalarios de Bioética*. México: Secretaría de Salud/Comisión Nacional de Bioética.

Consejo de Organizaciones Internacionales de las Ciencias Médicas (CIOMS) en colaboración con la Organización Mundial de la Salud (OMS) (2016). *Pautas éticas internacionales para la investigación relacionada con la salud con seres humanos*. Ginebra: CIOMS.

Cortina, A. (2010). Neuroética: ¿Las bases cerebrales de una ética universal con relevancia política? *Isegoría*, (42), 129-148.

Churchland, P. M. (1984). *Matter and Consciousness: A Contemporary Introduction to the Philosophy of Mind*. Cambridge: MIT Press.

Churchland, P. S. (1986). *Neurophilosophy: Toward a Unified Science of the Mind-Brain*. Cambridge: MIT Press.

Churchland, P. S. (2002). *Brain-wise: Studies in Neurophilosophy*. Cambridge: MIT Press.

Churchland, P. S. (2006). Hacia una neurobiología de la mente. En Llinás, R. & Churchland P. S. *El continuum mente-cerebro. Procesos sensoriales*. Bogotá: Universidad nacional de Colombia, pp. 317-32.

Churchland, P. S. (18 November 2006). The Big Questions: Do we have free will? *NewScientist.com news service*. Recuperado de https://www.newscientist.com/article/mg19225780-070-the-big-questions-do-we-have-free-will/

Churchland, P. S. (6 enero 2012). La neurociencia no tiene la respuesta para problemas sociales difíciles como pensiones o seguridad social [Entrevista]. *Tercera cultura*. Recuperado de http://www.terceracultura.net/tc/patricia-churchland-"la-neurociencia-no-tiene-la-respuesta-para-problemas-sociales-dificiles-como-pensiones-o-seguridad-social"/

Díaz. J. L. (2015). Neurociencia social y sociedad cerebral [Conferencia], *X Coloquio de Neurohumanidades: Microconectoma y conectoma*. México: Instituto Nacional de Psiquiatría "Ramón de la Fuente Muñiz".

Foucault, M. (1969). *L'Arqueologie du savoir*. Paris: Gallimard.

Foucault, M. (2002). *El orden del discurso*. Buenos Aires: Tusquets Editores.

García, R. (2006). Epistemología y teoría del conocimiento. *Salud Colectiva*, vol. 2, núm. 2, mayo-agosto, 113-122.

Gettier, E. L. (1963). Is Justified True Belief Knowledge? *Analysis*, 23(6), 121-123. https://doi.org/10.2307/3326922

Knobe, J. y Nichols, S. (2009). An Experimental Philosophy Manifesto. En Knobe J. & Nichols S. (coord.). *Experimental Philosophy* (pp. 3-14). Oxford: Oxford University Press.

Llinás, R. (2002). *El cerebro y el mito del yo*. Bogotá: Norma.

Pinker, S. (2002). *The Blank Slate the Modern Denial of Human Nature.* New York: Viking. Penguin.

Ryle, G. (1949). *The Concept of Mind.* New York: Hutchinson & Co.

Schopenhauer, A. (2013). *El mundo como voluntad y representación I.* Madrid: Trotta.

Sujeto y sentido
en el auge de la inteligencia artificial

Davide Eugenio Daturi

Universidad Autónoma del Estado de México

Tanto la noción moderna de sujeto, entendido como un ser consciente de sí y de lo que ocurre a su rededor, así como el concepto que encontramos "en negativo" en el panorama estructuralista y posestructuralista, el cual parece diluirse en una multitud de sujetos larvales, deben considerarse relacionadas internamente con la noción de sentido. En efecto, no podemos conectar, de forma necesaria, el concepto de sujeto solo con la presencia o carencia de atención o interés, es decir, con su "entrar" o "salir" de un estado de conciencia, por el cual el mundo adquiere sentido. La razón está en el hecho de que no solo en los sueños o en las alucinaciones más articuladas se produce un *quid*, algo que se retiene en el recuerdo o que, en algunos casos, puede describirse durante la misma experiencia, si bien con posibles efectos catastróficos (Bateson, 1997). También en la vida consciente, desde el cuerpo pueden llegar sensaciones de sufrimiento y estos fenómenos limites (Steinbock, 2017) *tienen un sentido originario y autónomo* –como Descartes no había querido ver– aunque, a veces, "ganen" nuestra atención solo después de su desaparición. Recordemos aquella célebre frase de Milan Kundera: "Pienso, luego existo, es el comentario de un intelectual que subestima el dolor de muelas".

De esta manera, la noción de sujeto, tanto en la propuesta más actual de la fenomenología, europea o americana, así como en las varias críticas de este concepto –algunas más radicales que otras introducidas por los más relevantes autores franceses del siglo XX, debe dar cuenta de su significado en el marco de una teoría que pone en el centro del problema la manera en que el ser humano llega a manejar núcleos de sentido más o menos complejos y estables, ya sea que les ponga atención o no, es decir, esté consciente o no de ellos.

La intención de este capítulo es partir justo de esta posición para llegar a cuestionarnos, en un segundo momento, si tanto las formas en que la IA interactúa con el ser humano así como aquellas posibles derivas futuristas de este concepto (máquinas autoconscientes y creativas) pueden considerarse, de todas maneras, como una forma limitada de producción de sentido y si, finalmente, este aspecto marca la diferencia entre lo que puede hacer el ser humano y el producto de material significativo que "sale" de una máquina compleja. Para hacerlo, después de una breve introducción de la noción filosófica, pasaremos a algunas consideraciones sobre la IA y su potencial calculador y comunicativo. Finalmente, llegaremos a una propuesta de lectura de dicha diferencia en el marco específico de la noción de sentido, para la cual nos apoyaremos en algunas consideraciones fundamentales de la fenomenología de Husserl, Merleau-Ponty, Richir y Maldiney. En última instancia, en el interior de un debate muy actual sobre estos temas, se quedará en el trasfondo la pregunta que en el 1988 constituyó el título de un dossier de la revista Topoi: ¿Quién viene después del sujeto?

Sujeto y conciencia

Citando a Renaut, Alain de Libera sostiene que la subjetividad "émerge avec l'humanisme moderne", se hace definir por "deux propriétés : l'autoréflexion (la transparence à soi) et l'autofondation ou si l'on préfère l'autonomie, le fait de se donner à soi-même la loi de son agir" (1989). En este sentido, el sujeto moderno[1] no nace con Descartes, sino que este último dio forma más bien a una teoría filosófica que ilustraba una idea que ya estaba presente en el aire, por así decirlo, y fundamentó su poder desde una perspectiva epistemológica. A partir de esta propuesta se crearon las bases no solo de una nueva teoría —tanto epistemológica como ontológica con respecto a la metafísica clásica (García Baró, 1999)— sino también una visión del poder político que pronto suplantaría el sistema teológico-monárquico, siempre limitado a la paradoja de un ser que, por un lado, debe demostrarse ajeno y superior a los intereses personales, suyos y de los demás, y que, sin embargo, se encuentra determinado

---

1 Es del mismo Renaut la definición más precisa: "Ce qui I...] définit intrinsèquement la modernité, c'est sans doute la manière dont l'être humain s'y trouve conçu et affirmé comme la source de ses représentations et de ses actes, comme leur fondement *(subjectum, sujet)* ou encore comme leur auteur» (1998, p. 6).

por necesidades fisiológicas y características psicológicas particulares. Desde Descartes hasta Kant se fue gestando, por tanto, aquella noción de Ley, anónima y *super partes*, que representaría la entrada del hombre moderno en la época científica, liberal y democrática que llamamos mundo contemporáneo.

Por su parte, el cambio epistemológico introducido por Descartes no fue poca cosa, dado que –antes de la llegada de Kant– influenció no solo la perspectiva racionalista, sino también a su contrincante empirista: John Locke[2]. Sin embargo, la noción de conciencia, como característica peculiar del sujeto cartesiano, no llegó a representar, para la totalidad de los filósofos de la época, aquel elemento definitivo sobre el cual era posible construir una nueva filosofía. No olvidemos cómo el mismo Hume, al igual que Spinoza en otro momento, abriría paralelamente un camino novedoso poniendo en tela de juicio la idea de un sujeto epistemológico puro y todopoderoso, un ojo trascendente que fundamentaba a priori todo tipo de experiencia y conocimiento; el filósofo escoces le apostó, más bien, a un sujeto producto de sus propias experiencias y en continua formación. Esta lectura llegaría a resonar primero en el siglo XIX donde, como nos advierte Van der Wielen "la notion de sujet a été «déconstruite», «liquidée» ou «rendue superflue», notamment par Nietzsche, Marx, Freud" y, finalmente, con "les structuralistes" (2023, p. 9).

Probablemente fue Husserl quien sostuvo con mayor fuerza –frente a un mundo europeo que se encontraba en una evidente crisis cultural y política– la necesidad de volver a teorizar la existencia en el sujeto de un fundamento epistemológico, un puerto seguro en una época de tempestades. Claro está, sin renunciar tampoco a una comprensión adecuada de todos aquellos elementos inmanentes que caracterizan la experiencia y que se encuentran afuera de la atención o de los cuales no tenemos conciencia inmediata. Este conjunto de ideas abriría sucesivamente un campo de estudios que incluirían las nociones de cuerpo vivo (*Leib*) y de mundo de la vida (*Lebenswelt*). Sin embargo, a pesar de ampliar la mirada a la estructura en que se inserta la experiencia humana, Husserl no dejaría de reconocer la necesidad de un sujeto constituyente para, finalmente, llegar a proponer una posición ética totalmente fundada en la naturaleza racional del hombre.

Justo en oposición tanto al camino cartesiano como a este, como ya se ha hecho notar, en la mitad del siglo XX la filosofía –sobre todo en Francia– empezó

---

2 Recordemos que, si para Descartes *pensar* significaba "tener una idea", unos años después para Locke significaría "estar consciente de una idea", dando cabida a un nuevo término en el ámbito filosófico, es decir el de *consciousness* para distinguir el significado epistemológico de conciencia del significado moral, para el cual se usaría el clásico *conscience*.

un movimiento de crítica del sujeto y desubjetivación de la experiencia en línea con la voluntad de superar la filosofía de la fundamentación (*Grund*) que, paradójicamente, precisamente un francés, Descartes, había empezado. Desde la obra merleaupontiana –la cual nace, en buena parte, de las ideas del último Husserl– y su influencia en el estructuralismo (Foucault, 1999) se llega a la crítica posestructuralista y posfundacionalista que finalmente encuentra en Foucault, Lacan, Deleuze, Badiou, Nancy, Rancière, Derrida y Butler, algunos de los más relevantes exponentes. Aquí el sujeto consciente dejaría de contar en el panorama filosófico, a favor de conceptos como conciencia perceptiva, cuerpo fenoménico, carne (*chair*), subjetivación[3], agenciación, *moi*. Según esta perspectiva, por tanto, no solo ya no habría que hablar de un sujeto/substancia en su sentido clásico y medioeval, sino la misma idea de sujeto que se conecta con la actividad consciente desde Descartes dejaría de ser significativo para la filosofía, la cual, en cambio, en la versión de Badiou, debía ocuparse de una comprensión adecuada de la forma en que se despliega la vida en su carácter inmanente de acontecimiento (Badiou, 1988).

Más allá de la crítica descrita, es menester el hecho de que, si se había cancelado la noción de sujeto en el panorama filosófico francés, la naturaleza de la conciencia humana por la cual cada individuo puede decirse único, seguía representando un objeto de interés para la filosofía de otras latitudes geográficas, sobre todo en conexión con aquellas disciplinas que a menudo han acompañado la filosofía en la época contemporánea como la psicología y la psicopatología u otras ciencias más recientes como la neurología y la fisiología. Este hecho se puede observar en particular en los estudios filosóficos del área anglosajona, en particular en Estados Unidos, en donde durante los decenios de 1980 y 1990 el tema de la conciencia se vuelve central y llega a ser objeto de interés de numerosos autores, no solo desde una perspectiva epistemológica conectada con la fenomenología, sino también desde las inquietudes de autores que pronto fueron dando forma a una nueva disciplina, la "filosofía de la mente", vinculada con la neurología y la biología. En este ámbito, parecía necesario mantener un cierto cuidado en abandonar la noción de sujeto, apoyando, por tanto, una línea distante de la posición que se había introducido en Francia, pero se reconocía también, en algunos casos, el carácter contingente de la conciencia que, a menudo, era considerada un mero producto de la evolución biológica del cerebro (Dennett, 1986). En este sentido, la referencia a la noción de sujeto –que hemos definido "fuerte"– abandonaba aquel carácter

---

3   Cuyo referente más icónico es la imagen puesta por Foucault al final de *Las palabras y las cosas*.

trascendente e inmortal que todavía estaba presente en Descartes en la idea de alma. Se trataba ahora de un sujeto cuya naturaleza específica, la conciencia, era una propiedad que se había formado en el mismo desarrollo de la materia. Nada más y nada menos.

Ahora bien, después de estas pocas consideraciones generales sobre las más recientes posiciones alrededor de la idea de sujeto, es necesario retomar el discurso a partir de unas coordenadas diferentes. Lo hacemos partiendo de la versión husserliana de este concepto y reconociendo que en esta existen algunos elementos centrales que se ha llegado a criticar y excluir de forma demasiado apresurada.

Sabemos bien como para Husserl la intencionalidad define –por principio– la manera de estar en el mundo de todo sujeto. De esta forma, la *Bewusstsein* siempre está dirigida hacia el mundo, un mundo hecho de objetos intencionales: si pienso, pienso en algo, si recuerdo, recuerdo algo, si amo, amo alguien o algo, etc. Esta característica esencial de la conciencia no significa que los actos sean los mismos, sino, así como varía el objeto intencional, para el cual Husserl habla de "materia del acto", también la estructura de la referencia intencional (o la "cualidad del acto") es diferente. Y una tarea de la fenomenología es tratar de ilustrar justo las diferencias estructurales de los actos de experiencia y como en la referencia intencional surja lo que conocemos comúnmente como *sentido*.

Ahora bien, entre los actos en los cuales, desde el inicio, Husserl pone su atención, está, de manera particular, la percepción. El carácter fundante de esta última se puede constatar en el momento en que percibimos un objeto al cual nos hemos podido referirnos anteriormente sin su presencia, es decir, solo a través de un acto de significación. Para estos casos, Husserl habla de "cumplimiento" (*Erfüllung*) indicando con este término una suerte de enriquecimiento de la misma experiencia. Cuando un amigo me dice: "Te invito a mi casa", poco o nada puedo decir de ella si aún no he ido a visitarlo en el lugar en donde vive. Otra cosa, en cambio, es poder mirar la vivienda desde afuera, dar una vuelta a su rededor, entrar y ver la disposición de las habitaciones, los colores de las paredes, los olores peculiares de la misma. En este caso, el concepto *casa* se llena de una significatividad única, mediante el enriquecimiento de nuestra experiencia aportado por la percepción. Sin embargo, a pesar del carácter fundante de este acto, no es posible limitar el potencial experiencial humano exclusivamente a lo que nos proporciona la percepción. En efecto, en el momento en que nos encontramos en la casa podemos fijar en el recuerdo y, desde luego, también en la imaginación la experiencia perceptiva, podemos analizar ciertas características estéticas o arquitectónicas de la casa, constatar numerosos elementos, detalles y aspectos que dan forma al carácter íntimo y personal propio de la noción de hogar que, además, nos permiten conocer mejor a nuestro amigo, permitiéndonos descubrir facetas de su forma de ser y comprender mejor su carácter que, posiblemente, en otro contexto no hubieran brotado. En general, todos estos actos que llevamos a cabo a partir de lo percibido se inscriben en una dinámica intencional, en donde la naturaleza temporalizada y temporalizante de la conciencia unifica los diferentes haces intencionales mediante un único proceso sintético. Aquí, justo en este dinamismo ininterrumpido, llegamos a vislumbrar un elemento que hasta ahora se había quedado escondido detrás de todo acto intencional, pero su latencia no encubre el rol fundamental que lleva a cabo en la experiencia. Estamos hablando de lo que brota, de manera transversal, detrás o, más bien, de bajo, de todo acto intencional, como un pliegue de éste: el sentido. Y más amplia es la estructura de los haces intencionales sobrepuestos, más rico es el sentido producido.

Debemos a Frege (1892) el hecho de introducir la distinción entre sentido y significado, en el interior de la lógica y la filosofía del lenguaje. El filósofo alemán quiso, de esta forma, dirigir la atención sobre un tercer término que se encuentra entre el origen sensible de la experiencia, con sus bases fisiológicas y que es meramente subjetivo, y la relación lingüística que se instituye convencionalmente con un referente objetivo, un cualquier objeto, real o ideal. Si excluimos el primer aspecto, por su carácter poco relevante para nuestro estudio, el segundo se relaciona con el hecho de que los significados sirven para dirigirnos a cada referente trascendente. Y su función es objetiva. Ahora bien, Frege considera que mientras el significado no varía, justo por su conexión con un referente objetivo, la palabra o expresión que usamos para generar ese significado puede variar y la manera en que se manifiestan –dicha palabra o expresión– debe llamarse precisamente el sentido (*Sinn*) de dicho significado (*Bedeutung*). En su ejemplo más célebre, el filósofo alemán avisa que, si bien los términos *Estrella de la mañana* y *Estrella de la tarde* sean sensiblemente diferentes, ambos tienen un mismo referente o, en palabras de Frege, un mismo significado, el planeta Venus[4]. Además, otro aspecto particularmente relevante de la propuesta de Frege es el hecho de que, así como el significado, también el sentido –en los términos descritos– es objetivo, ya que en aquel se manifiesta una estructura relacional entre elementos perceptivos que se vuelve significativa para todo ser capaz de entenderlo.

---

4   Husserl afirmará algo similar en otro célebre ejemplo, según el cual Napoleón se puede llamar tanto "el ganador de Jena" como "el perdedor de Waterloo" (Husserl, 2006, p. 249).

De esta manera, la propuesta freguiana abre el camino hacia la reflexión sobre la presencia de un elemento intermedio entre el sujeto y el referente, es decir, el sentido, y esta fue una propuesta que Husserl no pasó por alto. De hecho, en diferentes ocasiones el filósofo moravo afirma que la fenomenología es una reflexión sobre las estructuras universales del sentido (Quepons, 2013), si bien esta definición sale del límite de la filosofía del lenguaje y trata de comprender este concepto de forma general. En efecto, como ya hemos expuesto, para Husserl el sentido debe buscarse en los dinamismos universales con los cuales la conciencia intencional lleva a cabo la unidad sintética de las vivencias. Sin embargo, en este supuesto también para el padre de la fenomenología no se debe perder el valor fundante de la percepción. Más bien podemos afirmar que el sentido tiene su fundamento en la experiencia perceptiva y, sin embargo, no se queda en ella. Por así decirlo, todo acto –de percepción, imaginación, recuerdo, juicio, amor, odio, etc.–, a pesar de su diferencia esencial, está conectado con los otros actos en un entrelace de hilos intencionales que constituye la dinámica universal de la subjetividad y en el cual, por principio, se va enriqueciendo el sentido de nuestra experiencia.

Ahora bien, en fenomenología, la actividad intencional supone justo el sujeto todopoderoso y unificador descrito arriba que emerge cuando operamos la reducción. Este se dirige al mundo de fenómenos que toman sentido en una interacción en donde ninguno de los dos elementos –conciencia y objeto intencional– puede considerarse anterior (e independiente respecto) al otro. Sin embargo, justo por esta razón, como dice Sartre, la conciencia –y por consiguiente el sujeto– es algo anónimo y no sería nada si no se refiriera al mundo (2009). En este marco, ¿qué sucede con el sentido de lo que está en el fondo de nuestra conciencia y al cual no ponemos atención, como el ruido mientras escuchamos lo que un amigo nos está diciendo? En el marco fenomenológico, ¿puede considerarse "un afuera de la conciencia"?, ¿o, incluso, un sentido que está presente a pesar de una ausencia de intencionalidad?

Mientras que en la fenomenología genética husserliana se hace referencia a una antesala de la conciencia, en donde la percepción está presente antes de que el objeto percibido se vuelva temático para el sujeto de experiencia, en los discursos de diferentes filósofos posthusserlianos empieza a asomarse la posibilidad de una experiencia anterior a la intencionalidad o incluso sin ella. El primer ejemplo es precisamente la noción sartreana de "conciencia irreflexiva", que se plantea en *La Trascendencia del Ego*. Sucesivamente, la principal propuesta teórica que se desarrolla en la dirección que hemos indicado –en la estela, pero también problematizando la obra husserliana– es aquella de Merleau-Ponty, quien levanta por primera vez numerosos cuestionamientos justo en contra de la noción de sujeto e influencia ampliamente los autores estructuralistas y posestructuralistas a los que ya nos hemos referido aquí. Sin embargo, desde nuestra perspectiva, el verdadero heredero del giro filosófico propuesto por Merleau-Ponty en *Lo visible y lo invisible* hacia una no-filoso-fía, en contraposición tanto de una noción fuerte y universal de intencionali-dad como de una idea de sujeto todopoderoso, ha sido el filósofo belga Marc Richir[5], quien nos guiará en nuestro análisis para poder introducir una noción amplia de sujeto.

Partamos de esta consideración: la mayor inquietud que atraviesa la tota-lidad de la obra richiriana es el hecho de que según este filósofo la fenomeno-logía husserliana no ha logrado dirigir su atención al fenómeno mismo, aquel que Richir llama *rien que phénoméne*, nada más que fenómeno, y que se debe entender como un puro aparecer o, más bien, un puro apariciente. Esto suce-dió porque cada vez que Husserl se dirigía a las cosas mismas encontraba ya un ente constituido por la conciencia, un quid ya presente ante ella, creando la que el filósofo belga define un *simulacro ontológico* (Richir).

Para poder encontrar el fenómeno en su puro aparecer, según Richir, es necesario llevar la mirada filosófica hacia una condición pre-egológica, en pocas palabras, una reducción radical que el autor llama *hiperbólica*. De esta manera, si en el ámbito de la actividad intencional es todavía posible hablar de un sujeto en que la conciencia unifica la experiencia, existe también un nivel preegológico y preintencional, en donde ya no es posible hablar de un sujeto ni de un Yo (*moi*), en el sentido que hemos visto, es decir, de un ser consciente de sí y del mundo, y sin embargo todavía este puede volverse objeto de un discurso filosófico.

Según Richir en el registro más profundo del fenómeno se encuentra pre-cisamente el sentido en una condición única, es decir, como sostiene, en su estado naciente o *se faisant*. Rompiendo el vínculo de fundamentación en la experiencia perceptiva, el sentido en estado naciente es el río subterráneo que burbujea debajo de todo ser humano. Además, dentro de los textos publicados desde el 2000, Richir afirma que se debe relacionar ese registro arquitectónico más profundo y arcaico de la humanidad con una acepción particular del concepto de *fantasía*. Sin que se confunda con la imaginación, que ya está ins-tituida en imágenes, la fantasía es una fuerza caótica de apariciones inconstan-tes, informes, infigurables, prometeicas, etc., que representa el fondo mismo que burbujea debajo de la experiencia. Es aquí en donde el sentido brota en

---

5   Véase los números 34 y 40 de la revista de filosofía Eikasia (https://www.revistadefilosofia.org/index.php/ERF/index) y Daturi D. E. (2020) Anuario Filosófico.

una condición anterior a todo lo real y lo posible, que, en cambio, caracteriza el mundo de la imaginación y los significados que encontramos del lado de la actividad intencional, donde lo percibido se estructura mediante síntesis pasivas y se forma el lenguaje.

Ahora bien, es necesario observar que esta noción de sentido, introducida desde el marco de la fantasía, nos presenta una idea de sujeto dividido entre, por un lado, un campo intencional determinado por la conciencia y la atención, y por el otro un campo fenomenológico más amplio, en donde el fenómeno parpadea en el interior de una *temporalidad sin tiempo asignable* (Richir, 2000), es decir, en una presencia que no está propiamente en el presente. Igualmente, este registro arcaico, como lo llama Richir, es el lugar de la afectividad, la *Stimmung* (Richir, 2004), que el filósofo belga considera el color de atmósfera, siempre fluctuante y cambiante, que nos acompaña en todo momento en la vida y que se contagia entre los seres humanos, sobre todo mediante la expresividad del cuerpo.

Este último aspecto, relevante para nuestro discurso, es justo la forma en que la fantasía se conecta con el cuerpo vivido (*Leib*) y con la concreción en que se da la relación con el mundo. Todo lo que somos como sujetos, nuestra misma identidad, se debe a la interacción fáctica de nuestro cuerpo con el mundo. En la primera infancia se agrega el tema del intercambio de miradas antes que todo con la madre, que luego se reflejará en las interacciones tanto fácticas como fantasiosas con el otro, que tendremos en la vida. Es por eso que, en lugar de utilizar el concepto husserliano de *intersubjetividad*, donde se contempla un sujeto solipsista que constituye el otro y que, por empatía, llega a reproducir en sí mismo las emociones vividas por el otro, Richir acuña el término de *interfacticidad* (Richir, 2004). Por tanto, mediante la relación fáctica misma de cuerpo a cuerpo, sentido y mirado, el adentro de mi afuera comunica con el adentro del afuera del otro. Y este adentro es propiamente el mismo mundo del parpadeo infigurable de la fantasía.

La relación entre sujeto y sentido anima, por tanto, la propuesta que queremos presentar en este capítulo. En el campo intencional podemos hablar de un sentido estable, ya que la relación entre sentido y significado lleva del primero al segundo, según el proceso sintético propio de la dinámica intencional de la experiencia. Recordando a la noción fregueana de sentido, pero refiriéndose a una imagen representada, Husserl encuentra un objeto intermedio, provisto de su acto intencional, entre la imagen física (una fotografía, un dibujo, un cuadro, etc., concretos) y el sujeto representado (la Torre Eiffel, por ejemplo), al cual le nombra *Bild Objekt* ("imagen-objeto"). Este representa la manera específica para cada representación (pero, no única) en que el apariciente en el papel o en el lienzo se configura para dar vida al significado "Torre Eiffel". Tal vez, en el caso de las imágenes, podríamos referirnos al *Bild Objekt* con el mismo término fregueano de sentido.

Sin embargo, la forma en que el sentido se encuentra "mezclado" con la experiencia concreta se puede entender mejor cuando, más allá del mundo del lenguaje (Frege) o de la representación en imagen, en la vida cotidiana nos encontramos en situaciones perceptivas de objetos reales donde confirmamos o descartamos mediante el ensayo y error nuestras expectativas. Aquí también se debe hablar de sentido, como elemento central de la experiencia perceptiva. Por ejemplo, sé que lo que veo es un coche o una casa porque se han sedimentado en mí ciertos hábitos perceptivos con base en los cuales anticipo la experiencia, pero esto no significa que en el presente vivido se confirmarán necesariamente mis expectativas. De hecho, acercándome, puedo siempre constatar que estaba en un error. La relación entre lo real y lo posible tiene que ver a menudo con la posibilidad de que lo que me espero no se confirme y que, incluso, suceda lo imposible, como nos enseñan a menudo los actos de magia. El asombro, que todos hemos probado una vez, será el resultado emocional de algunas experiencias únicas. Por tanto, si bien se sedimentan hábitos tanto perceptivos como prácticos-técnicos que nos guían en nuestra vida cotidiana, estos pueden siempre modificarse con base en la configuración de la misma experiencia perceptiva.

Sin embargo, justo la problemática descrita de la complejidad de la relación entre lo real y lo posible, nos propone una nueva reflexión, en este caso relativa al acto creativo en el arte. Si tomamos en cuenta, para empezar, la producción de símbolos, tanto en la literatura como en la pintura, podemos decir que, en esos casos precisos, nos encontramos con una *noción inestable de sentido*, ya que la relación entre configuración sensible y significado nos hace suponer que el apariciente pierde su correspondencia necesaria con un referente único y se presta para poner en movimiento la imaginación llegando a referirse a diferentes posibles referentes. Se debe esta teoría a Kant, cuando en la *Crítica del Juicio* habla del poder de las *ideas estéticas* de producir justo aquella puesta en marcha –libre y loca, diríamos– de la imaginación, la cual parecería que se vuelve productiva.

El nivel de inestabilidad que hemos descrito, en la relación entre sentido y significado, se refleja también en la relación entre sujeto y objeto intencionales. Justo la actividad creativa del genio artístico escapa desde sus fundamentos a la teoría fenomenológica de la intencionalidad y este hecho pone en tela de juicio el alcance de una teoría que desde sus inicios se propuso lograr la comprensión de la totalidad de las experiencias reales y posibles. Y es en este supuesto que es relevante la recuperación de la propuesta de Marc Richir.

El filósofo belga relaciona la noción de *sens se faisant* que caracteriza el registro más arcaico de la fantasía con los conceptos introducidos por Henry Maldiney de transposibilidad y transpasibilidad, y crea en *Le sublime et le soi* una nueva acepción de la palabra *virtualidad*. Frente a la distinción entre actualidad y posibilidad, debemos concebir −nos dice− una nueva forma de ser que no puede reducirse solo a lo actual o a lo potencial, según la clásica distinción aristotélica. Debemos poder pensar en una condición anterior a toda representación en que nos encontremos más allá de la relación escrita y su carácter necesario, es decir una especie de pura posibilidad que nunca se posa −por así decirlo− en alguna forma específica y que, por tanto, no teniendo actualización no se puede considerar propiamente potencia de algo. En esto consiste la virtualidad de aquella forma de ser primordial que Richir llama *jora* (2006) −recordando el *Timeo* platónico− y que tal vez por su enorme fuerza originaria y prehilética asemeja a la noción merleaupontiana de *chair* (carne), en un profundo entrelace en que mundo y mente se sobreponen y desaparecen, replegándose, el uno en la otra. Es aquí, según nuestra perspectiva que surge la locura y la genialidad del artista, que sabe crear *ex nihilo* no porque puede ver lo que la persona común no ve, sino porque sabe reelaborar el apariciente de la manera de darle aquella inestabilidad entre sentido y significado mediante la cual el espectador puede ver a través de su obra la verdad que convive en la misma experiencia sensible, que se ha plasmado por medio del gesto concreto del cuerpo sobre la materia, y que de otra forma quedaría escondida detrás o debajo de la representación. Para hacerlo, finalmente, el sentido en que el artista ve tiene un carácter límite, es como la línea de fuga de una mirada que aparece durante el mismo acontecimiento de la creación, ni antes, ni después, y debido a que se queda presente, pero al margen, en otro trabajo lo hemos definido *sentido de horizonte*.

El sentido de horizonte es la expresión máxima y radical de la noción de sentido, como posibilidad de todas las posibilidades que, por tanto, no se relaciona con un significado específico, un acto, en el discurso aristotélico. Sin este no habría creatividad y, por tanto, nuevas imágenes y un proceso de institución simbólica siempre y todavía nuevo que define la historia de todas las culturas, sino repetición ineludible de lo mismo y el sujeto −tanto el epistemológico como el práctico− sería solo la triste reiteración de gestos dictados por una inexorable codificación biológica. Es en este sentido que aquí queremos señalar que, si bien la noción clásica de "sujeto fuerte" debe ser superada, esta no debe abandonarse sino ampliarse hacia una descripción adecuada de todo lo que se encuentra bajo la etiqueta de experiencia. En este sentido, la deconstrucción posestructuralista del sujeto debe entenderse como la búsqueda de una completitud y no de una cancelación que, además, no se entendería a favor de qué. El reconocimiento de que existe un lado inconsciente del cual depende la producción de sentido nos lleva a la idea de que el sujeto que falta es aquel que deberá reconocerse justo en esta relación fundamental entre sujeto consciente y sujeto inconsciente, y su proyección en el mundo interhumano en el sentido de la interfacticidad propuesta por Richir.

Por otra parte, con base en estas ideas, nuestro interés en el presente capítulo es tratar de entender si la noción de sujeto que hemos introducido puede servir para una comprensión de un aspecto de la vida cuotidiana que, en los últimos años, ha alcanzado un nivel muy alto de interés general de la sociedad, es decir, la así definida Inteligencia Artificial. Todavía hoy los debates generados en este ámbito, sobre todo aquellos estimulados desde el siglo pasado en torno a una posible deriva posthumana a favor de una apocalíptica revolución de las máquinas y suplantación de la especie humana, ponen en el centro de la pública atención la cuestión de la diferencia entre IA y mente humana. De esto trataremos brevemente en la siguiente y última parte de nuestra contribución.

La inteligencia sin sujeto: el caso de la artificial

De seguro, la noción de IA no es nueva. Como dice Calabria Gallego (2020) esta expresión data nada más y nada menos que del año 1956. Sin embargo, según Sigman y Bilinkins (2023), los albores de la IA coinciden con un día de mayo de 1938, cuando "el almirante Sir Hugh Sinclair del Servicio de Inteligencia Británico, el mítico MI6, compró una mansión construida en el siglo XIX y conocida como Bletchley Park" para llevar a cabo las actividades secretas del gobierno inglés durante la Segunda Guerra Mundial; a través de más de treinta físicos y matemáticos "liderados por Alan Turing y Dillwyn Knox" su objetivo principal sería tratar de descifrar la máquina encriptadora y decodificadora alemana llamada "Enigma". No obstante, los ejemplos históricos relacionados con las primeras interacciones entre humanos y máquinas se podrían multiplicar aún más, yendo mucho antes del siglo XX, como es el caso de las célebres máquinas renacentistas que producían sonidos aparentemente humanos y con sentido o el pato autómata creado en el 1739 por el ingeniero francés Jacques de Vaucanson. Es verdad, en cambio, como es evidente en la referencia a la máquina "Enigma", que —en nuestra época— las investigaciones sobre la interacción entre los dispositivos informáticos y la realidad han encontrado su mayor impulso debido a los intereses de la industria militar. Incluso detrás de las *Macy Conferences* de Nueva York de 1941, que enmarcaron el nacimiento de la cibernética, es decir el estudio interdisciplinario de los sistemas reguladores, encontramos sobre todo las necesidades de producir sistemas balísticos de defensa capaces de enfrentar los acontecimientos bélicos de la época.

Con base en estos inicios históricos, actualmente, con el acrónimo IA (Inteligencia artificial) se hace referencia a diferentes formas en que la tecnología de la información ha hecho posible que un dispositivo informático y electrónico puede llevar a cabo funciones y actividades para las cuales se necesitaría lo que en el mundo humano llamamos inteligencia y que sirvan de apoyo al ser humano para facilitarle en algunas tareas cotidianas, pero "sin el afán de substituirle"[6]. En este sentido, con el término IA quisiéramos acotar nuestro discurso a las formas de interacción entre dispositivos (tanto robóticos como de generación de textos, escritos o hablados) y mundo, dejando a un lado, por ahora, los casos de realidad virtual y realidad aumentada[7] que estarían conectados a la noción de "sujeto digital"[8].

Hablando de interacción entre dispositivos y mundo se debería distinguir, por un lado, la interacción en que los aparatos robóticos modifican el estado físico-químico y las propiedades espaciales de los objetos con base en una programación específica generada por el ser humano a través de medios informáticos y que les permite llevar a cabo acciones reiteradas y, a menudo, por medio de mecanismos de retroacción (como, por ejemplo, las máquinas que sueldan en las fábricas automotrices); por otro, está aquella interacción en que los aparatos apoyan al ser humano en encontrar información relacionada con una búsqueda llevada a cabo por este. Si analizamos el primer caso, en las actividades robóticas es fundamental la retroacción con la cual el dispositivo parece interactuar con el entorno. No obstante, esta "interacción" es más bien la predisposición del dispositivo a reaccionar a un cambio físico, normalmente en el momento en que se alcanza un cierto nivel de valores programados por el ser humano, por lo general analógicos (temperatura, presión, velocidad, etc.) pero también digitales, y medidos por un dispositivo específico sensible al cambio. Dicha reacción –sobra decirlo– no corresponde a una elección voluntaria de la máquina sino a una acción programada para mantener el sistema en un cierto rango de valores ideales y, por tanto, también el uso de la palabra "reacción" debe hacerse con cierto cuidado.

---

6   Justo este es el final de la respuesta de Alexa cada vez que se le pregunta ¿en qué consiste la IA?

7   Según Liz Gutiérrez (2020), los cinco fenómenos de nueva tecnología sobre los cuales es necesario dirigir la atención de la filosofía son: realidad virtual, realidad aumentada, inteligencia artificial, humanidad mejorada e Internet de las cosas.

8   Trataremos de vislumbrar este concepto de forma más adecuada en otro momento.

De alguna manera, el segundo caso, el que tiene que ver con la búsqueda de información, puede relacionarse con el primero por la simple razón de que también en este último el dispositivo interactúa con el entorno, pero no siempre su función es modificarlo (como sucede cuando pedimos que prenda o apague un dispositivo) sino, en ciertas ocasiones tratará de transformar una serie de sonidos en texto y un texto en sonidos para informar al ser humano, haciendo uso de los datos disponibles en la red o en una base de datos. Es el caso de los ayudantes informáticos que ya son parte de nuestra vida cotidiana como Siri de Apple o Alexa de Amazon. De hecho, ambos aspectos han sido desarrollados conjuntamente para dar vida a sujetos robóticos, a veces con semblanzas humanas, que pueden moverse e interactuar con el entorno en las dos maneras, expresando emociones y contestando a preguntas. Finalmente, de estos dos casos más comunes, se encuentra el nivel particularmente avanzado de la investigación dirigida a la producción de sistemas informáticos complejos del tipo *Machine learning*, es decir, que tienen el objetivo de aprender a autoprogramarse a partir de la reacción a ciertas condiciones cambiantes en el entorno.

Ahora bien, hecha esta breve y necesaria introducción general al concepto de IA, para concluir nuestra aportación relacionada con la noción de sujeto, es nuestra intención cuestionarnos si este último concepto puede usarse en relación con en una máquina de IA o si, en cambio, nuestra lectura nos permite determinar una diferencia especifica entre los dos. Hay que recordar que, desde las novelas de Asimov, una de las cuestiones más comunes cuando se habla de IA es si un día las máquinas podrán adquirir un cierto tipo de conciencia de sí que logre transformarlas en seres capaces de conducirse hacia la producción de acciones como, por ejemplo, la preservación de su existencia. Sin embargo, como hemos sostenido, la naturaleza del sujeto humano debe comprenderse en el marco de la noción de sentido y, por tanto, según lo que afirmamos arriba, a un lado de la cuestión de la conciencia del mundo (y autoconciencia) debemos agregar aquella de lo inconsciente, como segundo aspecto relevante cuando hablamos de sujeto humano.

Si se consideran en particular los dispositivos de IA del segundo tipo que hemos descrito arriba, se puede afirmar que en ellos está implicada la producción de objetos lingüísticos significativos. Cuando pedimos a *Chat GPT* la búsqueda de cualquier argumento, el producto es un texto con un sentido general que, en algunos casos, puede agregar más conocimiento de lo que teníamos anteriormente. Puesto en comparación con las posibles respuestas de un ser humano, podemos afirmar (como, de hecho, se ha constatado en investigaciones recientes) que un porcentaje muy amplio de personas no podría afirmar con seguridad si respondiendo del otro lado del chat se encuentra un ser humano o una máquina, ya que la IA podría ser programada también para contestar a preguntas sobre su propia existencia o su sentir, para las cuales sería suficiente la creación, por parte del programador, de respuestas preestablecidas. Es evidente que aquí regresamos necesariamente a la cuestión de la autoconciencia. Sobre este asunto, un posible camino es examinar el hecho de que la única forma en que la IA pueda llegar a ser consciente de sus estados anímicos y su existencia está en el ampliar su habilidad de sentir su entorno[9]. Y este es el gran dilema: ¿en qué momento "aparece" la conciencia de sí? ¿Será después de que nazca la experiencia consciente del mundo? ¿Y por qué los animales parecen tener una forma mínima de conciencia del mundo, pero no sabemos si tienen ese "minimal self" del que habla Dan Zahavi (2019)?

Sin embargo, sigue siendo posible que, por medio de un experimento, la IA se conecte a dispositivos que sean sensibles a las diferencias de los estímulos que provienen del mundo (luz, calor, contacto, etc.) y a un procesador que simule el intercambio de energía de una cantidad idéntica de centros neurales interconectados. En este caso, se podría constatar si la falta de un órgano de respuesta sensible al mundo, como el cuerpo humano, y de un órgano procesador de la información, como el cerebro, son el primer límite al nacimiento de una inteligencia artificial autónoma y consciente.

Por otra parte, visto en un marco filosófico, la falta de subjetividad de los dispositivos actuales de IA se debe a que, por ahora, la actividad reproductora y generadora de sentido no se basa en las dinámicas intencionales por las cuales en el sujeto consciente las diferentes experiencias que vive (perceptivas, memorativas, emocionales, etc.) se unen en un proceso sintético. Por tanto, desde este punto de vista, por ahora, la IA puede considerarse solo como un dispositivo que produce textos significativos con base en reglas sintácticas generales y una semántica fundada en una noción lógica de significado. Además, justo la noción de sentido que hemos introducido explica mejor los límites actuales de los dispositivos de IA que procesan información.

No hay duda de que la máquina ya sabe construir núcleos de sentido estable sin, propiamente, estar consciente de sí. Y también con una programación lo suficientemente atenta, la máquina podrá llegar a producir, e incluso inventar, metáforas y símbolos, mediante una implementación meramente formal de reglas. Sin embargo, aun así, no podríamos hablar de conciencia de lo que dice o de autoconciencia, si bien parece que lo esté y que pueda

---

9   Esta teoría tiene su origen más moderno en la propuesta sensualista de Étienne Bonnot de Condillac.

contestar a nuestras preguntas diciendo que lo está. De esta forma, la máquina será idéntica a un ser vivo no cuando podrá parecer consciente de producir núcleos de sentido estable. Esto podrá pasar, en cambio, solo cuando será programada para que, algo muy humano como *la posibilidad de lo imposible y la virtualidad de lo real*, entre en la lógica interna en que aquella elabora la información. En esto consiste nuestra idea de *sentido de horizonte* que nace de una condición en donde el sujeto no se mueve en una relación estable entre lo real y lo posible, sino en un horizonte inestable de virtualidad que permita implementar nuevas reglas de síntesis de lo experimentado en sus interacciones con el entorno o en pocas palabras, nuevo sentido. Para esto se ha introducido el término de "sentido de horizonte", el cual se mueve siempre en el margen de un saber de la posibilidad de la imposibilidad –hecho que todavía no se presenta en la máquina–; y finamente es esto lo que –siguiendo a Richir– hemos definido "virtual".

Hasta que el sentido de horizonte se quede, por tanto, como una característica específicamente humana ninguna máquina podrá llegar a la conciencia de sus interacciones con el mundo y tampoco logrará reproducir la creatividad humana que encontramos en los genios artísticos y científicos y la experiencia estética. En pocas palabras, el carácter humano del hombre se debe no tanto a su capacidad de razonamiento lógico, donde el sentido es –en principio– estable, ni en la mera naturaleza sensible, que nos pone en contacto con el mundo. Lo específico que ha permitido el desarrollo simbólico de la humanidad es la posibilidad de relacionarnos sensible y corporalmente con la materia para crear nuevas cosas y con ellas nuevo sentido mediante el contacto con este fondo fantasioso e inestable que participa de forma indirecta y lateral en nuestra experiencia que hemos definido "sentido de horizonte". Sin esta condición, por tanto, hasta que no existirán máquinas capaces de "enloquecer" mirando hacia lo virtual, el hombre se quedará siempre en una condición única respecto a la IA.

En otras palabras, desde nuestro punto de vista una IA podría tener características similares al que definimos aquí como "sujeto humano" solo en el momento en que, además de tener un "cuerpo" y un "cerebro" de la naturaleza que hemos descrito arriba, estuviese regulada, por así decirlos, por la lógica caótica e impredecible de la virtualidad, por la cual lo imposible se vuelve posible. De esta forma, en la cuestión de la falta de subjetividad consciente, la cual se considera –hasta ahora– como el elemento diferenciador entre el *ser humano* y el *dispositivo inteligente*, debemos reconocer que hay otro elemento fundamental que se debe recrear si queremos –por alguna razón– dar vida a una máquina verdaderamente humana.

Sin embargo, si el momento que acabamos de indicar todavía parece estar lejos, no hay que olvidar que nuestra propuesta no tiene en cuenta aquel sentido que puede desarrollarse, y ya lo hace, en la relación entre la máquina y la psique humana. De esta manera, a un lado a la cuestión de la naturaleza humana de los dispositivos de IA, resulta particularmente atractiva la noción de sujeto digital, es decir un concepto de sujeto que se forma en la interacción con los dispositivos electrónicos, pero sobre todo con aquellas aplicaciones en las cuales dejamos huella de quienes somos desde el fondo de nuestra más íntima esencia: deseos, necesidades, intereses, miedos, creencias, recuerdos, etc. Es para ese "yo" tan verdadero que la realidad virtual y aquella aumentada construyen un mundo mediático y digital *ad hoc*. Un yo que finalmente puede tener la sensación de ser comprendido por alguien, alguien que –sin embargo– lamentablemente no existe.

Aquí es donde se puede creer que se multiplicarán las voces y un yo fragmentado en sujetos larvales puede ser el futuro más próximo de la noción de sujeto. Puede ser que el día sigamos representando una sola vida, una sola persona, pero en cierto momento, incluso inicialmente por diversión, juguemos a ser otros, explorando otros deseos, otras emociones. Sin embargo, a falta de una verdadera experiencia perceptiva, la experiencia seguirá inevitablemente pobre. De estas consideraciones se puede desprender otro camino para entender el sujeto próximo y su lugar en una teoría de la modernidad, pero por ahora nos quedamos con el sujeto que aquí tratamos de describir y aquel que posiblemente podría nacer de la materia y la energía a través de la tecnología.

Referencias

Badiou, A. (1988). *L'etre et l'evenement*. Paris: Seuil.

Bateson, G. (1985). *Pasos hacia una ecología de la mente*. Buenos Aires: Lohle-Lumen.

Calabria Gallego, M. D. (2020). Inteligencia artificial: ¿por qué no puede ser? *Neurología Argentina*. 12(1), 1-3

De Libera, A. (2007). *Arqueologie du sujet. Naissance du sujet*. Paris: Vrin.

Dennett, D. (1986). *Content and Consciousness*. London: Routledge.

Foucault, M. (1999). *Estética, Ética Y Hermenéutica*. España: Paidós.

Frege, G. (1892). Über Sinn und Bedeutung. En *Zeitschrift für Philosophie und philosophische Kritik*. (pp. 25-50). 100.

García Baró, M. (1999). *Introducción a la teoría de la verdad*. Madrid: Síntesis.

Husserl, E. (2006). *Investigaciones Lógicas I*. Madrid: Alianza.

Liz Gutiérrez, A.M. (2020). ¿Un mundo nuevo? Realidad virtual, realidad aumentada, inteligencia artificial, humanidad mejorada, internet de las cosas. *ARBOR Ciencia, Pensamiento y Cultura*. Vol. 196-797, 1-17.

Renaut, A. (1989). *L'Ère de l'individu. Contribution à une histoire de la subjectivité*. Paris: Gallimard.

Renaut, A. (1998). *L'Individu. Réflexions sur la philosophie du sujet*. Paris: Hatier.

Richir, M. (2000). *Phénoménologie en esquisses. Nouvelles fondations*. Grenoble: Millon.

Richir, M. (2004). *Phantasia, imagination, affectivité*. Grenoble: Millon.

Richir, M. (2006). *Fragments phénoménologiques sur le temps et l'espace*. Grenoble: Millon.

Sartre, J.P. (2009). *La Trascendencia del Ego*. Argentina: Calden.

Sigman, M. & Bilinkis, S. (2023). *Artificial. La nueva inteligencia y el contorno de lo humano*. Barcelona: Debate.

Steinbock, A.J. (2017). *Limit-Phenomena and Phenomenology in Husserl*. London: Rowman & Littlefield International.

Van der Wielen, J. (2023). *Empirism trascendental et subjectivité*. Paris: Hermann.

Zahavi, D. (2019). Consciousness and (minimal) selfhood: Getting clearer on for-me-ness and mineness. En Kriegel (ed.) *The Oxford Handbook of the Philosophy of Consciousness* (pp. 635-653). Oxford: Oxford University Press.

Epistemología y ontología: reflexión acerca del ocaso del sujeto y la emergencia de la ciencia nueva

Roberto Andrés González Hinojosa

Universidad Autónoma del Estado de México

Introducción

La presente investigación se encuentra dividida en tres incisos, el primero gira alrededor de la idea de la naturaleza en la Modernidad, la cual era regida por leyes inamovibles, mismas que servían de base para dos cosas, por un lado, para una visión uniforme del ser, y en segundo lugar, para enarbolar la esperanza de una forma de la verdad concebida como universal y necesaria. Proponemos que esta concepción del ser y el conocer podía levantarse sólo a partir de la base de una razón que nosotros hemos adjetivado bajo el término de homogénea. En nuestro segundo inciso hemos intentado penetrar un poco más en esta característica de la razón, poco tratada en los manuales de epistemología, haciendo visible que la correspondencia entre el ser y el pensar, ha venido a ser posible a partir de esta razón que en su fondo se piensa como homogénea. Finalmente, en nuestro tercer inciso, hemos intentado poner límites a esta visión pretenciosa del ser y el conocer, haciendo notar que el ocaso del sujeto puede traducirse también como el agotamiento del solipsismo. Así, la posibilidad de una nueva ciencia en nuestro tiempo se levanta sólo mediante el concurso del punto de vista de mi semejante, habida cuenta de que, al ya no tener cabida aquella razón endiosada que se bastaba a sí misma, el conocimiento se vuelve irremediablemente relativo y provisional.

a) La ley causal y la visión uniforme del ser

Es de todos sabido que, hacia mediados del siglo XIX, las diferentes manifestaciones de la cultura en occidente son sorprendidas por una crisis sin precedente, cuyas consecuencias aún hasta nuestros días no terminan de registrar todas sus secuelas. Podría decirse que, de pronto, la página del libro de la naturaleza ante la cual la ciencia y la filosofía clásica fundaron todo su empeño para formular sus configuraciones más atrevidas estaba dando vuelta a la hoja, trastocando el escenario de la realidad y desvelando un panorama completamente inédito. Así, "el arranque de la filosofía en el siglo XX viene marcado por la secuela de una enorme crisis que se difumina por distintas vertientes del quehacer teórico" (González, 2011, p. 35). Sin duda, en este punto acaece el derrumbe más estrepitoso de todo envanecimiento de la razón.

Tratemos de esclarecer un poco esto. El lapso histórico conocido como Modernidad, respecto a la escolástica, representó un verdadero paso hacia adelante, constituyó literalmente el ingreso o descubrimiento de un nuevo mundo, en donde se pensó que el hombre había llegado a la madurez, y que Dios por fin le había revelado a éste las leyes de la naturaleza con las que procede el mecanismo del universo. Hay que ponderar que, para esta visión moderna del mundo, la realidad se desvela como un sistema regido por leyes inamovibles, las cuales desde siempre habrían estado operando de una manera uniforme. Y que, en el marco del despliegue del espíritu, semejantes leyes, estarían a la espera de ser descubiertas mediante una ciencia capaz de desentrañar los códigos con los que la divinidad forjó el cosmos.

En la imagen de este universo regido por las leyes de la mecánica, el tiempo se concibe como un valor absoluto, es decir, como una suerte de horma vacía e indiferente en donde los cuerpos se van acomodando en la superficie y el movimiento que registran los objetos es rectilíneo y uniforme. Desde luego, esto era posible en una naturaleza forjada mediante insignias cuantificables o, en su defecto, medibles, es decir, mediante códigos matemáticos. Galileo y Newton son los prometeos de la nueva ciencia que permitía al espíritu comulgar con lo dado de una manera inédita, a saber, lo que es, podía medirse tal como se trazan las líneas en la geometría. Lo dado se presumía experimentable.

Cabe mencionar que sobre esta base es como se puede explicar la lógica del éxito y auge de la nueva ciencia, dejando tras sí los obtusos planteamientos de la vieja filosofía. Los planteamientos de la nueva ciencia no se estancaban en una incertidumbre prolongada, antes bien, partiendo de una duda, se formulaba una hipótesis y mediante la estrategia, ya de la experimentación, ya de la comprobación, se trastocaba dicha duda en teoría científica. La historicidad del conocimiento científico se traza así, mediante la intercalación de respuestas teóricas cada vez más convincentes acerca de lo dado, teniendo siempre como referencia esta nueva estrategia de la experimentación como pauta inédita para dirimir entre el error y el acierto. En esta ciencia los problemas en efecto se van resolviendo, y se superan, teniendo a la experiencia posible no como pauta de partida, pero sí como última estrategia.

Desde luego, esta era una página de la naturaleza *sui generis*, en la que la ciencia se erigía en la panacea que servía de referencia a todas las artes y culturas. Cabe subrayar aquí dos cosas, a saber, por un lado, al pensar que en efecto la divinidad ha permitido el acceso al mecanismo regular del cosmos, el conocimiento debía, por tanto, expresarse mediante proposiciones que reflejen la inamovilidad de las mismas leyes, esto es, la verdad, al corresponderse con la ley inmutable, debe asimismo expresarse mediante proposiciones que sean igualmente inamovibles. Es decir, la verdad de nueva cuenta, como en la vieja filosofía, vuelve a concebirse como inamovible, en virtud de que ésta patenta algo que no es relativo y tampoco subjetivo. La verdad se concibe como imperecedera precisamente porque es conveniente con algo que no es advenedizo, sino que desde siempre ha sido. La fuerza de gravedad, por ejemplo, no es un invento de Newton, el mérito de este último consiste en haber creado todo un sistema de símbolos para representar la atracción entre los cuerpos y haber encontrado el camino para representar simbólicamente las leyes del universo.

Ahora bien, por otro lado, es sabido que en esta visión de la naturaleza regular y uniforme es donde la ciencia logra equiparar la noción de conocimiento con la idea de cálculo. Es decir, en cierto sentido, el fin del conocimiento se endereza no solo hacia la esencia de las cosas, sino también hacia el empeño por saber de una manera anticipada o *a priori* el comportamiento de lo dado. Esta última idea se puede comprender habida cuenta de que los entes que existen en este cosmos se encuentran regidos por leyes causales, o sea necesarias, de tal suerte que en esta visión se cumple a cabalidad el presupuesto del viejo Leucipo cuando decía que "nada se produce porque sí, sino que todo surge por una razón y por necesidad" (B 2)[1].

Esta idea queda más esclarecida cuando traemos a cuenta el hecho de que el objeto de la ciencia moderna no era tanto el conocimiento del ente, pues éste es relativo, sino más bien el descubrimiento de las leyes precisamente naturales, en el entendido de que la posesión de éstas abrían el horizonte para dos eminentes posibilidades, a saber, en primer lugar, el acceso a un saber

---

1   En el presente trabajo, nos ceñimos a la notación clásica de los autores antiguos consagrada por Diels y Kranz.

universal mediante la función imbricadora o abarcadora que confiere la misma ley, habida cuenta de que mediante el regimiento de esta ley los seres dispares pertenecientes a distintos géneros y especies se ven llevados a sujetarse en unidad al dominio de la máxima que los gobierna y conduce su destino según el orden del tiempo. Dice Balandier, "un mundo definido por un orden mecanizado en el cual hay leyes inmutables que rigen desde el exterior (a la manera de un plan) [...] La afirmación de Newton permite conferir un poder explicativo universal a las leyes que ha formulado" (2006, pp. 48-49). La ley se erige aquí en el principio de unidad de lo dispar, en virtud de que lo que es, aun poseyendo esencia desigual, se encuentra igualmente regido por el compás de ésta.

La ley infunde regularidad a las cosas y necesidad a la aprehensión de éstas. El asunto no es el conocimiento de las cosas, pues además de imposible, resulta un tanto inútil. El conocimiento debe enderezarse hacia aquello que gobierna a las cosas, ya que la ley de esta última, al ser el principio de unidad, posibilita el acceso a un conocimiento de corte general, toda vez que, como se recordará, el conocimiento científico no es de lo particular sino más bien de lo que es común, o sea de lo universal. Todo lo que es, procede conforme a una ley. Esta última no es particular sino la pauta envolvente de las multiplicidades.

En segundo lugar, esta ley causal permitía, desde luego, el conocimiento *a priori* del mundo, es decir, fundada sobre la idea de esta regularidad de la naturaleza, a la ciencia le era factible la posibilidad del conocimiento anticipado de los sucesos en el mundo. Pues se pensó que toda causa produce necesariamente un efecto, de tal suerte que, conociendo la causa, se puede anticipar o prever el efecto en cualquier latitud. En torno a esto decía Laplace:

> Una inteligencia que, por un instante, conociese todas las fuerzas de que está animada la naturaleza y la situación respectiva de los seres que la componen, si además fuese lo bastante profunda para someter a éstos al análisis, abrazaría en la misma fórmula a los movimientos de los más grandes cuerpos del universo y del átomo más ligero: nada sería incierto para ella y el devenir, como pasado, estaría presente ante sus ojos (Geymonat, 2002, p. 79).

Esto quiere decir que, mediante la posesión de la ley, en el marco de la visión de la ciencia moderna, la inteligencia podría calcular, o predecir el comportamiento de cualquier cosa ya hacia lo abierto del cielo, ya hacia el mundo microscópico. Esto es, se podría calcular la velocidad y al mismo tiempo la posición de cualquier móvil en la naturaleza. Pero lo más sorprendente es que en este universo se podría conocer la ubicación de un cuerpo, reconstruyendo su recorrido, yendo hacia el pasado miles de años hacia atrás; y viceversa, se podía calcular el comportamiento de este mismo cuerpo también a miles de años de distancia hacia el futuro. Esto significa que el tiempo a la vez de ser una horma vacía se vuelve ahora también reversible. El vector del tiempo sorprendentemente puede correr en dos direcciones, a saber, hacia atrás lo mismo que hacia adelante.

Esto ciertamente da qué pensar, y al igual que los físicos del siglo XX, nos surgen las siguientes preguntas: ¿de qué universo se trata este en donde el tiempo no solo circula hacia adelante, sino que también puede volverse reversible?, y no solo eso, sino que también es posible conocer la posición y el comportamiento de un móvil, ya en una u otra coordenada, completamente *a priori*, ¿cómo es posible, entonces, la factibilidad del conocimiento de las leyes del universo, completamente *a priori*? Sin duda, este era el ideal de la ciencia nueva, la cual vino en su momento a desplazar a la ciencia vieja silogística y de corte aristotélico (cualitativa), toda vez que esta última se conducía mediante verosimilitudes, pero no se pudo proveer de una estrategia para trastocar sus presunciones en verdades claras y distintas.

En suma, ¿cómo puede explicarse el éxito de la ciencia moderna sobre la ciencia vieja? Nuestra tesis sostiene que este triunfo puede comprenderse debido a la forma de ser de la base que fungió como soporte y principio de esta nueva ciencia, habida cuenta de que justo la primera nota que patenta esta base del conocimiento es justamente la homogeneidad. Esta última nota nos da cuenta de que en la Modernidad se reafirma un fundamento que ya se anticipaba desde los griegos, misma que se anticipaba como indiferente a las posiciones en el mundo o a las circunstancias subjetivas, no admite representantes, precisamente porque se ha vuelto no solo en la pauta de lo que es, sino que todavía más se identifica con el mismo ser. Este fundamento es, sin más, lo que Prigogine adjetiva bajo el término de la razón endiosada. Es decir, la concepción de una razón poderosa que se erige en el metro y condición del conocimiento y que funciona unitariamente es lo que se erigirá en la panacea de la nueva ciencia.

b) La homogeneidad de la razón como principio del conocimiento

Desde Descartes hasta Hegel, lo mismo que en Galileo y Newton, el pensamiento discurre sobre la firme convicción de que el ser y el pensar son una y la misma cosa, esta correspondencia entre lo uno y lo otro marca la pauta para la configuración de una epistemología propia de la época moderna, a través de la cual se pueden avizorar varias cosas, entre las cuales pueden contarse, por un lado, la coherencia interna en los diferentes sistemas tanto en la ciencia como en la filosofía (entre los de la ciencia pueden citarse a Galileo y a Newton, así también en filosofía pueden mencionarse a Descartes, Leibniz, Kant, etc.) Mientras que, por otro lado, derivado de esta conveniencia entre lo dado y el pensar deviene la eficacia en las mediciones de esta ciencia, tales como los ha mostrado la mecánica clásica, o la filosofía trascendental de Kant; proponiendo cada cual eminentes juicios sintéticos, es decir, partiendo de la coincidencia de la razón y el ser, estos pensadores, en cada uno de sus campos, han desarrollado ejemplares avances al conocimiento de su tiempo.

Ahora bien, esta idoneidad entre lo dado y el pensar evidentemente ha constituido el claro desde donde se ha levantado la noción más extendida acerca de la verdad, la cual no es nueva, sino que ha sido esbozada desde los mismos griegos; no obstante, en esta visión moderna se hacía aún más enfática, la cual puede definirse bajo los siguientes términos, a saber, como "la adecuación de la cosa al entendimiento" (Llano, 2003, p. 27), o viceversa, como la adecuación entre el entendimiento y la cosa. Esto quiere decir que la correspondencia entre la inteligencia y el ser no solo se concebía como algo posible, sino aún más era una exigencia *sine qua non* la verdad. Aunado a esto, esta última, para ser tenida como tal, debía de cumplir con las siguientes exigencias, a saber, debía ser universal y necesaria.

Sin embargo, cabe aclarar que la idoneidad entre lo dado y la inteligencia no constituye en sí el fundamento de esta verdad perenne, antes bien, sostenemos que la posibilidad de esta concepción del conocimiento reposa sobre la base de una acepción de la razón que puede cualificarse en sí misma como homogénea. Es decir, solo una razón que funciona indistintamente en cualquier circunstancia podría servir de cimiento para un sistema científico que concibe a la realidad como idealmente constituida y la verdad como inamovible. En este sentido, Descartes representa al nuevo Prometeo, quien al respecto decía "el buen sentido es lo mejor distribuido en el mundo…, la razón es igual en todos los hombres" (2010, p. 59), lo que el autor francés denomina bajo el término de buen sentido es justamente la razón, la cual se encuentra equitativamente distribuida entre todos los hombres, toda vez que cada sujeto posee la potencia para juzgar y para distinguir lo convincente de lo no convincente. Esto es, aun en los hombres más instruidos, así como en los menos educados funciona el sentido común. Cualquier hombre, sea cual sea su circunstancia, concursa de la razón, pues es el bien mejor distribuido.

De esta manera podría decirse que lo común en todos los mortales es su capacidad simbólica para representar lo dado y para juzgar lo bueno y lo malo. Justo por esto aquí se enfatiza como nunca la distinción entre el hombre y las bestias, siendo esta capacidad simbólica la que marca la diferencia entre la forma de ser uno y el otro. Cartesio dice: "la razón, o el sentido, [es] la única que nos hace hombres y nos distingue de las bestias" (2010, p. 59). Esto quiere decir que para la filosofía emergente en la Modernidad era indispensable enfatizar el elemento sobre el cual se habría de apalancar el edificio de la nueva ciencia, haciendo visible que el hombre es el único ser capaz de representarse lo que le sale al paso. Las bestias existen en una habitación propiciada por la naturaleza, mientras que el hombre habita en una morada que no le ha sido asignada por los dioses ni por la naturaleza, sino que tendrá la consigna de construir su habitación mediante su capacidad simbólica. El hombre de la Modernidad se dará a la tarea de configurar una morada simbólica precisamente mediante esta capacidad racional.

Resulta curioso que en esta página de la historia del despliegue de las ideas se apuesten a dos cosas, en primer lugar, a reconducir el pensamiento hacia el ser mismo del hombre, para esto, se tiene que liberar su idea contrastándolo precisamente con lo que no es, esto es, respecto de las bestias; en segundo lugar, se tiende a buscar y a resaltar lo propiamente humano, es decir, se apuesta precisamente por la exaltación de una capacidad que expresa la excelencia humana por encima de sus otros rasgos o posibilidades, a saber, se ensalza una razón airada que venía a representar, sin más, la apoteosis de todas las facultades del hombre. La pregunta ahora es, ¿cómo se llega a este hecho?

El pensamiento moderno, al intentar desprenderse de la tradición escolástica, intenta la factura de un borrón y cuenta nueva, es decir, busca un nuevo comienzo. Para esto, la primera tarea consiste en darse a la tarea de hallar un nuevo asidero para el conocimiento, pues el principio de autoridad que atraviesa como máxima entre los medievales, en manera alguna podría venir a ser universal. El camino de la nueva filosofía anhela un fundamento inconcuso, o sea, fuera de toda duda. Para esto Cartesio consideró que era necesario asumir una estrategia en donde, sin negar cabalmente los datos de los sentidos y toda la información recibida durante la existencia y en las aulas, se pueda avanzar hasta dar con una primera evidencia. De esta manera, el pensador francés se expresa en los siguientes términos, "ya me percaté hace algunos años de cuántas opiniones falsas admití como verdaderas en la primera edad de mi vida…, de modo que era preciso destruirlas de raíz. Me he procurado un reposo tranquilo con el fin de dedicarme en libertad a la destrucción sistemática de mis opiniones" (2009, p. 31). En este punto se puede avizorar el gesto filosófico por parte de Descartes, el cual comienza sospechando de la veracidad de las opiniones falsas que en otro tiempo tuvo como ciertas, y ahora se propone destruirlas sistemáticamente, esto con la esperanza de que en medio de semejante derrumbamiento se pueda volver a levantar un nuevo edificio fundado sobre la piedra miliar de la certeza.

En este sentido, el autor francés más adelante agrega: "Me veo obligado a reconocer que de todas aquellas cosas que juzgaba antaño verdaderas no existe ninguna sobre la que no se pueda dudar. Por tanto, no menos he de abstenerme de dar fe a estos pensamientos que a los que son abiertamente falsos, si quiero encontrar algo cierto" (Descartes, 2009, p. 33). En otras palabras, el autor está proponiendo que, para abrirse paso hacia la primera certeza, ante todo se debe poner entre paréntesis los datos de los sentidos, puesto que la gran mayoría de las ideas han provenido por semejante vía, y junto con este ámbito también se ha de poner en duda al conjunto de enseñanzas adquiridas tanto en la escuela como en la vida, pues mientras no se funden sobre la base de un asidero firme, podrán seguirse considerando como opiniones falsas.

De esta manera Descartes se ve orillado a dudar completamente de todo a su alrededor: de la mesa, del fuego, de la pluma con que escribe, de la ventana. También es llevado a dudar de sí y de sus miembros: de sus manos, sus pies, su rostro. Incluso es tentado a imaginar que un genio maligno es el responsable de inducirlo al error. En suma, el ser frente a sí y en sí se le escapa completamente de las manos, literalmente se hunde en una suerte de nada, navega sobre el claro de un vacío, toda vez que no encuentra un asidero donde pueda estar confiado. Este es un episodio en la historia del pensamiento en donde la búsqueda se ve llevada a tocar fondo, pues en este proceso de deconstrucción vemos que no queda nada en pie, todo se desvanece entre la sospecha de la duda.

Sin embargo, una vez que el planteamiento cartesiano ha tocado fondo, justo cuando parecía que todo estaba perdido sucede algo inusitado, a saber, en medio de la duda brota un estado de excepción, como una flor en medio de un desierto pedregoso, la primera certeza despunta como algo que se sustrae a toda suerte de duda. En torno a esto, Descartes afirma: "de manera que, una vez sopesados escrupulosamente todos los argumentos, se ha de concluir que siempre que digo 'Yo soy, yo existo' o lo concibo en mi mente, necesariamente ha de ser verdad… Aquí encontramos lo siguiente: el pensamiento existe, y no puede serme arrebatado, yo soy, yo existo, es manifiesto" (2009, pp. 36-37). En otras palabras, la existencia de cualquier cosa puede ser puesta en tela de juicio, se puede dudar absolutamente de la facticidad de todo a nuestro alrededor, igual que de las ideas que poseemos acerca de algo; no obstante, lo único que se sustrae a toda suerte de duda es el acto mismo de estar dudando, justo por esto el autor afirma que el acto de estar pensando es lo único que no le pueden arrebatar por nada ni por nadie. El pensamiento es la evidencia inconcusa que se buscaba y que se ha encontrado al fin. Esto es, lo único que resiste a toda suerte de duda es el hecho mismo de dudar. Así, el pensamiento es la excepción única de toda sospecha. He aquí la piedra miliar e inamovible que el pensador buscaba para fundar la ciencia nueva.

Cartesio afirma: si dudo, entonces soy, y si soy, entonces existo, por supuesto. A partir del hallazgo de esta primera evidencia pueden desprenderse dos cosas, en primer lugar, *el cogito,* o sea la razón, es llevado al centro y puesto como base de la posibilidad para el edificio del conocimiento. Esto quiere decir que la ciencia nueva se levanta, por así decirlo, sobre los hombros de una razón que se yergue indubitable, por lo tanto, triunfadora después de haber superado todos sus obstáculos o, mejor dicho, después de haber resistido y vencido todas las dudas. A partir de aquí, esta razón se erige en la panacea, en la condición para el conocimiento en general y en la instancia de apelación de la verdad. Se consolida como la pauta y la medida del ser. Justo por esto, como decíamos al principio del presente inciso, en la Modernidad se lleva a efecto la identificación entre el ser y el pensamiento, en virtud de que desde esta perspectiva el ser se encuentra ceñido al marco de referencia que le pauta la misma razón, toda vez que esta última, como se ha señalado, refulge como la primera evidencia.

Ahora bien, en segundo lugar, este hallazgo permite que la atención de la filosofía recaiga con mayor ahínco sobre el ser del hombre. Pues ahora éste pasa a ocupar indudablemente el centro del ser y al mismo tiempo se convierte en el foco medular de atención en la investigación. Así, el concepto del hombre finalmente logra equipararse con la misma razón. En este sentido, Cartesio agrega "no admito ahora nada que no sea necesariamente cierto; soy, por tanto, en definitiva, una cosa que piensa, esto es una mente, un alma, un intelecto, o una razón. Soy, en consecuencia, una cosa cierta, y a ciencia cierta existente" (2009, p. 37). El hombre es un ser que ha quedado varado frente a sí mismo, como nunca se ha vuelto autoconsciente, es un ser que puede pensar no solo lo dado, sino también puede pensarse a sí mismo, pues como lo acaba de expresar Cartesio, éste se concibe como una cosa ante todo pensante.

Este hallazgo (el de la primera evidencia que descubre al hombre como el ser que por antonomasia piensa) es lo que ha dado pie a la crítica reciente para hablar de la emergencia del sujeto, fijando su datación en la Modernidad, justo al concebirse como un ser simbólico el cual ante todo piensa, imagina y habla. Sin embargo, nosotros consideramos que semejante presunción debe ser matizada, pues sostenemos que esta concepción constituye solamente una acepción precisamente del sujeto. Habida cuenta de que, desde nuestra perspectiva, éste puede datarse desde mucho antes, a saber, entre los mismos griegos, pues ya en Platón y Aristóteles se avizora el predominio de la razón por encima de las demás facultades humanas. Y para muestra, basta con mencionar que sus reflexiones epistemológica y ontológica se encuentran eminentemente dominadas por esta facultad. Esto puede constatarse cuando en ambos al configurar el principio de no contradicción, el cual posee una acepción lógica y otra ontológica, afirman que no se puede sostener y negar un atributo de un ente al mismo tiempo, y la versión ontológica reza, es imposible que algo sea y no sea al mismo tiempo; puede notarse el predomino eminentemente del intelecto, erigiéndose desde antaño no solo en la ley del pensamiento, sino que además en la pauta del mismo ser. Este último queda cautivo al metro que le marca la razón. El ser es subsumido por la misma razón. El señorío de esta facultad no es reciente, es antigua como la misma filosofía griega. De hecho, ante la formulación de la pregunta, ¿qué es el hombre?, la respuesta clásica, desde los griegos hasta entrado el siglo XIX, la filosofía no duda en afirmar que es desde luego el ser racional. Al hombre se le ha identificado casi invariablemente con su capacidad racional. Decir que es una sustancia pensante no es sino traducir en términos modernos lo que ya se sabía.

Max Scheler dice a este respecto lo siguiente, "en Grecia encúmbrase, por primera vez, la conciencia humana por encima de toda otra naturaleza. La razón logos, la ratio. Mediante esta razón, el hombre es poderoso para conocer el ser, la divinidad, el mundo, él mismo. Ese agente como logos, como razón humana, tiene poder y fuerza aun sin los instintos y la sensibilidad" (2000, p. 29). Insistimos, sin temor a equivocarnos, que la definición dominante acerca del hombre es precisamente la que lo concibe como ser racional. Esta es la concepción decimonónica por antonomasia, la cual retrata la visión sustancial del hombre, misma que lo conduce hasta la cúspide de la pirámide ontológica, fijando su puesto por encima de lo ajeno y lo circundante, toda vez que mediante este posicionamiento viene a erigirse en la medida de lo dado.

Aunado a esto, la Modernidad, tratando de desligarse del oscurantismo medieval, se da a la tarea de buscar un nuevo principio. Lo curioso es que este principio lo encuentra en lo que ya se tenía, a saber, la razón. No obstante, ésta ahora revierte con mayor intensidad y poder, es decir, el fundamento descubierto por Descartes amanece como una evidencia apodíctica, lo cual quiere decir que suma a sí las notas de necesidad y universalidad, esto representa un dato sin precedente, toda vez que semejante principio al sumar para sí la necesidad, implica que ha de ser válido para todos.

Consideramos que esto es lo que marca la pauta para acusar el inicio de lo que aquí hemos denominado como homogeneidad de la razón, es decir, una vez que se ha examinado el hallazgo de la primera evidencia con Cartesio, podemos avizorar que semejante desvelamiento viene a patentizar la nota de la universalidad y necesidad. Lo cual nos lleva a inferir que tal razón aun cuando pueda encauzar sus pasos de búsqueda por distintos caminos, ninguno pone en riesgo su unidad, ya que "la razón está toda entera en cada uno de nosotros, [es] una misma" (Descartes, 2010, p. 59). Esto quiere decir que la razón ante todo es una, la cual está constituida uniformemente, de tal suerte que se encuentra distribuida de una manera homogénea entre todos los mortales y funciona de una manera similar en cada uno.

Pero ¿cómo podemos estar seguros de que estamos frente a una razón homogénea, es decir, qué elemento es el que atestigua esta particularidad? Consideramos que es justamente el conocimiento científico quien permite atisbar esta peculiaridad, toda vez que cuando hablamos de homogeneidad no solo nos referimos al funcionamiento similar entre los seres simbólicos, sino también a la constitución, o en el mejor de los casos, a la estructuración del aparato cognitivo del hombre. Ahora bien, hay que reconocer que fue Emanuel Kant quien se encarga de llevar a cabo esta tarea arquitectónica, ya que, al interrogarse por las condiciones, posibilidades y límites del conocimiento, configura al mismo tiempo una radiografía justamente de la estructuración y funcionamiento del aparato cognitivo del hombre. Esto le permite al autor de Königsberg explicar la estructura del logos y el funcionamiento de la ciencia de Newton.

El aporte llevado a cabo por Kant, en verdad, no tiene paralelo, habida cuenta de que mediante su empeño logra simultáneamente explicar cómo es posible la ciencia en general, y a la vez logra explicar por qué en medio de esta concepción el ser y el pensar son una misma cosa. Ambas cosas, a decir verdad, se explican apelando a la misma homogeneidad de la razón, es decir, partiendo de esta concepción unitaria de la inteligencia es como se puede explicar el alcance y valor de las leyes de la mecánica clásica o la posibilidad de la matemática pura, toda vez que la naturaleza, de acuerdo con Kant, está conformada con las estructuras de la razón. Aquí existe una suerte de conveniencia entre la constitución del universo y la función de la razón, justo por esto el alemán firma que "sólo conocemos, pues, la necesidad de aquellos efectos en la naturaleza cuyas causas nos son dadas" (Kant, B 280)[2]; esto es, el espacio y tiempo de los fenómenos son exactamente los mismos que estructuran la experiencia en el entendimiento. El espacio y tiempo son categorías del entendimiento, las cuales coinciden cabalmente con el espacio y tiempo de los objetos del conocimiento.

El conocimiento puede ser *a priori* justo porque el sujeto tan pronto es arrojado a la existencia tiene que realizar una serie de confecciones para poder

---

2   Citamos la *Crítica de la razón pura*, obra capital de Kant, de acuerdo con la notación clásica, anotada por él mismo.

existir en el claro de un mundo forjado mediante sus capacidades epistémicas de representación, de tal suerte que lo que aquí hemos identificado como lo dado, es justo lo que aparece o le sale al paso, y que el alemán denomina bajo el término de fenómeno. Así, el sujeto más que apostar por conocer las leyes, más bien se va a atrever a dar un paso hacia adelante, a saber, se va a dar el lujo de dictarle las leyes a la misma naturaleza. Pues como afirma el pensador de Königsberg (:) "sólo conocemos *a priori* de las cosas lo que nosotros mismos ponemos en ellas" (B XVIII).

Como puede verse, en este punto es justo el momento en el que se puede acusar la presencia de una razón endiosada, dotada de una potencia inusitada capaz de prescribir leyes no solo al conocimiento, sino a la misma naturaleza. La clave de su fortaleza, desde nuestro punto de vista, radica precisamente en su homogeneidad, pues partiendo de esta última forma de ser, el conocimiento es compelido a trastocarse en universal y necesario, pues mediante el cauce de los juicios que el autor denomina de experiencia no se da lugar para ninguna excepción. En este sentido, afirma: "Lo que la experiencia me enseña en ciertas circunstancias, debe enseñármelo siempre, y debe enseñárselo también a cualquier otro, y la validez de ella no se limita al sujeto ni a su estado en ese momento" (Kant, 1999, p. 129). La ciencia se construye mediante juicios de experiencia, es decir, mediante conocimientos que, por la constitución homogénea de la inteligencia, han de ser necesarios y universales, válidos no solo para mí, sino para todo sujeto en cualquier lugar y en cualquier tiempo.

Podría decirse, ahora en retrospectiva, que el éxito de esta visión de la realidad y del sujeto fue posible gracias a la supresión de la diferencia en el ser y al olvido de la facticidad concreta del hombre en el mundo. Basta con mencionar que los sistemas más refinados, como el de Newton, el de Kant o Hegel, se pueden caracterizar por haber dejado fuera de sus sistemas precisamente al hombre concreto, el existente de a pie. Sobre esto volveremos en el inciso a continuación.

c) La exigencia de lo frágil, y del otro, para conocer

Podría decirse que el desenlace de este episodio histórico, caracterizado precisamente por el endiosamiento de la razón, desemboca en dos sucesos que se encuentran íntimamente entrelazados. Por un lado, en el agotamiento del solipsismo como forma unilateral del conocimiento. Mientras que, por otro lado, derivado de ello mismo, en una crisis sin precedente del saber científico.

Tratemos de explicar un poco esto. El solipsismo, como su nombre mismo lo dice, posee como rasgo distintivo la soledad de la razón, pues como afirma

Bürguer: "el sujeto [solipsista] no surge en contacto inmediato con el mundo, sino en una apartada habitación en la que el pensador está solo consigo mismo" (2001, p. 37). Esto quiere decir que es justo la razón aislada, quien se autoconcibe como suficiente, la que posee la fuerza desde donde se confiere el impulso para sacar desde sí y por sí tanto los contenidos del conocimiento, así como las bases para la universalización de la verdad. Esta razón ensimismada se corresponde con una etapa casi mágica, en donde toda la naturaleza estaba geométricamente distribuida y mediante el método científico era posible su asequibilidad. La razón era al mismo tiempo el artífice geometrizante y el forjador del ser.

La soledad constituye la característica más dominante de esta razón que más arriba hemos denominado como homogénea, la cual sin requerir el concurso de nada ajeno a sí podía funcionar magistralmente. Esta soledad, insistimos, representa la nota del solipsismo, cuya eficacia ha sido puesta de manifiesto mediante la consumación del anhelo por prescindir de la experiencia sensible como pauta para el conocimiento verdadero. Este empeño se disgrega frente a nosotros en dos momentos clave, a saber, en primer lugar, a través de la articulación de lo que el mismo Cartesio identifica como ideas innatas, las cuales han llegado hasta el intelecto sin el concurso de la sensibilidad, en tono al esto el francés afirma: "el principal error y el más común que se puede encontrar consiste en juzgar las ideas que existen en mí iguales o parecidas. De estas ideas, unas son innatas, otras adventicias y otras hechas por mí" (2009, p. 45), estas ideas, refiriéndose a las innatas, las trae consigo el sujeto al nacer y refulgen, al igual que el *cogito*, como las más claras y distintas; esto quiere decir que no se ha requerido de la experiencia para llegar a las mismas. La eminencia del valor de estas ideas radica precisamente en la pureza de su origen cuasi divino, es decir, un conocimiento refulge como más certero en la medida en que prescinde de lo sensible. En segundo lugar, otro momento emblemático de esta soledad, está representado por el pensamiento de Kant, toda vez que en la configuración de las estructuras del entendimiento puro, éste ha desarrollado eminentemente un gran trabajo de ensimismamiento, en donde la razón ha quedado varada frente a sí, y que sin tomar los datos de la experiencia como punto de partida, el entendimiento, constituido por estructuras puras *a priori*, viene a ser el sustento para la posibilidad del conocimiento en general. De hecho, la *Crítica de la razón pura* gira eminentemente alrededor de la pregunta que interroga por la posibilidad de los juicios sintéticos *a priori*; esto es, el pensador de Königsberg construye toda una filosofía rigurosa cuidando en sumo grado que sus principios se desprendan en absoluto de la experiencia. Refiriéndose a su *Crítica* éste afirma: "No entiendo por tal crítica a la de libros y sistemas, sino la de la facultad de la razón en general, en relación con los conocimientos a los que puede aspirar *prescindiendo de toda experiencia*" (Kant, A XII). La epistemología del autor de la *Metafísica de las costumbres* es una materia excepcional en el más amplio sentido de la palabra, toda vez que se ha dado a la terea de mostrar que prescindiendo de la experiencia es posible la articulación de una filosofía estricta de muy alto valor, explicando cómo es posible el conocimiento sintético *a priori* de la ciencia, y por qué la metafísica en absoluto puede ser una ciencia.

Aunado a esto, otro rasgo sobresaliente acerca de la imagen del conocimiento enarbolada por el solipsismo sobreviene a la hora de meditar en torno lo implicado en el proceso del saber, toda vez que en este decurso sobresale muy marcadamente una vez más la soledad del sujeto. Así, cuando meditamos acerca de los componentes imbricados en esta teoría del conocimiento, de acuerdo con Juan Hesse, resultan ser los siguientes, a saber, "el conocimiento presenta tres elementos principales: el sujeto, la 'imagen' y el objeto" (2002, p. 29). Esto es, el conocimiento se concibe de suyo como una empresa que ha de ser facturada ante todo por un sujeto en singular frente al objeto, esta relación estaría mediada por una representación precisamente de lo dado. Pero la mediación mentada entre lo dado y el individuo es una creación simbólica, o sea, una representación creada por el sujeto en su interior, sin posibilidad alguna para salir de sí. Sin embargo, lo que deseamos resaltar aquí es el hecho de que la verdad era una hazaña singular, es decir, una configuración de un sujeto a solas con su objeto. La garantía de su objetividad era la ilusión de la uniformidad de la razón.

Pero el solipsismo, como lo ha señalado el físico Ilya Prigogine, incurrió en dos graves olvidos, esto es, en primer lugar, tocante a la imagen sistemática de la naturaleza, se marginó la forma de ser de un ente irreductible a las leyes de la mecánica; la omisión de la presencia de este ser, a la larga haría manifiesta la visión defectuosa del sistema clásico del movimiento rectilíneo y uniforme, toda vez que en la cuenta temática de esta visión, el ente que quedaba excluido era precisamente el ser del hombre. Es lamentable, sin embargo, que en la concepción de este sistema mecánico no se encontrase un lugar para el humano, pues de acuerdo con el autor en cuestión, en la ciencia clásica "sólo conocemos allí donde estamos ausentes del conocimiento y no nos adueñamos más que de un mundo del cual estamos definitivamente excluidos" (Moscovici, 1996, p. 123). El hombre queda excluido no sólo de la naturaleza, también de la ciencia. Esta última ofrecía una explicación acerca de todo lo que es, excepto del ser del hombre. Pero ¿por qué quedaba excluido el humano? Justamente por la forma de su ser, es decir, porque éste, lejos de ceñirse a los patrones de la necesidad natural predecible, era y es inexorablemente impredecible.

En segundo lugar, el otro gran olvido de la ciencia clásica fue justamente el tiempo, pues éste fue reducido y concebido, ante todo, no como una propiedad del ser, sino como una categoría del intelecto. Pensado así, el tiempo se erigió en la condición de la experiencia de una naturaleza idealmente constituida (pero sin existencia de suyo). El error, de acuerdo con Prigogine, consistió en lo siguiente: "Deberíamos considerar el tiempo como aquello que conduce al hombre, y no al hombre como creador del tiempo" (1998, p. 24). El tiempo, desde luego, no es un invento, pues precede al humano, de tal suerte que este último tan solo es su vástago. La dificultad que traía consigo la concepción de un tiempo creado como una categoría del entendimiento, consistía en la presuposición de que el ser del hombre se encuentra separado de la misma naturaleza de la cual se ocupa en la ciencia.

En este punto, pensamos que no está por demás recordar que, hacia mediados del siglo XIX, y como derivado de esta visión unitaria de la realidad, sobrevino una augusta crisis en las diferentes expresiones de la cultura en occidente, particularmente en torno al concepto del hombre y acerca de la misma verdad. En este lapso la filosofía cayó en la cuenta de que el ser del hombre no podía seguir siendo definido como el ser racional por antonomasia, toda vez que la razón se concebía como una categoría demasiado estrecha, incapaz de abarcar la gran riqueza de todas las manifestaciones humanas. Aunado a esto último, la investigación acerca de lo humano pudo dar cuenta de que, en el hombre, además de una conciencia racional, también subyace como trasfondo de su ser un inconsciente casi de corte bestial, de donde derivan los apetitos e inclinaciones irracionales. Cabe mencionar que hasta este momento fue que se pudo explicar el porqué de la presencia de la crueldad como una constante humana a lo largo de los distintos bloques históricos. El hombre ahora se descubría no solo como un ser racional, también como un ser impulsado por sus instintos irracionales.

Así también, la concepción de la verdad vino a ser trastocada, en virtud de que el agotamiento del solipsismo significó también el ocaso de aquella razón endiosada. La verdad, que otrora se adjetivó como necesaria, imperecedera y universal, ahora se desvela como menos pretenciosa. Pues como dice Geymonat: "La ciencia está únicamente en condiciones de ayudarnos a obtener verdades relativas, siempre parciales, siempre discutibles, siempre revisables" (2002, p. 103). A decir verdad, la ciencia en nuestro tiempo no apuesta ya a la certeza indubitable, sino a un cálculo meramente probable o estadístico. Su alcance se encuentra circunscrito a un espacio y a un tiempo, es decir, las conclusiones de una proposición científica son válidas tan sólo para esa situación y no para otra. Dice Balandier: "el conocimiento científico se encuentra en una situación paradójica: si bien cuenta con medios sin precedentes, sus resultados parecen más parciales y más precarios que nunca" (2006, p. 56). La brecha entre las ciencias naturales, las ciencias sociales, y ciencias humanas se estrecha cada vez más, esto puede entenderse en virtud de que tanto en unas como en las otras sus resultados son relativos y provisionales, y tan pronto son formuladas sus conclusiones, inmediatamente tienen que volver a revisarse, toda vez que el ser siempre está dando de sí.

CODA

Para concluir, Prigogine piensa que, así como hubo un lapso en el que el hombre fue separado de la naturaleza por causa de un exceso de confianza en la potencia de la razón. La nueva página del libro de la naturaleza se caracterizará justamente por la reincorporación de la existencia del hombre al universo. Y la clave para esta hazaña se cifra justo en la posibilidad del reconocimiento de la realidad del tiempo, es decir, reconocer que lo que es, ante todo, es temporáneo, y es, eminentemente irreversible. El ser no posee otro tiempo, sino el de su despliegue, la naturaleza fáctica procede conforme el orden del tiempo, y éste en absoluto es reversible. Pues como dice el Premio Nobel, "el tiempo y la realidad están irreductiblemente vinculados. Negar el tiempo puede parecer un consuelo o semejar un triunfo de la razón humana, pero es siempre una negación de la realidad" (2000, p. 209). Despertar a la realidad significa enfrentarse llanamente a lo evanescente, a lo discontinuo, a lo que no permanece, a lo que está permanentemente en proceso de cambio. Este rostro del ser, desde luego, dicta otra manera de enfrentarse a lo dado, y exige otra forma de configurar el conocimiento, más allá del metro de la razón trascendental. Exige forzosamente el concurso de mi semejante y la intervención de los otros puntos de vista, toda vez que, en esta nueva página del ser ningún sujeto en particular, o punto de vista singular, puede proclamarse en sí como el posesionario de la verdad capital, todas son provisionales y relativas; y la visión más aproximada a lo que es, será la que se construya en conjunto. Esto nos habla también de una concepción distinta de la razón, pensada ya no como suficiente en sí, sino como incompleta y necesitada de las demás razones para conocer y para ser. Esta necesidad del otro será lo que permita abrir finalmente el ostracismo del solipsismo, toda vez que mediante el diálogo con el otro es como lo presente se convierte al fin el algo común. Bachelard afirma: "proponemos fundar la objetividad sobre la conducta ajena, o mejor, para confesar de inmediato el giro paradójico de nuestro pensamiento, pretendemos elegir el ojo ajeno –siempre el ojo ajeno–" (2003, p. 283). Este es el proceso, nuevo y sin reversa, para la objetividad del conocimiento.

Referencias

Bachelard, G. (2003). *La formación del espíritu científico*. México: Siglo XXI.

Balandier, G. (2006). *El desorden. La teoría del caos y las ciencias sociales*. Barcelona: Gedisa.

Bürguer, P. (2001) *La desaparición del sujeto*. Madrid: Akal.

Descartes, R. (2009). *Meditaciones metafísicas*, Barcelona. Ediciones Folio.

Descartes, R. (2010). *El discurso del método*. Buenos Aires: Losada.

Geymonat, L. (2002). *Límites actuales de la filosofía de la ciencia*. Barcelona: Gedisa.

González, R. A. (2011). *El hombre como símbolo del hombre*. México: Universidad Autónoma del Estado de México.

Hessen, J. (2002). *Teoría del conocimiento*. México: Espasa Calpe.

Kant, E. (2018). *Crítica de la razón pura*. Madrid: Gredos.

Kant, E. (1999). *Prolegómenos a toda metafísica futura que haya de presentarse como ciencia*. Madrid: Istmo.

Leucipo (2018). En *Los filósofos presocráticos* III (versión de Conrado Egger). Madrid: Gredos.

Llano, A. (2003). *Gnoseología*. Pamplona: EUNSA.

Moscovici, S. (1996). La historia humana de la naturaleza. En I. Prigogine (Ed.). *El tiempo y el devenir, Coloquio de Cerisy*. Barcelona: Gedisa, 121-154.

Prigogine, I. y Stengers I. (1997). *La nueva alianza, metamorfosis de la ciencia*. Madrid: Alianza.

Prigogine, I. (1998). *El nacimiento del tiempo*. Barcelona: Tusquets.

Prigogine, I. (2000). *El fin de las certidumbres*. Santiago de Chile: Andrés Bello.

Scheler, M. (2000). *La idea del hombre y la historia*. Buenos Aires: Pléyade.

Conciencia y cognición.
En Memoria de Daniel Dennett (1942-2024)

Robert Stingl

Universidad Autónoma del Estado de México

> The secret of happiness in science is in discovering your
> own ignorance.
>
> D. Dennett

Introducción

El 19 de abril del 2024 falleció probablemente el pensador más influyente de nuestro tiempo: Daniel Dennett. El filósofo y científico cognitivo estadounidense se centró sobre todo en las áreas de la filosofía de la mente, la filosofía de la ciencia y teoría evolutiva. Su trabajo se caracterizó por la interdisciplinaridad, el empirismo, la combinación de hallazgos en ciencias naturales humanas y el cuestionamiento de teorías comunes, algo totalmente provocador y atípico en filosofía. Esto le granjeó no sólo admiradores, sino también críticos. Dennett fue profesor de la Universidad de Tufts y director del Centro de Estudios Cognitivos. Entre sus libros más conocidos figuran: *Consciousness Explained* (1991), *Darwin's Dangerous Idea* (1995) y *Breaking the Spell: Religion as a Natural Phenomenon* (2006).

El pensamiento filosófico de Dennett se basó, principalmente, en descubrimientos de neurociencia y ciencias naturales; tal acción redefinió la manera de comprender la conciencia humana en las últimas décadas. El autor, además, adoptó un punto de vista naturalista y, de la mano de este, sostuvo que los fenómenos mentales pueden explicarse plenamente mediante procesos físicos. Gracias a lo anterior, hizo importantes aportaciones al debate sobre la conciencia, la intencionalidad y el papel de la evolución en el desarrollo de la mente humana. Declaración que difiere enérgicamente de las tradiciones filosóficas establecidas. Su insistencia en que la filosofía no sólo debe producir preguntas, sino también responderlas, lo hace único en un subcampo filosófico que tiende a ocultar, complicar y ofuscar.

Daniel Dennett, adepto al naturalismo, el compatibilismo y defensor del naturalismo, fue prosélito de la corriente filosófica que asume que los fenómenos, incluidos la conciencia y la voluntad libre, pueden explicarse mediante procesos físicos naturales. Además, rechazó tajantemente los planteamientos dualistas desarrollados, sobre todo en filosofía, que consideran la mente como algo separado del mundo físico.

Defensor destacado de la teoría del funcionalismo, según la cual los estados mentales se caracterizan por su papel funcional y no por su composición física, Dennett desarrolló una visión de la conciencia alternativa a la filosofía que difiere de los conceptos tradicionales. En su libro *Consciousness Explained* propuso el modelo de los "planos múltiples", según el cual en el cerebro tienen lugar, simultáneamente, distintos procesos que compiten entre sí. En *The Intentional Stance* (1987), otra de sus obras, el autor desarrolló el concepto de postura intencional, una estrategia metodológica en la que los sistemas se tratan como si fueran agentes racionales con creencias y deseos. Esto permite predecir y explicar su comportamiento y, por tanto, explicar también la compleja acción humana.

El pensamiento del filósofo, influido por la teoría de la evolución de Darwin, aplica los principios evolutivos del científico al estudio de la mente y sostiene que muchos aspectos de la cognición humana pueden explicarse mediante la teoría de la selección natural. En su texto *Darwin's Dangerous Idea*, Dennett defiende la importancia de la teoría evolutiva para comprender los sistemas complejos, incluida la mente humana.

En relación con el debate sobre la voluntad libre, Dennett defendió el compatibilismo, postura que formula la libre voluntad como concurrente al universo determinista. Además, sostiene que la libertad se basa en la capacidad de razonar y tomar decisiones, aunque estas estén influidas por leyes causales. Estos aspectos de su filosofía demuestran cómo el filósofo integra métodos científicos y filosóficos para así desarrollar explicaciones exhaustivas acerca de la conciencia y el comportamiento humanos.

El "yo cartesiano" de Descartes frente al "teatro cartesiano" de Dennett

Aunque Dennett no trabaja explícitamente sobre el sujeto filosófico, su trabajo sobre la conciencia es fundamental para la comprensión y la cognición humanas. El sujeto filosófico es un concepto central en filosofía que se refiere a la conciencia o a la entidad que experimenta, piensa y percibe. Denota el punto desde el que experimentamos el mundo. La comprensión y definición del sujeto varía considerablemente según la tradición filosófica y la época. Esto se debe a que los distintos pensadores hacen hincapié en aspectos y problemas diferentes.

Aunque a lo largo del tiempo se han desarrollado teorías alternativas con respecto del "sujeto filosófico", el "yo cartesiano" de René Descartes (1596-1650) sigue siendo la concepción común del pensamiento y la conciencia humanos. En sus *Meditaciones sobre la filosofía primera*, el filósofo desarrolla el concepto de "yo cartesiano", que se define como un sujeto pensante incuestionable. Descartes formula la conciencia en su famosa afirmación "Cogito, ergo sum" ("Pienso, luego existo"). El "yo cartesiano" se basa en la idea de un sujeto central, indivisible y autoconsciente, que se considera la fuente de todos los pensamientos y percepciones. El "yo" del pensador es un sujeto consciente que tiene discernimiento de su existencia a través del pensamiento.

La afirmación central sobre el yo filosófico cartesiano puede resumirse como sigue, basándose en su afirmación central "Cogito, ergo sum": La base de esta toma de conciencia es la duda metódica, en la que se cuestionan todas las creencias que pudieran ser inciertas o engañosas. El hecho de que pensar, dudar, razonar e imaginar son indiscutibles y justifican el hecho del acto de la duda, pues, este presupone la existencia de un sujeto pensante. Por tanto, se puede llegar a la conclusión de que el Yo existe como ser pensante. El Yo cartesiano puede definirse ante todo como sujeto pensante, como "res cogitans". La conciencia o el alma es la entidad que posee las capacidades de pensar, dudar, comprender, querer e imaginar. Este yo es, por tanto, independiente del mundo físico y de los cuerpos materiales, lo que refleja la separación dualista entre mente y cuerpo. La filosofía de Descartes puede calificarse de dualista; ya que distingue entre la "res cogitans", lo pensante, y la "res extensa ", lo extendido, es decir, la materia. El yo forma parte de la "res cogitans" y, por tanto, no es material, sino espiritual. La separación entre la conciencia y el yo, por un lado, y los procesos físicos, por otro, subraya la naturaleza espiritual de estos fenómenos.

Además, el yo cartesiano es capaz de acceder a sus propios pensamientos y estados mentales. Descartes subraya que el Yo es directamente consciente de su propia existencia y de sus pensamientos. La certeza de sí mismo y la transparencia del Yo constituyen la piedra angular de la teoría del conocimiento. Para él, el Yo cartesiano constituye la base de toda certeza y conocimiento. Tras cuestionarlo todo, el filósofo llega a la conclusión de que el Yo pensante representa un punto inquebrantable a partir del cual puede reconstruir el resto de las creencias. El Yo representa el punto de partida y el requisito previo para todos los conocimientos posteriores. Existe independientemente del mundo físico y sirve de base para toda cognición. Es transparente e inmediatamente consciente de sí mismo y su existencia queda confirmada por el propio acto de pensar.

> There is no single, definitive "stream of consciousness", because there is no central Headquarters, no Cartesian Theater where "it all comes together" for the perusal of a Central Meaner. Instead of such a single stream, there are multiple channels in which specialist circuits try, in parallel pandemoniums, to do their various things, creating Multiple Drafts as they go (Dennett, 1991).

En su publicación *Consciousness Explained* (1991), Daniel Dennett critica desde su fundamento al yo cartesiano. Lo rechaza principalmente como concepto de conciencia. Utiliza el contra-término "teatro cartesiano" para describir la idea de que existe un lugar central en el cerebro donde convergen todas las percepciones y pensamientos, los cuales son vistos por un observador interior. La metáfora implica, según Descartes, la existencia de un "punto yo" central donde surge la conciencia. El pensador sostiene que el cerebro no funciona como un teatro en el que toda la información se envía a un punto central. En consecuencia, la conciencia se manifiesta como el resultado de múltiples procesos, a menudo divergentes, que tienen lugar de forma descentralizada y distribuida en el cerebro. No puede suponerse la existencia de un observador único y centralizado. La idea de un yo unificado resulta ser una ilusión. Así, la visión tradicional de Descartes postula un Yo unificado como una entidad coherente e indivisible que integra todas las experiencias y pensamientos. Dennett, en cambio, adopta la postura contraria y considera que la sensación de un Yo unificado es una ilusión útil creada por el cerebro. La sensación de un Yo unificado surge de la integración y coordinación de numerosos procesos diferentes en el cerebro, que juntos crean una perspectiva coherente y procesable. Sin embargo, no se puede identificar ningún punto central o núcleo del yo. En lugar de un teatro central, Dennett presenta el modelo de "planos múltiples". En este modelo, existen en el cerebro numerosos diseños e interpretaciones paralelas de la información sensorial y los pensamientos, que compiten e interactúan entre sí.

Mientras que Descartes separaba estrictamente mente y cuerpo en dos sustancias diferentes, Dennett se opone a este dualismo, argumentando que los fenómenos mentales pueden explicarse plenamente por los procesos físicos del cerebro. La sensación de un Yo o alma central no es prueba de una sustancia mental independiente, sino un producto de la actividad neuronal. Dennett critica el yo cartesiano como una noción anticuada e inexacta que no concuerda con los descubrimientos de la neurociencia moderna.

Neurociencia y filosofía

El sujeto filosófico es un concepto complejo y cambiante que ha adoptado diferentes significados y formas a lo largo de la historia. La antigua noción de alma, el "yo" cartesiano y los sujetos deconstruidos del posmodernismo reflejan las respectivas corrientes filosóficas, científicas y culturales. La filosofía ofrece análisis conceptuales y metafísicos del yo, examina las experiencias subjetivas y debate sobre voluntad libre y la responsabilidad moral.

En cambio, las neurociencias y las ciencias naturales utilizan métodos empíricos para analizar los mecanismos neuronales del yo. Consideran el yo como un producto de procesos neuronales descentralizados e integrados e investigan el desarrollo y los orígenes evolutivos del yo. Los distintos enfoques podrían complementarse y enriquecerse mutuamente explorando diferentes aspectos del yo y, juntos, proporcionar una comprensión más completa del yo. Sin embargo, la filosofía suele ignorarlos en gran medida. Filósofos y neurocientíficos podrían continuar la tradición redefiniendo y cuestionando el tema a la luz de los nuevos descubrimientos científicos y los avances sociales. En este contexto, las implicaciones de la neurociencia y la ciencia cognitiva están ganando influencia, lo que sería importante para ampliar la visión filosófica de la cognición y la conciencia. Habría suficientes fundamentos.

Además de Dennett, algunos filósofos como: Douglas Hofstadter en *I Am a Strange Loop* (2007), Patricia Churchland en *The Feeling of What Happens* (1999) y en *Self Comes to Mind* (2010) defienden que el sujeto debe entenderse como un fenómeno emergente que surge de complejos procesos neuronales. En este contexto, cabe mencionar especialmente los trabajos de Antonio Damasio, *Descartes error: Emotion, reason, and the human brain* (2005) y *The feeling of what happens: Body and emotion in the making of consciousness* (2000), y de Thomas Metzinger, *Being no one: The self-model theory of subjectivity* (2003), ellos también abogan por entender al sujeto como un fenómeno emergente. Por tanto, el sujeto o el yo no es una entidad estática e inmutable, sino el resultado de una compleja interacción e integración de numerosos procesos y mecanismos cerebrales y corporales. La visión emergente que aquí se presenta se opone a las ideas dualistas tradicionales y hace hincapié en el papel de la biología y la neurofisiología en el desarrollo del yo.

> Consciousness is not a single thing, but a huge complex of many things: it is not so much an object as a process. It is not a special kind of stuff, but a special kind of organization (Dennett, 1991).

De esta manera, Dennett desarrolla una visión exhaustiva y a menudo provocadora de la conciencia. Su hipótesis fundamental también afirma que la conciencia debe considerarse un proceso y no una entidad o "cosa" única. Se manifiesta como una compleja red de actividades simultáneas, descentralizadas y a menudo competitivas en el cerebro. Estos procesos interactúan entre sí, generando así la experiencia consciente. Lo anterior contrasta con la idea filosófica de un "teatro" central en el cerebro en el que convergen todas las experiencias conscientes y son percibidas por un observador interno. La conciencia es el resultado de muchos procesos paralelos y descentralizados. Estos procesos tienen lugar simultáneamente en distintas partes del cerebro. Existen numerosos planos paralelos y parcialmente incompletos de procesos sensoriales y cognitivos que se producen y modifican continuamente en el cerebro. Las experiencias conscientes resultantes son el resultado de estos proyectos que compiten entre sí, seleccionados y reforzados por la dinámica de la actividad neuronal.

Por tanto, no puede identificarse en el cerebro ningún observador central o entidad "yo" que observe las experiencias conscientes. Este concepto contradice la noción tradicional del "yo" central y unificado. La sensación de la conciencia unificada es, por consiguiente, una ilusión constructiva creada por la actividad coordinada de varios procesos neuronales. Además, no puede identificarse un observador privilegiado o un "yo" central que reúna todas las experiencias. En su lugar, la sensación de la conciencia unificada se entiende como el resultado de la integración de muchos procesos diferentes, pero coordinados. Por eso Dennett describe la conciencia como una "ilusión de usuario" similar en al funcionamiento de la interfaz gráfica del ordenador:

> The human mind is something like a computer, and the brain is its hardware. Consciousness is like a user-friendly interface, a way for us to interact with the complex processes of the brain without needing to understand the detailed inner workings (Dennett, 1991).

Esta ilusión permite, al sujeto, interactuar eficazmente con el mundo sin tener que entender del todo los complejos procesos subyacentes en el cerebro. Lo que implica que la experiencia consciente es una representación simplificada y fácil de usar en la compleja actividad neuronal. Motivo por el cual, Dennett describe la conciencia como una "ilusión útil" para explicar cómo puede surgir la experiencia subjetiva de la conciencia y el "yo", a pesar de los procesos descentralizados y paralelos al cerebro. La conciencia simplifica los procesos neuronales subyacentes presentándolos de manera fácil, racional y práctica. Esto permite, al sujeto, reaccionar con eficacia y rapidez al entorno sin tener que considerar todos los detalles de la actividad neuronal. Debido a que este integra distintas informaciones sensoriales, cognitivas e, incluso, emocionales en una experiencia coherente y cohesionada. La integración le facilita la comprensión y reacción ante situaciones complejas, lo que favorece la toma de decisiones; permitiéndole, además, planificar acciones futuras, fijar objetivos y sopesar posibles consecuencias. De esta manera, la capacidad de planificación simula, mentalmente, escenarios cruciales para la supervivencia y el éxito de entornos en constante cambio. Así, entonces, la conciencia desempeña un papel fundamental en la interacción social, ya que permite al sujeto percibirse como actor individual capaz de comprender las perspectivas, intenciones y emociones de los demás. Acción que fomenta la empatía, la cooperación y la comunicación. Finalmente, la conciencia del Ser mismo permite observar y regular el propio comportamiento. Esto incluye la capacidad de autorreflexión, evaluación de acciones y adaptación a las normas sociales.

Todo Sujeto aprende por experiencia, esta lo motiva a experimentar emociones positivas y negativas. Además, él mismo creará su propio sistema de retroalimentación que recompensa o castiga el comportamiento, fomentando su adaptación y aprendizaje. En un mundo complejo y dinámico, la conciencia torna en ilusión útil que ayuda a gestionar la multitud de información y a tomar decisiones eficaces. Sirve como mecanismo reductor de carga cognitiva y favorece al comportamiento adaptativo.

Por tanto, Dennett considera la conciencia como una ilusión útil que permite presentar la inmensa complejidad de los procesos neuronales de modo comprensible y manejable. La ilusión ayuda, al sujeto, a actuar con eficacia, integrar información, interactuar socialmente, regular su comportamiento, sobrevivir y prosperar en un mundo complejo. Para ello, el filósofo subraya la relevancia de la intencionalidad, es decir, la capacidad de los estados mentales de relacionarse con cosas del mundo o de significar algo. La caracterización de los estados conscientes no se basa en su naturaleza física, sino en su papel funcional. Esto implica que la caracterización de un estado mental como consciente se define por su papel dentro del sistema general de procesos cognitivos y es, en última instancia, la base de toda experiencia. Además, los distintos planos de la experiencia en el cerebro están sujetos a revisión e integración constantes. Por tanto, no existe un límite estático en el que un borrador esté "terminado" y se convierta en consciente. La transición es, por consecuencia, fluida y dinámica, donde la flexibilidad del cerebro permite respuestas rápidas y eficaces a entornos cambiantes. De esta manera es cómo el modelo de Dennett subraya el papel funcional de la conciencia en el proceso y la integración de la información para permitir un comportamiento adaptativo.

En última instancia, puede decirse que para Dennett la conciencia se ha desarrollado evolutivamente y sirve a fines adaptativos específicos. Para él, la conciencia es un producto de la selección natural que permite a los organismos tomar decisiones complejas, planificar y aprender. El punto de vista evolutivo subraya que la conciencia no es un fenómeno misterioso o sobrenatural, sino un rasgo biológico que ha evolucionado a partir de requisitos funcionales específicos. En este sentido, la experiencia consciente es el resultado de un proceso de selección dinámico que continuamente genera numerosos borradores paralelos en cuanto a percepción y pensamiento, pero sólo algunos sujetos alcanzan el nivel de percepción consciente. El proceso es comparable al de la selección natural, en el que ciertas variaciones tienen más éxito y prevalecen.

Por otra parte, la visión de la conciencia en Dennett tiene serias implicaciones para la cognición, esta, para él, es un proceso complejo de múltiples capas que consiste en la interacción de la percepción, la cognición y la interpretación. Los aspectos centrales son que, debido al procesamiento descentralizado, la cognición es el resultado de la actividad coordinada de muchos procesos paralelos y descentralizados en el cerebro. Estos procesos incluyen la recepción de datos sensoriales, su procesamiento y su integración en información coherente.

Por tanto, la cognición está estrechamente vinculada a la intencionalidad, es decir, a la capacidad de los estados mentales de relacionarse con cosas del mundo o de significar algo; debido a que los procesos cognitivos están orientados a crear significados e interpretar el mundo que rodea al sujeto. En este proceso se forman representaciones mentales que organizan percepciones y estructuran pensamientos. Sin embargo, estas no son estáticas ni inmutables, sino dinámicas y dependientes del contexto.

Desde una perspectiva evolutiva, la cognición permite al sujeto adaptarse, tomar decisiones eficaces y resolver problemas complejos. El conocimiento es, pues, un producto de la selección natural y, por lo tanto, es útil y pragmático. El conocimiento es útil porque ayuda a los organismos a sobrevivir y prosperar en su entorno. El aspecto pragmático subraya que el conocimiento no tiene por qué ser un reflejo exacto de la realidad, sino que debe ser funcional y práctico.

Dennett es crítico con las nociones tradicionales de un sujeto unificado y centralizado del conocimiento. En su lugar, propone al ego como un fenómeno construido que surge de la interacción de muchos procesos cognitivos. Así, en el caso de la conciencia, los procesos cognitivos se basan en ilusiones y modelos simplificados que ayudan, al sujeto, a hacer frente a la complejidad de su mundo. Estos modelos no tienen por qué ser exactos, pero sí útiles y eficaces. Esto tiene implicaciones epistemológicas, ya que pueden explicarse plenamente mediante procesos naturales, sobre todo biológicos y neuronales.

> Human consciousness is just about the last surviving mystery… But the truth is that it is a bag of tricks all of which can be made to vanish by understanding how they are done (Dennett, 1991).

En resumen: Daniel Dennett considera la conciencia y la cognición como un fenómeno emergente que surge de la interacción de muchos procesos descentralizados y paralelos en el cerebro. Rechaza la noción de un observador central y ve la conciencia como una ilusión útil que nos permite actuar eficazmente en el mundo. En su teoría integra las perspectivas funcional y evolutiva para ofrecer una explicación completa de la conciencia. En él, el modelo de planos múltiples describe la conciencia como un proceso dinámico y descentralizado que surge de la interacción de muchas actividades neuronales paralelas en competencia. No se puede suponer la existencia de un observador central ni de una conciencia unificada, sino de numerosos planos de experiencia que se revisan e integran continuamente.

Conclusiones

> There is no such thing as philosophy-free science; there is only science whose philosophical baggage is taken on board without examination
>
> D. Dennett, 1991

La neurociencia, como se ha visto, ha tenido un profundo impacto en la comprensión filosófica de la conciencia y la cognición. El análisis de las propuestas de Dennett demuestra que ciertos patrones en la actividad neuronal se correlacionan con la experiencia consciente. Estos hallazgos exponen que la naturaleza influye en la conciencia, especialmente en lo que respecta al problema de los *qualia*, la cualidad subjetiva de la experiencia. Mientras que algunos filósofos sostienen que la conciencia es completamente reducible a procesos físicos, otros hacen hincapié en las propiedades emergentes que no pueden explicarse plenamente mediante descripciones neuronales.

La neurociencia también tiene implicaciones para el debate sobre el libre albedrío y el determinismo. La actividad neuronal a menudo da pie a decisiones a priori a la conciencia del individuo, lo que desafía la noción tradicional del libre albedrío y su responsabilidad con la moral. Las pruebas neurocientíficas tienden a apoyar los puntos de vista deterministas, lo que lleva a un debate entre los que creen que el libre albedrío es incompatible con el determinismo, y los que creen que el libre albedrío es posible incluso en un universo determinista. En última instancia, los descubrimientos han contribuido al desarrollo de modelos cognitivos y de inteligencia artificial. Estos modelos intentan replicar la arquitectura y el funcionamiento de la mente humana, lo que conduce a nuevas cuestiones filosóficas sobre la naturaleza de la inteligencia y la conciencia.

La neurociencia ha cambiado profundamente la comprensión filosófica de la cognición al aportar datos empíricos y explicaciones neuronales. Estos avances fomentan diálogos de cooperación estrecha entre la filosofía y la ciencia. La constatación de que los procesos cognitivos y conscientes se basan en complejas interacciones neuronales tiene implicaciones de gran alcance para las cuestiones de la conciencia, el libre albedrío, la identidad y la propia naturaleza del conocimiento.

Referencias

Churchland, P. S. (1999). *The feeling of what happens: Body and emotion in the making of consciousness*. Harcourt Brace.

Churchland, P. S. (2010). *Self comes to mind: Constructing the conscious brain*. Pantheon Books.

Damasio, A. R. (2000). *The feeling of what happens: Body and emotion in the making of consciousness*. Harcourt Brace.

Damasio, A. R. (2005). *Descartes' error: Emotion, reason, and the human brain*. Penguin Books. (Obra original 1994)

Dennett, D. C. (1987). *The intentional stance*. MIT Press.

Dennett, D. C. (1991). *Consciousness explained*. Little, Brown and Co.

Dennett, D. C. (1995). *Darwin's dangerous idea: Evolution and the meanings of life*. Simon & Schuster

Dennett, D. C. (2006). *Breaking the spell: Religion as a natural phenomenon*. Viking.

Descartes, R. (1996). *Meditationen über die Erste Philosophie* (A. Schuster, Übers.). Felix Meiner Verlag. (Obra original 1641)

Hofstadter, D. R. (2007). *I am a strange loop*. Basic Books.

Metzinger, T. (2003). *Being no one: The self-model theory of subjectivity*. MIT Press.

Parte dos

El sujeto y la historia

El sujeto moderno, una construcción discursiva

Miguel Ángel Sobrino Ordóñez
Universidad Autónoma del Estado de México

Es lugar común la afirmación que sostiene que el llamado "sujeto moderno" es creación, invención, resultado de una narración discursiva sustentada en una visión del mundo, con base en unos valores, desde el yo y la individualidad hasta constituirlo como sujeto. El mismo proceso que permitió esta construcción constituía el entorno circunstancial que establecía las condiciones de posibilidad del sujeto. Cuando la Modernidad entró en crisis y se fueron difuminando los valores que le habían dado entidad, también el sujeto moderno se disolvió para dejar paso a un nuevo sujeto con menos identidad firme, en un mundo más lábil. En el presente trabajo examinamos la evolución del concepto de sujeto en tres filósofos relevantes: desde la concepción sustancialista de Descartes hasta la teoría de la no posesión de Wittgenstein, pasando por la de sujeto trascendental elaborada por Kant.

En pleno auge de las ciencias naturales, con el triunfo de la visión mecanicista sobre la realidad, se comienza el llamado giro copernicano de la filosofía, al menos Kant lo define así. A partir de entonces, el epicentro de la filosofía se desplaza de la naturaleza al sujeto. El conocimiento ya no tiene por base una realidad objetiva, sino una conciencia. Se cuestiona la posibilidad de un conocimiento verdadero y demostrable partiendo de la experiencia empírica, que es como hasta ahora se ha confiado la certeza del conocimiento. Este cambio de postura se comprende mejor si se atiende a una serie de cambios epocales importantes: Renacimiento, Humanismo, Reforma. De este modo, el nuevo sujeto al que apunta la filosofía moderna es un sujeto que acumula estas características. Kant y Descartes cuestionan la posibilidad del conocimiento científico, y la filosofía moderna desde entonces se ocupa de buscar una fundamentación metafísica para ese conocimiento. El conocimiento científico pierde su carácter de incontestable, afronta su propia crisis de fundamentación. El sujeto habla de sí mismo, y el modo de esta habla constituye un relato. El sujeto moderno se muestra desde un nuevo modo, el relato.

Pensar sobre el sujeto moderno, ya sea desde los diferentes modelos de actuar consigo y de ser actuado por los otros en el campo de la Salud Mental, o desde la Psicología como disciplina científica construida a mediados del siglo XIX, equivale a jugar a "dos bandas". Por un lado, desarrollar una tarea de arqueólogos de las verdades de sujeto que prevalecen en las discursividades e institucionalidades de hoy; tarea esta que implica, además, contribuir a la destitución de los dispositivos de saber de sujeto que gozan, en un momento determinado, del peso específico jurídico-moral-político de consideración de verdad, sustrayendo el pensamiento a la inevitabilidad de su sujeción inmediata y a las formidables presiones de lo ya dicho, o no dicho, y de los imperativos de las praxis actuales. Por otro lado, "romper" con el solipsismo y concebir al sujeto moderno, tal como señalamos en el título, como una construcción narrativa, implica poner en la picota la desgarradora creencia de que cada uno de nosotros habla por sí solo, con su única voz que no tiene eco en los demás, y proponer un modo de interrogar a los modos de hablarse, menos individual y más relacional, trascendiendo las fronteras de los modelos teóricos clásicos e impidiendo que cada uno hable con su propia entonación sin resonancia social.

Recordemos que Foucault define la episteme de la modernidad, el conjunto de discursos que la definen, que la ordenan y la clasifican. Este último estadio empieza con la Ilustración, pero la formación de la idea de una ciencia de la historia puede rastrearse hasta el primer Renacimiento, el de los siglos XIV y XV, que plantea y resuelve en lo esencial una serie de problemas distintos de los que habrán de plantearse a partir de la época que irrumpe en el siglo XIX. Todo el pensamiento de los siglos XIV y XV está comprometido en descubrir cómo se suceden y por qué deben suceder, según razones; a través de qué progresiones es posible, por ejemplo, el dominio presupuesto de la historia natural del camino que de forma necesaria ha de recorrer al efecto dominado y, por consiguiente, el estudio de la naturaleza de los objetos naturales ha de tener ventajas unificado respecto de la antigua ciencia humoral y combinada con el disperso conocimiento de los objetos producidos por el hombre, constituido por un grupo heterogéneo de disciplinas. La modernidad es un complejo abanico de transformaciones en el orden de lo social, cultural, político, científico y filosófico que han ido asentándose a lo largo del tiempo.

La autonomía de la razón y la emancipación del individuo respecto a la tutela divina, las transformaciones políticas operadas por las revoluciones inglesa, francesa y norteamericana que posicionaron al sujeto como soberano, y los profundos cambios sociales operados a partir de la radicalización de la revolución industrial son, entre otros, los hitos decisivos que dan cuenta de dicha transformación, con distintas intensidades y en profundidades distintas según las expresiones culturales que evaluemos en particular.

Las reformulaciones ilustradas del criticismo y del naturalismo darían pie a que, resumidamente, la tarea del escudriñamiento epistemológico transgreda sus dominios y, de un mismo envión, se halle en manos de la lógica (respecto de las herramientas), la metafísica (respecto de los objetos naturales) y la ética (de las bellas artes, de la religión). El sujeto es, por definición, un concepto filosófico. En la Grecia antigua, se llamaba "sujeto" al ente dotado de *parusía*, lo que significa literalmente "presencia", y no *prostransia*, o sea, el ente que se halla frente a alguien. Cuando uno se pregunta acerca de la razón cartesiana para denominar "yo" a ese sujeto que se le revela de manera inmediata e irrepetible, es ineludible soslayar a lo negativo e ingresar al ámbito paradójico de las operaciones afirmativas que en el terreno propositivo permitirán explicar las descartables actividades negadoras. La tarea empirista –que tiene como punto de partida resolutoria la afirmación específica que "todas nuestras ideas y conocimientos provienen de la experiencia"– no se ocupa, a priori, de aquellos "modos", sino que se concentra en persuadir acerca de formulaciones tabuladoras que indicarían acerca de ese origen filológicamente supervisado (visión de Berkeley), en cuanto sujeto no piensa el "ver", "escribir", etc.

El declive del "alma" medieval, aunque es un dilema falso en la medida en que "alma" es el principio primero del sujeto individual, *secundum ratiocinationem*, y, por consiguiente, deja de ser un problema filosófico en cuanto se acepta el concepto aristotélico de potencia y acto en función del cual "alma" es centro de gravedad y finalidad de toda suerte de seres vivos unicelulares o pluricelulares, vegetativos o sensitivos o expletivos. El sujeto, tal y como lo concebimos hoy, no es contradictorio. Se trata más bien de un conjunto heterogéneo que no responde a una naturaleza inmutable. Desde un punto de vista histórico, el sujeto se reconstruye en cada época histórica de acuerdo con el lenguaje que tiene a su alcance. "Originariamente, el sujeto, como *subiectum*, es el término con que se traduce, en el latín medieval, el *hypokéimenon* griego de Aristóteles, en el sentido de "lo que está puesto debajo", y se refiere al sustrato, que permanece en el cambio, o a la sustancia, que propiamente es sujeto en los enunciados; en este aspecto, sujeto no tiene a "objeto" como correlato, puesto que su entidad es de tipo lógico o metafísico. La teoría del conocimiento racionalista de Descartes hace del sujeto, el "yo pienso", o la razón humana reflexiva, el punto de partida de todo conocimiento, inaugurando así la distinción entre "sujeto que conoce" y "objeto conocido". Esta distinción se atenúa en Kant porque "el sujeto que piensa" sólo se conoce a sí mismo como objeto empírico, y por lo mismo como fenómeno, y no como sujeto o yo último, como cosa en sí, por lo que queda desconocido: es el llamado yo trascendental. Este yo, sin embargo, que no puede ser conocido sino sólo afirmado o pensado, es la condición necesaria de todo acto de conciencia: hace posible toda experiencia en cuanto él mismo constituye toda condición (lógica) a priori de la experiencia; ésta es construcción del sujeto, y hay objetos porque hay sujeto. Más allá de la experiencia, la cosa en sí resulta desconocida. El idealismo alemán, al eliminar la cosa en sí, haciendo del sujeto un principio creador, constituye al sujeto en origen absoluto del objeto conocido; sujeto y objeto en identidad total"[1].

La concepción sustancialista de Descartes

Si la modernidad *stricto sensu* comienza con el cartesianismo, hay que buscar en su concepción del sujeto el punto de partida. La entronización del sujeto como eje de la reflexión filosófica comienza en las célebres *Meditaciones Metafísicas* y se apoya en dos coordenadas fundamentales: la categorización del sujeto como sustancia (i.e., lo que es *per se*, lo que no necesita de otra cosa para existir) y la posibilidad de operar una purificación del sujeto empírico.

El sujeto filosófico o, lo que es lo mismo para Descartes, el sujeto de la ciencia es un sujeto puro y dicha pureza es el efecto de una operación que Descartes describe al comienzo de la Tercera Meditación con estas palabras:

> Cerraré ahora los ojos, me taparé los oídos, suspenderé mis sentidos; hasta borraré de mi pensamiento toda imagen de las cosas corpóreas, o, al menos, como eso es casi imposible, las reputaré vanas y falsas; de este modo, en coloquio sólo conmigo y examinando mis adentros, procuraré ir conociéndome mejor y hacerme más familiar a mí propio (Descartes, 1977, 31).

Como bien se puede ver en el texto anterior, Descartes plantea cuatro pasos: cerraré, taparé, suspenderé y borraré; todos de carácter negativo, marcando un alejamiento de lo sensible, todo lo cual es considerado como imposible de lograr plenamente. Descartes se conforma con considerar vacías y

---

1   Extraído de la página web: (https://encyclopaedia.herdereditorial.com/wiki/Sujeto)

falsas las imágenes de las cosas corporales visto que su destrucción es irrealizable. Luego vienen indicaciones positivas que señalan en qué dirección ha de concentrarse la actividad de la conciencia. Es necesario ir "hacia adentro", internarse en la subjetividad; constituyéndose el yo en el objeto privilegiado de la reflexión filosófica.

> ¿Qué soy, entonces? Una cosa que piensa. Y ¿qué es una cosa que piensa? Es una cosa que duda, que entiende, que afirma, que niega, que quiere, que no quiere, que imagina también, y que siente. Sin duda no es poco, si todo eso pertenece a mi naturaleza. ¿Y por qué no habría de pertenecerle? ¿Acaso no soy yo el mismo que duda casi de todo, que entiende, sin embargo, ciertas cosas, que afirma ser ésas solas las verdaderas, que niega todas las demás, que quiere conocer otras, que no quiere ser engañado, que imagina muchas cosas –aun contra su voluntad– y que siente también otras muchas, por mediación de los órganos de su cuerpo? (Descartes, 1977, 26-27).

Descartes prepara su propia fundamentación del conocimiento partiendo de la duda, este paso es formalizado con el fin de llegar a la estructura del saber. Del método de la duda se deduce nuestro conocimiento del ser eterno que, en su opinión, si el hombre es capaz de comprender, existe; sin embargo, dicha afirmación ya no es un saber de corte racional sino de fe, fundada en una creencia de corte religioso. La duda, teniéndola a sí mismo, para no creer nada que sea engañoso o falso, dará cuenta de todo lo que pueda ser verdad o no ser engañoso. De esta manera, justificar los razonamientos es estricto y se fundamenta en buscar una razón fuerte que dirija al entendimiento a la verdad. Este método sería un proceso de perfeccionar gradualmente los razonamientos, esos inadecuados o falsos, se corregirían gradualmente hasta llegar a verdades irrefutables. La necesidad de encontrar un criterio cierto reside en su creencia de que todo lo que él había aprendido tenía errores, por lo que debía encontrar un método para evitarlo. Sus afirmaciones valen exclusivamente para su propio yo, quedando para un paso posterior de la investigación la posible existencia de otros yoes análogos al propio que permita superar la posición solipsista. En la "Tercera Meditación" afirma *"Sum certus me esse rem cogitantem"*, estoy seguro de ser una cosa que piensa. No se trata de una opinión ni de un parecer, sino que la propia existencia genera certeza en cada cual. Este primer conocimiento, la de mi propia existencia sustentada en la premisa del "pensar", se revela como una percepción clara y distinta y es posible establecer la regla general de que todas las cosas que concebimos muy clara y distintamente son verdaderas. Tras alcanzar la certeza fundamental, a saber, "yo pienso; yo existo", Descartes corre el riesgo de quedar estancado en el solipsismo, pues podría suceder que el "yo" no pudiera dar cuenta de la existencia de todo aquello que se supone ajeno y externo a él mismo. Ciertamente, nuestro entendimiento opera con ideas cuya existencia subjetiva no puede ser puesta en duda, mas ¿hemos de decir lo mismo de aquello que representan tales ideas? Es decir, ¿representan nuestras ideas realidades objetivas e independientes de nuestra conciencia?

> por lo que toca a las ideas, si se las considera sólo en sí mismas, sin relación a ninguna otra cosa, no pueden ser llamadas con propiedad falsas; pues imagine yo una cabra o una quimera, tan verdad es que imagino la una como la otra. [...]. Ahora bien, el principal y más frecuente error que puede encontrarse en ellos consiste en juzgar que las ideas que están en mí son semejantes o conformes a cosas que están fuera de mí [Descartes, 1977; 33].

Para responder a este interrogante Descartes se propone examinar la naturaleza de las ideas distinguiéndolas en función de su procedencia: a) las ideas innatas, nacidas en el "yo" junto con la conciencia —tales como la idea de Dios, la de conciencia (*res cogitans*) y la de cuerpo (*res extensa*)—; b) las ideas adventicias, que llegan al entendimiento a través de los sentidos; y c) las ideas artificiales, construidas quimérica y arbitrariamente por el sujeto por combinación de otras ideas.

> Pues bien, de estas ideas, unas me parecen nacidas conmigo, otras extrañas y venidas de fuera, y otras hechas e inventadas por mí mismo. Pues tener la facultad de concebir lo que es en general una cosa, o una verdad, o un pensamiento, me parece proceder únicamente de mi propia naturaleza; pero si oigo ahora un ruido, si veo el sol, si siento calor, he juzgado hasta el presente que esos sentimientos procedían de ciertas cosas existentes fuera de mí; y, por último, me parece que las sirenas, los hipogrifos y otras quimeras de ese género, son ficciones e invenciones de mi espíritu [Descartes, 1977; 33].

Todas éstas, aunque no difieren entre sí desde el punto de vista de su realidad subjetiva, ¿podrían hacerlo en cuanto a la realidad objetiva de aquello que representan?

> [...] si la realidad objetiva de alguna de mis ideas es tal, que yo pueda saber con claridad que esa realidad no está en mí formal ni eminentemente (y, por consiguiente, que yo no puedo ser causa de tal idea), se sigue entonces necesariamente de ello que no estoy solo en el mundo, y que existe otra cosa, que es causa de esa idea [Descartes, 1977; 37].

Pero ¿y las ideas innatas? ¿Existe la posibilidad de que alguna de éstas exista independientemente de nuestro pensamiento? Descartes, que llegó a escribir que no veía percepciones claras y distintas de la existencia de Dios (como –según él– querían probar los teólogos), permaneció silencioso sobre la verdad innata de Dios. El estatus epistémico de la idea de Dios queda, por tanto, se sustenta en una mera creencia, necesaria para poder salir del solipsismo en que la duda lo había colocado. Así, examinar la idea innata de Dios –idea que, desde el plano subjetivo, denota un ser infinito, omnipotente, omnisciente y sumamente bondadoso, el cual existe por sí mismo y del cual depende nuestra existencia y la del resto del mundo–, Descartes descubre que esta idea no sólo existe de manera subjetiva, sino también "objetivamente". En la "Tercera Meditación" presenta el argumento que establece la existencia de Dios y menciona que piensa a diario en innumerables cosas y de diferente modo, pero antes no he llegado, en tanto que cosa pensante, a la verdadera idea de una sustancia infinita. Ese fue no un entusiasmo puro, sino una admisión lúcida de que Ella se me revelaba como tal, es decir, como algo simple, indivisible, libre, ilimitado y autosuficiente, tal y como Dios mismo se había. Para él, la idea de Dios es una idea innata, pues, no puede proceder de los sentidos, ya que éstos jamás han percibido algo tan perfecto en el mundo exterior. Ahora bien, aunque pertenece a nuestro entendimiento por nacimiento, es evidente que alguien ha tenido que poner esta idea en nosotros al crearnos, pues si procediera de nuestra conciencia no se podría explicar por qué tal idea denota más realidad y perfección de la que hay en nosotros mismos. Efectivamente, la causa de una idea debe de tener por lo menos tanta realidad y perfección como ella misma. Es evidente que el "yo" de mi ser no es ni infinito, ni omnipotente, ni omnisciente, etc. Por lo tanto, una idea como la de Dios sólo puede provenir de Él mismo, pues, en caso contrario, si la idea de un ser así procediese de mí, habría que concluir que "yo" soy infinito, omnipotente, omnisciente, etc. y eso no es cierto. Así, pues, sólo la existencia objetiva de Dios puede explicar la existencia de la idea de Dios que hay en nosotros.

> Por "Dios" entiendo una substancia infinita, eterna, inmutable, independiente, omnisciente, omnipotente, que me ha creado a mí mismo y a todas las demás cosas que existen (si es que existe alguna). Pues bien, eso que entiendo por Dios es tan grande y eminente, que cuando más atentamente lo considero menos convencido estoy de que una idea así pueda proceder sólo de mí. Y, por consiguiente, hay que concluir necesariamente, según lo antedicho, que Dios existe. Pues, aunque yo tenga la idea de substancia en virtud de ser yo una substancia, no podría tener la idea de una substancia infinita, siendo yo finito, si no la hubiera puesto en mí una substancia que verdaderamente fuese infinita [Descartes. 1977; 39].

> [...] para que una idea contenga tal realidad objetiva más bien que tal otra, debe haberla recibido, sin duda, de alguna causa, en la cual haya tanta realidad formal, por lo menos, cuanta realidad objetiva contiene la idea [Descartes, 1977: 36].

Una de las tesis filosóficas más conocidas y discutidas de Descartes es el argumento denominado "ontológico". Después de aprender que soy un ser finito que concibe la idea de un ser infinito y perfecto, distinguí la naturaleza, esencia o forma del uno de estos seres –es decir, de Dios– de los otros seres –o sus modos– de modo que se sigue de ahí la demostración de cuán verdadera es y válida esta distinción. Y por las mismas razones supe que este ser –Dios– se ha de distinguir de todos los demás; en cuanto que sé que mi existencia no depende, ni procede, ni procede de otra cosa que, de Él, y por qué mi noción dice muy claramente que todavía no soy el ser perfecto, ni tengo en mí la perfección de todas las demás cosas. Así que al recordar que la esencia, es decir, definición de algo perfectamente concebido, es una entidad real, o una cosa que existe no-autonomismo de algo más –porque para él también comprendo que es una esencia perfecta– y por qué dicha esencia que así concibo es poderosísima y acaso la única puede ser la huella de su origen en Dios, es fácil comprender de esos principios conocí antes que los demás. Y no sin cierta sorpresa comprobé que me conduzcan a formar una cierta idea de Dios, que no puedo cambiar. (Quinta Meditación). No se puede pensar a Dios desprovisto de existencia, pues en Él esencia y existencia son inseparables. Por ello, siendo la idea de Dios la única en cuya esencia va unida su existencia, ¿cómo no podría existir Dios y, aun así, ser pensado?

> [...] hallo que la existencia y la esencia de Dios son tan separables como la existencia de un triángulo rectilíneo y el hecho de que sus tres ángulos valgan dos rectos, o la idea de montaña y la de valle; de suerte que no repugna menos concebir un Dios (es decir, un ser supremamente perfecto) al que le falte la existencia (es decir, al que le falte una perfección), de lo que repugna concebir una montaña a la que le falte el valle,
> Pero, aunque, en efecto, yo no pueda concebir un Dios sin existencia, como tampoco una montaña sin valle, con todo, como de concebir una montaña con valle no se sigue que haya montaña alguna en el mundo, parece asimismo que de concebir a Dios dotado de existencia no se sigue que haya Dios que exista. [...] Pero no es así; precisamente bajo la apariencia de esta objeción es dónde hay un sofisma oculto. Pues del hecho de no poder concebir una montaña sin valle, no se sigue que haya en el mundo montaña ni valle alguno, sino sólo que la montaña y el valle, háyalo o no, no pueden separarse uno de otro; mientras que, del hecho de no poder concebir a Dios sin la existencia, se sigue

que la existencia es inseparable de Él, y, por tanto, que verdaderamente existe. [Descartes, 1977; 56].

La afirmación de Descartes es que Dios que no es engañador y cuya perfección y omnipotencia deduzco de mi propia imperfección, es convocada por él como solución del solipsismo al que conduce esta concepción del yo como autoconciencia, pues Él es quien garantiza la existencia del mundo material que el yo percibe y la correspondencia entre cosas y representaciones de las cosas.

En resumen, tenemos un ego que se ha purificado de deseo alejándose de lo sensible, con algunas posesiones originarias (las ideas innatas) y que cuenta con la garantía y benevolencia de un ser perfecto y omnisciente, modelo que aspira a reproducir y al que conoce como su causa y como causa última de toda causa particular. Tienen que cumplirse todas estas condiciones para que el saber tenga un fundamento que lo valide y sostenga. Cuando Dios mismo hablaba a los hombres todos estos recaudos eran superfluos, pero se vuelven imprescindibles ante su silencio. Dios no ha muerto aún, pero ha dejado de hablar. Sin embargo, todas estas condiciones apuntan a un ideal que no puede verificarse completamente. Kant acierta al distinguir el ideal de su imposible realización. Descartes mismo dice –aunque no lo desarrolla– que no es posible alejarse totalmente de lo sensible (¿debería estar el alma separada del cuerpo?). La operación: "*claudam nunc oculos...*" falla al quedar algo así como un "resto" de ligazón a lo sensible operando en el yo, cuya significación permanece sin evaluar. Por otro lado, la argumentación con que se pretende demostrar la existencia de Dios es muy vulnerable. Nuevamente es Descartes quien percibe la dificultad de arrogarle a un ser finito el concepto de un ser infinito, problema que ya los platónicos de la Antigüedad habían considerado (¿la idea de infinito es ella misma infinita?). Además, tal como lo señalará más tarde Kant, la existencia no es un predicado y no puede ser demostrada por medios puramente lógicos y es imprescindible recurrir a los sentidos de los que Descartes se empeña en distanciarse. Por tanto, como corolario, más que un ego "fundamento sólido del conocimiento", tenemos un yo que huye de lo sensible (esto lo tematizará excelentemente Nietzsche como síntoma de su flaqueza) y se aferra a un Ideal al que supone sin defecto (falta) que lo preserva del engaño y la decepción.

¿Qué ocurre con este ego en el plano práctico? Puesto que el edificio de la ciencia –visto como definitivo– no ha sido terminado aún y no es por ahora habitable, en menester construirse una morada provisoria donde habitar "mientras se trabaje". Así pues, confiesa Descartes: "*je me formais une morale par provision, qui ne consistait qu'en trois ou quatre maximes, dont je veux bien vous faire part*" (Descartes, *Discurso del método*, tercera parte) Todo el pasaje supone necesariamente que una moral científica es posible y preferible, sólo que no ha sido acometida aún por científico o filósofo alguno y deberá esperarse todavía un cierto tiempo, durante el cual todo hombre habrá de vérselas con sus semejantes y se verá forzado a tomar decisiones morales respecto de ellos. Claro está, uno podría preguntarse qué pasaría si la ciencia demorara siglos en construir el edificio completo del conocimiento o, peor aún, si se tratase de una labor infinita. Por supuesto, la moral provisional se transformaría en definitiva como tantas otras cosas que empezaron siendo transitorias o excepcionales. Podría cuestionarse también la secuencia: primero ciencia y después moral. En vista de los potenciales peligros que implica una tal demora en la determinación racional del obrar, la secuencia inversa parece aconsejable, aunque podría contraargumentarse que para que una moral científica sea posible, bastaría con que la ciencia esté "relativamente" o "mínimamente" desarrollada. ¿Cuánto es "mínimamente"? Luego veremos la solución kantiana a este problema. Como sabemos, la moral "por provisión" o moral provisional es, por tanto, un conjunto de principios que Descartes define para llevar la vida con seguridad y tranquilidad. En el "Prefacio" a los *Principios de Filosofía*, dice: "una moral imperfecta que podemos seguir provisionalmente (= mientras tanto) mientras no conozcamos otra mejor" [*une morale imparfaite qu'on peut suivre par provision (= en attendant) pendant qu'on n'en sait point encure de meilleure*].

Veamos las "tres o cuatro máximas" de la moral provisoria. La primera es "obedecer a las leyes y a las costumbres de mi país conservando con firmeza la religión... y rigiéndome en todo lo demás según las opiniones más moderadas y más alejadas del exceso". La segunda, "ser lo más firme y resuelto que pudiera en mis acciones... caminar siempre lo más rectamente posible". La tercera, "tratar siempre de vencerme a mí mismo más bien que a la fortuna y de cambiar mis deseos más que el orden del mundo". Por último, y como conclusión, hizo "una inspección exacta de todas las diferentes ocupaciones... para tratar de elegir la mejor y ... pensé que no podría hacer nada mejor que continuar en la que estaba... dedicar toda mi vida al cultivo de mi razón y progresar todo cuanto pudiera en el conocimiento de la verdad siguiendo el método que me había prescrito".

La más importante es, obviamente, la primera, que se desdobla en 1) la consigna de respetar leyes y costumbres ya consagradas por la tradición, cosa que involucra especialmente la religión (a pesar de no ser un hombre de religión, hemos mostrado cómo Descartes no puede literalmente dar un paso sin apoyarse en Dios) y 2) un imperativo de la sensatez que exhorta a la prudencia. Ha de seguirse la *opinio communis* en forma acrítica, pues se supone sin más que es superior a las propias, de las cuales aprovecha Descartes para despojarse (nótese la semejanza con la noción husserliana de reducción trascendental: el sujeto puro cartesiano también es un sujeto reducido). La prudencia es verosímilmente lo mejor y apunta a lo que Platón llamaba alma racional. La segunda máxima se endereza a las virtudes que están por debajo de la piedad y la prudencia, tales como la fortaleza de ánimo, la constancia, la rectitud y la perseverancia; son las virtudes que Platón atribuye al alma irascible. La tercera, que impone vencerse a sí mismo, se corresponde con las pasiones inferiores propias del alma concupiscible, en la cual no hay virtud alguna a excepción de la *moderatio* o *sophrosyne*. La cuarta retoma la primera y es de neto corte aristotélico: la vida consagrada al saber es la preferible por su elevada dignidad y, además, porque es capaz de proporcionar una satisfacción que "colmaba a tal extremo mi espíritu que todo lo demás no me importaba.

La moral provisoria hace pendant con la operación "claudam nunc oculos" que le sigue (aunque aquí la mencionamos primero), ciñendo ambas al mínimo las creencias irracionales en que el ego se apoya. Lo dice Descartes más abajo: "Después de haberme asegurado así de estas máximas y de haberlas puesto aparte con las verdades de la fe, que siempre han sido las primeras en mi creencia, juzgué que podía empezar libremente a deshacerme de todo el resto de mis opiniones".

Aparece un tercer elemento entre la moral provisoria y la operación "*claudam nunc oculos*": el despojamiento de las opiniones, que completa esta verdadera catarsis del alma. Es cuestión de "rechazar la arena movediza para encontrar la roca o la arcilla". Para destruir opiniones, nada mejor que frecuentar los hombres y abandonar el cuarto "donde había meditado todos estos pensamientos" (la moral provisoria), "aunque tratando de ser espectador más que actor en todas las comedias que se representaban". La "comedia" de la vida mundana es un universo cuasi ficcional en el que pululan, nacen, se reproducen, etcétera, las cuestionadas opiniones. Después de nueve años de ir a los tumbos de aquí para allá, Descartes siente que debe apartarse nuevamente del siglo y refugiarse en un país en que pudiera vivir en un aislamiento "tan solitario y retirado como el más lejano desierto". Este país fue Holanda; allí tiene lugar la operación "claudam nunc oculos" y su producto son las Meditaciones metafísicas. Mucho se aprende, sin duda, en el trato mundano; separar la arena movediza de la roca firme no es poca cosa, pero es en la soledad del laboratorio o del gabinete filosófico donde se emprenderá la reconstrucción del magno edificio de la ciencia.

La actividad científico-filosófica exige una reducción y una purificación del sujeto para que dicho sujeto pueda ser su fundamento. Esta cirugía yoica la realiza Descartes en estas tres etapas aquí expuestas: la confección de una moral provisoria (en un retiro relativo), el despojamiento de todas las opiniones (momento propiamente reductivo, socráticamente realizado en contacto con los semejantes) y la operación "claudam nunc oculos" de carácter introspectivo efectuada en el retiro más alejado posible. Pero este sujeto reducido y purificado no está en absoluto vacío sino pletórico de ideas innatas, y como la mayoría de ellas está en el alma en germen, "cultivar la razón", es decir, desplegarlas y conocerlas, es la tarea más urgente para el hombre. Así como en Platón había un Mundo de las Ideas cuya ciencia, la dialéctica, era la que importaba, aquí reencontramos ese mismo esquema con la diferencia de que el conocimiento de la Naturaleza no es rechazado, sino que estas ideas innatas actúan como hilo conductor de la investigación específicamente científica, coronando la complementariedad entre filosofía y ciencia.

Kant: el yo como reunión de facultades

Fue tarea de los filósofos empiristas emprender la crítica de la noción de sustancia heredada de la escolástica a la cual recurre Descartes para tipificar el yo (*res cogitans*). La crítica se radicaliza en Hume y concluye en una negación enfática de las nociones de sustancia y causalidad. Hume concuerda con el precepto newtoniano de que únicamente cuando investigamos a partir de nuestras percepciones se vuelve posible adquirir un conocimiento cabalmente científico del mundo material. Lo que se busca es saber —esto es, justificar teóricamente— cómo nuestra experiencia asegura tal posibilidad. Ya Locke (XXX) había dicho que la sustancia no es perceptible (Locke, 2005) pero allí se detuvo. Berkeley sostuvo un punto de vista solipsista afirmando la tesis de que el ser del mundo material se agota en la percepción (*ese est percipi*).

El tema del sujeto lo trata Kant lateralmente en la Estética Trascendental (Parte primera de la *Crítica de la razón pura*) en la que se ocupa acerca de la sensibilidad, facultad que relaciona al sujeto con el mundo exterior. El punto es determinar específicamente la naturaleza subjetiva del espacio y del tiempo. Kant concibe el espacio como subjetivo, en oposición a la doctrina newtoniana del espacio absoluto y en oposición también a la concepción ideal del espacio de Leibniz. Allí, en ese contexto, y como de pasada, Kant dice que la subjetividad del espacio y del tiempo no puede ser pensada como atributo de una cosa inespacial (el alma, se sobrentiende). Siguiendo a los empiristas, Kant cree que del alma como sustancia no podemos conocer nada, de allí que no pueda considerársela "sede" del espacio y el tiempo. Así pues, esta doctrina kantiana de la subjetividad del espacio y el tiempo constituye "un primer paso hacia la determinación del ser de lo subjetivo que, no del todo precisa en Kant, es una de las notas sobresalientes del pensamiento de sus sucesores". Kant reconoce el principio cartesiano conforme al cual la existencia se le revela a un sujeto como conciencia de sí, pero se opone a la consecuencia que Descartes extrae por influencia escolástica de que dicha existencia sea la de una sustancia simple, indestructible y eterna por añadidura. La conciencia de la propia existencia subjetiva, el "yo pienso" –que debe poder acompañar todas mis representaciones y por el cual digo que son precisamente mías– no es signo de que haya allí "un ente sustancial que se manifiesta en ella, pero intrínsecamente la trasciende". Sería una hipótesis inconfirmable afirmar que el modo de existencia subjetiva que tiene el espacio y el tiempo sea el de la inherencia en un sujeto sustancial imposible de conocer. Por lo pronto, Kant precisa la ubicación del yo (el "yo pienso") en una *Mittelstellung* (situación intermedia) que en adelante será su característica más peculiar. El yo es mediador entre el mundo externo, de donde afluyen a él impresiones, y un oscuro trasfondo psíquico cognoscible solamente como fenómeno (los fenómenos psíquicos de los que se ocupa la psicología). El yo se sitúa, entonces, entre dos polaridades que Kant denomina sentidos externo e interno. En tanto filósofo, no le interesa el estudio de la actividad psíquica en general, sino la actividad trascendental del yo, que consiste en la síntesis de la multiplicidad dada en la sensibilidad, la constitución de los objetos empíricos y su enlace en el juicio.

La ciencia es conocimiento de objetos a partir de una materia (impresiones) procedente del mundo exterior y de una forma (categorías) que el sujeto trascendental impone a dicha materia tornándola cognoscible. El sujeto trascendental es el aspecto del yo que Kant va a estudiar en detalle en la *Crítica de la razón pura* y luego completará en las otras dos Críticas, pues es este sujeto trascendental el que lleva a cabo la actividad sintética del conocimiento. Y ésta es la otra característica típica del psiquismo: la actividad de síntesis; por eso es por lo que se puede analizar (filosófica o psicoanalíticamente). Esta doble caracterización del yo como intermedio y como sintetizador la vamos a encontrar después de Kant en todos los autores, psicólogos y filósofos. Está toda la gama de los fenómenos psíquicos, los estados de ánimo, etcétera, que estudia la psicología y está, en otro plano, esta conciencia de sí que todo sujeto humano posee. La conciencia de sí no es una intuición (algo que se capte por vía perceptiva), sino que es un pensamiento. Y agrega Kant que "mi propia existencia no es en verdad un fenómeno (y mucho menos una simple apariencia)" y, lo recalca insistentemente, no es un conocimiento de mí mismo: no conozco por ella cómo soy, sino que soy. La conciencia de sí no le informa al sujeto si es una sustancia, una esencia, etcétera, simplemente lo ubica con relación al ser.

Pero de este yo que soy, si bien no se puede conocer su status ontológico, sí puedo estudiar (en forma trascendental, filosófica) las operaciones de que es capaz, lo que tradicionalmente se llama facultades (*Vermögen*) no del alma (ello implicaría una connotación sustancialista), sino de la "mente" o del "ánimo" (*Gemüt*), términos neutros que escapan de las cuestiones metafísicas.

Las facultades no son más que "grupos de posibilidades de la vida mental" (Torreti, 1967, 257). Así, la posibilidad de pensar por conceptos es referida a la facultad del entendimiento, y la de figurar objetos ausentes a la de la imaginación (Torreti 1967). También es facultad la sensibilidad, como facultad de pasión (Torreti 1967). Estas facultades no pertenecen a ninguna sustancia, sino que son derivadas directamente de los hechos de conciencia en que están implicadas: la facultad de la sensibilidad se manifiesta, por ejemplo, en la percepción de un olor o de un ruido, etcétera. La facultad no es sino la "duplicación ideal de los actos en que se ejerce". Como todos los modernos, también Kant parte del análisis de los hechos de conciencia, detrás de los cuales son imaginadas las facultades. Ya Platón, en *República* 477 b-d, habla de la *dynamis* y queda clara la imposibilidad de definirlas de otra manera que no sea en relación con sus efectos (los actos de conciencia). Son principio de posibilidad de efectos empíricos y únicamente identificables por sus manifestaciones de hecho. En el parágrafo 17 de la *Crítica de la razón pura*, Kant da cuenta de la actividad sintética. Lo fundamental es la distinción entre entendimiento –facultad específicamente sintetizadora que produce conocimiento– y sensibilidad –mera receptora de las impresiones. Si la sensibilidad es facultad, lo es exclusivamente por actuar acoplada al entendimiento. El racionalismo no distinguía plenamente entendimiento de sensibilidad y suponía que esta última era una facultad de conocer oscuramente, una forma degradada del entendimiento, sin que existiese un límite neto entre ambas facultades. Los empiristas, por su lado, afirmaban la importancia de la sensibilidad y dejaban poco claro el rol del entendimiento o bien lo sustituían por la actividad lingüística.

Una tercera facultad, la imaginación, completaba el cuadro de las facultades del conocimiento. Tradicionalmente era concebida como el costado sensible del entendimiento, con el cual formaría un conjunto (un entendimiento "lógico" y un entendimiento "sensible" o imaginación). En Kant, la imaginación es intermediaria entre entendimiento y sensibilidad y es gracias a ella que los conceptos puros del entendimiento (categorías) pueden aplicarse y dar forma a la materia sensible aportada por la sensibilidad. Es por ello por lo que Kant dice que la imaginación "exhibe" las categorías, las relaciona con lo sensible y puede entonces denominarlas *Darstellungen*. Las categorías son funciones de enlace que reúnen en la unidad del concepto la multiplicidad de impresiones dada en la sensibilidad. Dicho de otro modo, construyen conceptos a partir de impresiones. Esta unificación de representaciones supone la unidad de la conciencia en el acto mismo de la síntesis y, en rigor, estas funciones de enlace que son las categorías no son sino modalizaciones de esta unidad de la autoconciencia. La ligazón a lo sensible hace que la actividad sintética categorial del sujeto trascendental no sea un puro y simple pensar, sino que le da "referencia objetiva" y puede entonces hablarse de conocimiento en sentido fuerte. La actividad sintética –Kant lo repite todo el tiempo– se limita a "reconocer" los objetos, sino que los constituye. No es cuestión, como en Aristóteles, de reconocer lo que existe más allá del sujeto en el mundo material (el sujeto incorpora la forma del objeto), sino de construir el objeto a conocer. Objeto pasa a ser sinónimo de *constructio*. El ser no precede al conocer; la relación se invierte y los objetos empiezan a ser (para mí) en el momento en que los constituyo. Qué haya "detrás" de las impresiones en el mundo material es incognoscible, según Kant. Conocemos exclusivamente aquello que construimos: ningún sujeto percibe impresiones desordenadas, sino objetos constituidos merced a la actividad sintética.

En las siguientes *Críticas* (de la razón práctica y del juicio) Kant amplía el cuadro de las funciones y facultades del *Gemüt*. En la de la razón práctica añade al uso teórico de la razón (en sentido amplio) un uso práctico, a saber, la posibilidad de determinar racionalmente la voluntad. El uso práctico de la razón nos pone en cierto contacto con los objetos metaempíricos (Dios, alma, etcétera.) que la metafísica racionalista imaginaba poder conocer. Para Kant, al no poder contar con impresiones de dichos objetos, el entendimiento no tiene sobre qué aplicarse y caería en un estado que llama "ilusión trascendental", que consiste en la creencia en que se puede conocer más allá de la experiencia sensible. Kant parte del hecho de que continuamente nos interrogamos por el valor moral de nuestras acciones. Esta preocupación moral que todo hombre tiene se asienta necesariamente en nuestra condición de seres libres, puesto que, si careciésemos de la posibilidad de optar entre obrar bien o mal, sería absurdo cuestionar el valor moral de nuestra conducta. Lo que aquí nos interesa es, simplemente, presentar esta segunda crítica como el examen filosófico que hace Kant de otra facultad del *Gemüt*: la voluntad, y cómo es posible que ella opere conforme a la razón.

En la tercera y última de las *Críticas* Kant completa definitivamente el cuadro de las facultades del *Gemüt*. Desde la Antigüedad las tres facultades eran: pensar (conocer), querer (voluntad) y sentir, que es lo que Kant llama "facultad de juzgar por reflexión". El juicio es, en general, una operación lógica entre dos miembros (S es P) y se lo llama juicio atributivo, pero en esta *Crítica* se trata del juicio reflexivo que, partiendo de los objetos ya determinados gracias a los juicios atributivos (sean estos analíticos o sintéticos), los relaciona con una finalidad. ¿Cómo logra el juicio reflexivo la relación con una finalidad? Considerando un objeto y reflejándolo hacia otros dominios. Tomemos como ejemplo una flor: la representación objetiva (el concepto si se quiere) me la proporciona el entendimiento (facultad que integra la gran facultad de conocer); si reflejo esta representación objetiva de la flor hacia adentro, puedo apreciarla como objeto estético que me da placer y si la reflejo hacia afuera la aprecio como fuente de alimento para las abejas. En el primer caso, la representación objetiva deviene representación estética y en el segundo, representación teleológica de la naturaleza. El juicio reflexivo es la facultad capaz de conciliar necesidad con libertad, logrando una nueva síntesis de lo que antes se presentaba como inconciliable y asegurando la unidad total de la conciencia humana. Todo el desarrollo posterior de la *Crítica del juicio* apunta a demostrar que dicha síntesis es realizada según ciertos principios *a priori*.

En resumen, vemos en Kant un notorio afán por eludir las cuestiones metafísicas que tanto interesaban a sus predecesores racionalistas, aun cuando sigue considerando la autoconciencia como el eje fundamental para el estudio de la mente. La autoconciencia es lo que convierte una mente en un yo y este yo tiende –por propia naturaleza, digámoslo así– a considerar todas las representaciones como una propiedad. La *Mittelstellung* yoica se evidencia en el juicio reflexivo, que refleja hacia adentro del yo o hacia afuera del mismo, siendo éste el centro de todas las orientaciones.

Wittgenstein y la disolución del sujeto

El *Tractatus Logico-Philosophicus* avanza la idea de que todo pensar cuentan con un Inhalt y una cuestión, por supuesto, en buena parte suspendida para el ideal alumbrante según la cual hay sólo "fragments, belle couleur effroyable" (fragmentos, bellos colores terribles), los textos en las tesis claves del *Tractatus* no son ni fragmentarias ni, para la mayoría de los lectores, bellas. Discutible, cuando menos. Wittgenstein cercena o clausura el imaginario parasitismo mental que el sujeto debiera ejercer sobre el objeto. Más adelante, a medida que el Tractatus avanza, Wittgenstein irá instaurando progresivamente un nuevo régimen lógico y conceptual.

El inicial rechazo de la idea de sujeto es la consecuencia de varios factores: uno de esos factores, no será ni mucho menos el último, es que la noción de sujeto conduce necesariamente, tal como esta idea ha sido formulada por el pensamiento epistemológico tradicional, al esencialismo y al platonismo, que, desde el punto de vista de Wittgenstein, representan dos de las vertientes más claras del pensamiento metafísico sobre el alma, de dónde nace el dogmatismo. El silogismo será el siguiente: si el filósofo establecido transcurre por la metafísica o, lo que es lo mismo, por la vía de las proposiciones normativas o las afirmaciones esenciales (procedimiento dogmático) es que, implícita o explícitamente, sostiene la existencia del *essentia intellectual* que respalda esas afirmaciones. Por otra parte, es evidente que el camino rhematológico de la proposición factual nace también en un acto mental determinante, aunque de índole bien distinta del de la proposición de la anterior clase. Por ello, cabe preguntarse si esta doble vía no encierra algo íntimo de la criatura *homo* o, si se quiere, del socio: en este caso, ¿cuáles son las *theory of mind* y *theory of theory of mind* que incluye tal teoría para explicar esa invasión a los asuntos naturales que se presupone propios de nuestra especie. En sus dos primeras etapas, expone Wittgenstein una crítica a una idea que podría expresarse mediante la noción de sujeto. La propuesta general que aquí se defenderá es que la idea de sujeto es criticada en su forma carente de sentido, pero que después, en el Wittgenstein posterior, reflexiona sobre una posible idea de sujeto que poseería sentido.

Un pasaje del capítulo segundo del *Investigaciones filosóficas* permite atribuir a Wittgenstein la idea de un orden lógico natural en que se constituye nuestro pensamiento a través de ciertas regularidades semánticas. Aquello sobre lo que "hacen referencia" las frases de primer grado (es decir, aquello de lo que hablamos con una determinada configuración sintáctica, de acuerdo con una técnica que permite contrastes entre casos posibles) es determinado por "cosas en el mundo". Nada dice aquí Wittgenstein sobre las condiciones históricas, sociales y concretas (en suma, culturales) de constitución de estas realidades. Recordamos la oposición kantiana, a menudo usada –a pesar de sus costuras– por Wittgenstein, entre los dos "puntos de vista" posibles sobre el mundo: el mundo "tal como es, en sí," podría carecer de atributos significativos. Sin ninguna constancia de otros sistemas de simbolización posibles, ni aun de la mayor parte de las maneras en que nuestros antropomorfos parientes comparten visión del mundo, si la hay.

En filosofía, la noción de sujeto se establece dentro de una red de relaciones locales, y para escapar de ella debemos transportarnos a un aire metafísico del que Wittgenstein deseaba huir. Sobre los límites del mundo habitan los planteamientos éticos y religiosos, justamente aquellos que, según Wittgenstein, carecen de sentido (cosa que podemos negar, por ejemplo, habida cuenta de la inmensa presencia social de las religiones de todo tipo). Una entidad metafísica del orden del yo que no controlara todo no sólo erosionaría la pureza del lenguaje ordinario, sino que sería además totalmente inútil: huyendo de la sombra de la metafísica bien entendida, arribamos, evidentemente, a la misma desorientación en que habitan también, a su entender, los metafísicos.

Donde la gramática dice una cosa y parece ser de otro fundamento, puede ser comprobado por ir directamente a la dialógica de que se trate. Buscando el fundamento, hallaremos que en castellano se funda, por lo tanto, poseen valor literal. Podríamos decir que estas frases son una especie de doble sentido mental, debiendo un estricto análisis. No me detendré en detalles acerca de la influencia de la gramática en el análisis que hace Wittgenstein de la noción de sujeto. Solamente me referiré a dos puntos que expone en el *Tractatus* y retomados en las *Investigaciones*: 1) la gramática refleja las estructuras formales lógicas que temporalmente se expresan visualmente; 2) el lenguaje es el saldo de dar órdenes o razones para obedecer. Según Wittgenstein, hay que interpretar el signo, pero el signo debe tener un contexto pragmático específico. La inteligencia gramatical constituye o descubre un tipo de lógica, de hecho, otras lógicas evocadas por la inteligencia gramatical no dan instrucciones que te conduzcan diferente y que tengan verdad.

La fenomenología, a la que Wittgenstein recurre, no nos ha enseñado, ni podría enseñarnos, cuál es el lazo que liga el acto de decir que tenemos "con las afirmaciones que de antemano dicen lo que aquel dice". Y así como decía en el *Tractatus* que "el solipsismo llevado al extremo coincide con el realismo puro. El yo del solipsismo se reduce a un punto sin extensión y permanece la realidad con él coordinada" (Wittgenstein, 1922, 5.64). En una línea muy similar, aunque en este caso no podamos hablar de peligro sino de "confusión" o "imaginación", en las *Investigaciones* dejó consignado que todavía se podría preguntar lo siguiente: ¿Por qué no dudo en estos casos "about what I am doing?: 'why am I not in doubt about what I am doing?'. Is such a question conceivable?" (Wittgenstein, 2021, § 119). Y si bien el filósofo dice que "actuar sin saber es lo habitual", no puede ocultar su insatisfacción al respecto. Pues hay entre nuestros "actos paralelos" algunos que, si bien no son causales, están asociados por mera mímica. Esto obliga a formular una pregunta a la que "la ciencia" no podría, según Wittgenstein, responder; y para la que precisamente, esta carencia sería constitutiva: ¿el solo hecho de que alguien diga algo, basta para que ciertamente diga algo? "Yo", pareciera seguir, "estoy muy seguro de ahora no dudar de que estoy diciendo algo, pero ¿cómo demostrar que 'ahora no dudo'? No encuentro aquí ningún orden, ni en la lengua, ni en el espíritu", apunta Wittgenstein.

La doctrina wittgensteiniana del solipsismo racional o lógico destaca por dos aspectos significativos. En primer lugar, Wittgenstein abandona la idea de la referencia como fundamento último de nuestro "hablar acerca de", y deja que vuelva a ocupar ese lugar crucial el aspecto público de nuestro lenguaje, lo que devuelve también al mundo su dinamismo como referencia. En segundo lugar, resulta también relevante en su análisis la posición del "sujeto". Wittgenstein defiende la existencia de otros individuos ("quizá alguien ha visto lo que tú buscas"), no ya en sentido metodológico sino fáctico (con lo que se enfrenta a la visión del solipsismo lógico); pero, por otro, niega la posibilidad de hablar lógicamente acerca del "sujeto" y defiende que no existe el "sujeto" en cuanto a lo que sea independiente del mundo; que el mundo no está dado "junto a" la conciencia en el sentido de existir, *ab initio*, una conciencia que recibe las impresiones. Con esta visión, Wittgenstein trata de presentar la concepción correcta del problema del solipsismo, en el sentido de cuál es el problema y qué puede, por tanto, esperar una solución a él.

La relación entre sujeto y objeto en la filosofía de Wittgenstein es un tema muy complicado. La posición del autor del *Tractatus* en este tema se encuentra en un punto medio entre el dualismo y el solipsismo, y en su obra posterior encontramos claramente negado el dualismo de la conciencia. El "interior" de mi vida representa una empiricidad psíquica que no es inmediatamente comprensible, sino que quiero decir que queda fuera del campo de los signos proporcionados por el lenguaje propiamente dicho. Se podría decir que es inasequible, porque siempre sé más de lo que puedo creer verdadero. La posibilidad de veracidad de vida supone necesariamente un abismo del que el sujeto en ningún caso puede salir. Encontramos aquí una especie de "experiencia instintiva" que puede y de hecho asiste al sujeto, pero a la que no corresponde una intuición pura o instantánea. Wittgenstein, interesado por desvelar la asunción ideológica y, finalmente, metafísica que subyace en los distintos planteamientos del llamado "problema del sujeto", comienza afirmando como la auténtica experiencia de lo "privado" –que el lenguaje a menudo confunde con su trasfondo filosófico: lo "psíquico"– es decir, de lo necesariamente "remoto para los demás", con lo que se tiene que emplear un lenguaje simbólico a menudo claro, pero siempre exigente a fin de poder ser seguido por los otros, asegura nuestros cantos tribales, y sin que nadie profundice en ella, podrá negar su intransferible realidad y valor; no que tal profundidad pueda dar con un trasfondo concebible sólo psicológicamente, al nuevo carácter privado del yo de Hume puede preguntarse dónde conduzcan las introspecciones para llegar siempre, como éste, a la comunidad de los signos sociales mediante un atomismo que no es propiamente de los signos, la crítica del pensamiento trascendental.

Que el sujeto deba desaparecer, sino dar cuenta de lo que sucede con él: afirmarse como un límite de la representación y autoconstituirse. La multiplicidad de lenguajes posible así lo deja claro. Diferente es la cuestión de saber si esos lenguajes pueden ser establecidos con la fiabilidad que en ellos confiamos, esto es, dando cuenta del fondo que asegure dicha fiabilidad, que al fin y al cabo pasa por la "constitución" del ser humano. Y entiéndase bien qué es lo que afirmo. No es una cuestión de "reducir" esos distintos lenguajes a uno u otro, sino de "descubrir", de analizar críticamente cada uno de ellos para, eventualmente, establecer necesarios saltos en la concatenación de signos convencionales, ligándolos entre sí y consigo mismos.

A comienzos de la década de 1930, Wittgenstein desarrolla lo que se ha denominado la "Teoría de la no posesión" (TNP) por la que se postula una disolución, aunque no una eliminación del yo. Wittgenstein se opone a la teoría tradicional según la cual un sujeto (S) "tiene" o "posee" una experiencia (e) y dicha experiencia es intransferible a otros sujetos. El carácter necesario de la intransferibilidad es lo que se rechaza específicamente. Wittgenstein critica enérgicamente la teoría cartesiana del sujeto y su perspectiva egocéntrica en virtud de la cual el edificio de la ciencia se cimenta en una clase especial de experiencias que se caracterizan por ser inmediatas y privadas, esto es propiedad exclusiva de un sujeto (S) cuyos informes pasan a ser incorregibles a causa de esta posesión exclusiva. No se trata de que las experiencias sean "psicológicamente" pertenecientes sólo a un sujeto de adscripción: lo que se critica es que sean epistemológicamente privadas. Reaparece la preocupación kantiana en distinguir el punto de vista psicológico del filosófico con idéntica fuerza.

Según Wittgenstein, para Descartes es imposible tanto que dos sujetos compartan una misma experiencia, cuanto que dicha experiencia pueda ser transferida de uno a otro. Si estas dos tesis son llevadas al extremo, se recae en una posición solipsista por la cual sólo existo yo y mis experiencias. Por otra parte, si se extiende el carácter privado e intransferible de las experiencias al plano semiótico, el lenguaje del sujeto solipsista pasa a ser un lenguaje igualmente privado. La TNP viene a suprimir las consecuencias extremas de la postura solipsista y constituyó un tema que preocupó a Wittgenstein toda su vida, desde el juvenil *Tractatus* hasta las *Investigaciones Filosóficas*. En el *Tractatus* (1920) trata el tema del sujeto y dice que "no pertenece al mundo, sino que es un límite del mundo" (*eine Grenze der Welt*) (Wittgenstein, 1920, 5.632) e inmediatamente pregunta: "¿dónde descubrir un sujeto metafísico en el mundo?" (*Wo in der Welt ist ein metaphysisches Subjekt zu merken?* (Wittgenstein, 1920, 5.633). Compara al sujeto con el ojo y al mundo con el campo visual: el ojo no puede verse a sí mismo y "nada en el campo visual permite inferir que es visto por un ojo" (Wittgenstein, 1920, 5.633). La imposibilidad del ojo de verse a sí mismo es una metáfora de la imposibilidad del yo de captarse, cosa que parece alejar a Wittgenstein del tema cartesiano del desdoblamiento del ego (autoconciencia) que también retoma Kant más tarde. El límite en que ubica al yo tiene parentesco con la *Mittelstellung* kantiana, sólo que del lado del sujeto no hay elementos puros a priori. En 5.634 dice que "ninguna parte de nuestra experiencia es a priori" (*...dass kein Teil unserer Erfahrung auch a priori ist*) y no existe ningún orden (*Ordnung*) a priori de las cosas. En 5.641 reafirma la no pertenencia del yo al mundo y su ubicación en el límite y, por otro lado, especifica de qué sujeto se ocupa la filosofía. El yo tiene cabida en filosofía porque el mundo es mi mundo (*die Welt meine Welt ist*), pero el yo que está en cuestión en filosofía "no es el hombre, ni el cuerpo humano, ni el alma humana de la que se ocupa la psicología, sino el sujeto metafísico" (5.641), límite del mundo. Wittgenstein sigue a Hume al decir que no tenemos experiencia de un ego sustancial pensante. No se puede inferir que exista un sujeto del simple hecho de que haya experiencias.

Un poco antes había hecho una afirmación tajante (es el estilo del *Tractatus*): la de que el sujeto pensante, representante, no existe (*Das denkende, vorstellende Subjekt gibt es nicht*). Como Kant, separa expresamente la noción de sujeto que interesa al filósofo (en Kant sujeto trascendental, en Wittgenstein sujeto metafísico o sujeto de experiencia) de la noción de sujeto empírico que estudia la psicología. Haciéndose eco de la tradición empirista, rechaza toda estructura formal a priori en el sujeto y cuando dice que el sujeto pensante o representante no existe debe entenderse que para él no existe el sujeto trascendental tal y como Kant lo ha descrito. Los fenómenos de pensamiento son reducidos a fenómenos de lenguaje, cuyo estudio falta en Kant. Al racionalismo le interesaba la capacidad del pensamiento de representar y conocer adecuadamente lo real y descuida el papel del lenguaje. En eso, Kant permanece en las redes del racionalismo y así parece haberlo considerado la tradición empirista posterior a él (neoempirismo, positivismo lógico, etcétera.) En cambio, al menos desde Berkeley (aunque podríamos retroceder a Hobbes), a los autores empiristas les preocupan los fenómenos lingüísticos (son "visibles", son "hechos") en detrimento de los procesos de pensamiento (abstractos, no empíricos, derivados). En la mente, además de representaciones, hay signos y es mediante ellos que me refiero a las representaciones, de allí que en esta vertiente filosófica la filosofía sea en su nervio, disciplina que se ocupa del lenguaje, es decir, lógica.

En 5.6 dice Wittgenstein que "los límites de mi lenguaje significan (*bedeuten*) los límites de mi mundo". El mundo resulta ser no todo el conjunto de lo que es sino todo aquello de lo que puedo hablar. Y sigue (5.61): "La Lógica llena el mundo, los límites del mundo son también sus límites". Hay superposición entre mundo y lógica y ambos tienen al sujeto como límite. El sujeto es sujeto parlante y no pensante (solipsista) que se opone al mundo situándose fuera de él. Sin embargo, en 5.62 Wittgenstein hace una enigmática declaración que motivó múltiples interpretaciones: "lo que el solipsismo entiende (*meint*, opina) es plenamente correcto (*richtig*), sólo que eso no se puede decir, sino que se muestra". Lo que el solipsismo entiende correctamente es que el mundo es mi mundo, vale decir, la radicalidad de la autoconciencia, que transforma al mundo en una posesión del sujeto (yo); pero, si esto es dicho, es obligada la derivación hacia la heterogeneidad ontológica entre mundo y sujeto (la distinción cartesiana entre *res cogitans* y *res extensa*), todo lo cual hace recaer la reflexión en el campo metafísico de las afirmaciones inverificables. Para Wittgenstein es inconveniente montar un discurso rigurosamente filosófico sobre la evidencia de la propia existencia a partir de la autoconciencia. El sentido de las afirmaciones metaempíricas es indecidible porque no hay manera de verificar sus contenidos, que no versan acerca de hechos, sino que especulan acerca de objetos que se sitúan más allá de los hechos. ¿Qué queda, entonces? Queda mostrar que el mundo es mi mundo y ello se patentiza en el hecho de que los límites del lenguaje significan los límites del mundo.

En las *Conferencias* de los años 1930-1933 vuelve Wittgenstein a ocuparse del problema del solipsismo cuestionando la pertenencia o posesión de las experiencias por parte de un sujeto. Cita el dicho de *Lichtemberg* según el cual, en vez de decirse "Yo pienso", debiera decirse "ello piensa", cosa que implicaría una suerte de borramiento del yo. En el *Tractatus*, la disolución del yo sustancial y propietario de experiencias daba paso a la concepción del sujeto como límite del mundo, y en las Conferencias la disolución del sujeto solipsista permite el advenimiento de un sujeto neutro ("ello", "este cuerpo") e impersonal semejante al de expresiones como "llueve" o "nieva". La preocupación de Wittgenstein, lo reiteramos, no es negar que una experiencia pertenezca a un sujeto, puesto que él mismo sostiene que de hecho hay sujetos de adscripción, sino que lo que rechaza es convertir esa adscripción en una posesión definitiva y privada de un sujeto particular.

Empirista al fin, la dificultad la resuelve en el terreno lingüístico: bastaría evitar el sentido del término "yo" que denota posesión y reemplazarlo por aquellos que, como "ello" o "este cuerpo", no la denotan, permitiendo una legitimación de la transferencia de experiencias dado que desaparecerían las diferencias de categoría lógica de los enunciados que la impedían. De esta manera, el sujeto cognoscente de la tradición racionalista, solipsista y posesor se ve reemplazado por un sujeto neutro (un no sujeto) no posesor. El pensamiento supone un paso intermedio entre mundo y lenguaje; es difícil de analizar sin entrar en el psicologismo. Kant se "asombraba" de que psicólogos como Tetens llegaran a resultados semejantes a los suyos por vía empírica y no trascendental sin dedicarse a sospechar si su método trascendental, que distinguía a rajatabla del método psicológico, no se hallaba impregnado de psicologismo, tal como lo estaba el método introspectivo cartesiano.

Para Wittgenstein, el pensamiento resulta inaprensible si no lo estudiamos en el lenguaje, que es su manifestación sensoperceptiva (3.1 del *Tractatus*), pero su existencia debe ser presumida con la tradición. La noción de pensamiento viene de tal modo a asemejarse a la de facultad que vimos en Kant, capacidad inferible de sus efectos, que sí son accesibles a la percepción. Renuente a recaer en análisis psicológicos, inevitables al pretender explicar los procesos de pensamiento, Wittgenstein se limita a proponer el estudio de sus manifestaciones empíricas. La teoría del conocimiento deviene análisis del lenguaje, esto es, análisis de las proposiciones con que suponemos aprehender el mundo. Sobre esta base de empirismo, Wittgenstein da un paso más allá que Kant, independizando la teoría del conocimiento de la tiranía del sujeto.

Conclusión

¿Qué quedó del sujeto cartesiano? La crítica posterior fue demoledora: Kant pone en tela de juicio la noción de sujeto sustancial tal como lo habían hecho los empiristas que lo precedieron y sustituyó al sujeto de las ideas innatas por un sujeto trascendental al que se intenta expurgar de psicologismo y cuyo status ontológico es incognoscible. Kant aparece como alguien más acomodado a la duda que Descartes se empeñaba en desalojar y hay en él una notoria renuncia a un saber total y evidente, acorde al modelo matemático.

Las ideas innatas puestas en el alma por Dios de las que hablaba Descartes desaparecen de la escena, pero quedan en su lugar todos los elementos a priori que constituyen el sujeto trascendental (categorías, esquematismos, ideas de la razón), razón por la cual el sistema kantiano es visto por los empiristas posteriores como impregnado aún de psicologismo (piensa al sujeto en términos de pensamiento y no de lenguaje) y conteniendo restos sustancialistas en su concepción del sujeto trascendental. De éste dice Kant que no es empírico, mas no debe inferirse de ello que sea innato, cosa que desautoriza expresamente. El sujeto queda en él sin fundamento seguro, lo cual significa una recaída en la duda. En su época, le decían a Kant "el Hume prusiano" porque se lo veía como un escéptico que destruía los fundamentos tradicionales del filosofar. A partir de Kant, la *res cogitans* cartesiana no es más una *res*.

Después de Kant se abren muchas líneas filosóficas, pero todas se aplican a examinar esta crisis del fundamento que se plantea en Hume y en Kant. Dios desaparece también de la escena desde que Nietzsche anuncia su muerte y la angustia (la falta de fundamento) es el temple de ánimo filosófica que se universaliza. Hay, sin embargo, una corriente renovada del cristianismo: Cristo en la cruz encarna el prototipo del sujeto angustiado. Basta recordar sus palabras: "Padre (el fundamento), ¿por qué me has abandonado?". El que duda, busca creer y supone que puede lograrlo: Kant es el ejemplo de los rodeos que hay que hacer para volver a creer y por eso Nietzsche lo consideraba un idiota en el sentido del príncipe de la novela de Dostoyevski, alguien que permite a los demás seguir creyendo en un más allá que le da sentido a este mundo terrenal nuestro, un fundamento ontológico que obliga en el plano moral. La angustia, en cambio, resitúa al sujeto en el ámbito de la tragedia: el angustiado se siente preso sin remedio en las redes de la angustia, para la cual no se avizora soluciones cabales. Se debe aprender a convivir con la angustia y buscar "pequeñas soluciones".

Hay que aferrarse a lo que ha quedado en pie: la ciencia, que no es poco. Pero es urgente salvar a la ciencia de su propia crisis. Ésta es atribuida a los resabios racionalistas que Kant ha consentido y alentado. Así, vemos a Wittgenstein negar todos los *a priori* que en Kant garantizaban la universalidad, necesidad y realidad objetiva del conocimiento científico. El sujeto pensante se metamorfosea en un no sujeto de cuyo pensamiento se duda. Ateniéndose a la divisa empirista de limitarse a los hechos tal como éstos se dan en la experiencia, el pensamiento se reduce a hechos lingüísticos que sí son accesibles a la percepción. La *res cogitans* tampoco es *cogitans*, sino un *ens loquens*, un ente que habla, cuyos dicta sí podemos examinar.

Para Wittgenstein, el sujeto metafísico se configura como a) una interpelación al juego –en un punto crucial del final de las *Investigaciones*– tendiente a procurar una solidez menos precaria a la ludicidad, en términos de regularidad conceptual, reconocida y retratada por Wittgenstein; b) un mentís a toda tentación de incumplimiento del compromiso ético –definido en términos de comunitariedad– que se suscita como el malentendido de ciertas reglas filosóficas, fruto del falsacionismo del que Wittgenstein se hace cargo realizando el diagnóstico de los problemas e interrogaciones de naturaleza sustantiva que se han enquistado en la historia del pensamiento. Un sujeto resultado de la cura introspectiva de nuestros problemas filosóficos y del cuestionamiento de los impulsos racionalizantes que siguen a nuestra incapacidad para situarnos en los confines del uso. Ahora bien, el "sujeto" ambiental de Wittgenstein también incide sobre una cuestión relativa a las actividades y los "atributos" de este sujeto: desglosa los antiguos problemas o tareas del sujeto que confirman la representación del sujeto como una entidad que lleva a cabo "actividades" (o "funcionamientos" o "actuaciones") naturalistas (relacionados intrínsecamente, como he sostenido, a la conformación de). Inversamente, el sujeto que ofrece Wittgenstein –ese "hecho palmar" que es el lenguaje como estructura de la realidad– afecta a su vez al tratamiento mismo del carácter contingente y genético de esa "representación verdadera elemental" que para Nietzsche es el ser creativa de la vida o del ethos nietzscheano. Con ello, no niego una cierta "sustantividad" en algunas interpretaciones de Wittgenstein. ¿La cuestión es cuáles son esas "suturas" sustantivas finales posibles? ¿Cabe o no el recorrido por ellas?

Referencias

Descartes, R. (1977). *Meditaciones metafísicas con objeciones y respuestas*. Introducción, traducción y notas de Vidal Peña. Madrid: Alfaguara.

Kant, I. (2010). *Crítica de la Razón Pura*. Traducción de Pedro Ribas. Estudio introductorio de José Luis Villacañas Berlanga. Barcelona: Gredos.

Locke, J. (2005). *Ensayo sobre el intelecto humano*. México: Fondo de Cultura Económica.

Torretti, R. (1967). *Manuel Kant. Estudio sobre los fundamentos de la filosofía crítica*. Santiago de Chile: Ediciones de la Universidad de Chile.

Wittgenstein, L. (1922). *Logisch-philosophische Abhandlung*. (C. K. Ogden, F. P. Ramsey, Eds.) London: Kegan Paul, Trench, Trubner & Co.

Wittgenstein, L. (2021). *Investigaciones filosóficas*. Traducción, introducción y notas críticas de Jesús Padilla Gálvez. Madrid: Trotta.

¿Sujeto? Hermenéutico

Mario Díaz Domínguez
Universidad Autónoma de Tlaxcala

Introducción

La idea de sujeto ha sido enmarcada dentro del campo epistemológico, resaltando ciertos caracteres como conciencia, autoconciencia, conceptos, categorías, lógica, fundamento o substancia. Si bien es cierto esto es de suma valía y se pueden rastrear diversos matices dentro de cada acepción, también es cierto que esto ha anquilosado la concepción que tenemos de sujeto. De manera inmediata, cuando escuchamos la palabra sujeto nos remitimos a algunos de esos términos aludidos, y queda asociado con cierto grado de autosuficiencia o de existencia en sí mismo.

Ahora bien, lo que se pretende enfatizar en este trabajo es una ruptura con esa idea de sujeto para pensarlo de otra manera. Para ello nos hemos acercado a la hermenéutica filosófica, la cual nos ofrece otras rutas que podemos transitar para encontrar otro aspecto de eso que hemos llamado sujeto. La hermenéutica, en específico la heideggeriana, es la brújula que nos ha permitido señalar que hay algo previo a todas esas concepciones de sujeto: la existencia. Para ello, es menester mostrar de qué hablamos cuando nos referimos a la existencia y, sobre todo, el modo en que ella aparece. Este ámbito es más originario para eso que llamamos sujeto, pues éste antes de reflexionar epistemológicamente está siendo *existencialmente*.

La posibilidad de hablar de un sujeto hermenéutico está enmarcada bajo el problema de pensar, en primer lugar, la distinción entre hermenéutica antigua y hermenéutica filosófica; en un segundo momento, las características esenciales de la hermenéutica en tanto el comprender y el interpretar; por último, las potentes descripciones que Heidegger hace de la existencia, la vida fáctica, el estar despierto y la manera en que se es en el mundo. Todo esto nos conduce a hablar de un sujeto hermenéutico que se traduce en su existir, comprendiendo, diciendo y explicando lo que es originariamente. Un sujeto que busca sentido y significado acerca de su propio ser. Tal es la tarea de la hermenéutica filosófica: hacernos transparentes a nosotros mismos.

Hermenéutica y hermenéutica filosófica

La hermenéutica se ha presentado a lo largo de la historia del pensamiento del ser humano y se le ha dado una comprensión y aplicabilidad distinta en usos y formas. Es por ello que podemos hablar de hermenéutica y hermenéutica filosófica. El punto central de la segunda consiste en dar cuenta de aquello que integra al ser humano y, sobre todo, de clarificar su constitución, esto es, querer comprender *aquello que constituye nuestro ser*. Sin embargo, la hermenéutica no siempre ha tenido ese asunto aludido por núcleo, ya que en el grosor de su historia se ha encargado de la interpretación de distintos géneros literarios y el problema metódico de abordarlos de mejor manera. La principal diferencia entre hermenéutica y hermenéutica filosófica se constata a finales del siglo XIX y sobre todo adquiere su plenitud en el siglo XX, ya que en pensadores como Friedrich Schleiermacher, Wilhelm Dilthey, Martin Heidegger y Hans-Georg Gadamer muestran la inherencia de la hermenéutica en la vida, el pensamiento, el obrar humano y, por ende, en la propia filosofía. Tales aspectos estaban relegados en la hermenéutica anterior, pues el centro de su reflexión y trabajo técnico estaba en el texto, es decir, que la hermenéutica sólo estaba considerada como una disciplina en torno a la interpretación.

El punto central no consiste en señalar que sólo hay escisión entre la primera hermenéutica y la *nueva* hermenéutica, o también llamada hermenéutica filosófica, sino que se trata de replantear el problema de la interpretación a partir del pensamiento filosófico, el cual precede a cualquier aplicación técnica y metódica sobre el análisis del texto, pues se trata entonces de preguntarnos por el ser de la interpretación en relación con la propia existencia (Heidegger), y en relación a la comprensión (Gadamer). Como podemos ver, reevaluar a la hermenéutica desde la filosofía permite entonces que hablemos de una hermenéutica filosófica, a través de la cual se exprese nuestra manera originaria de existir, a saber, hermenéuticamente.

Una vez señalados estos aspectos centrales en torno a la hermenéutica, nos vemos en la necesidad de pensar la idea de sujeto de otra manera, pues éste ya no sólo es algo cognoscente frente a su objeto, idea que ha sido privilegiada desde el ámbito de la epistemología en clave de cientificidad, sino que ahora podemos hablar de un sujeto hermenéutico, el cual no presenta distancia con aquello que busca conocer porque hay relación intrínseca con lo inquirido y tampoco se plantea una objetividad en términos de las ciencias naturales porque se percata de que la radicalidad de sus existir consiste en estarse comprendiendo interpretativamente en vínculo inseparable con la otredad.

En la antigua y primera hermenéutica se trataba de investigar elementos, preceptos y principios que auxiliaran al significado más preciso de la obra, empero con la hermenéutica filosófica se indaga sobre lo humano en términos de lo que mueve originariamente su existencia, para poder transparentarla y lograr una comprensión de ella. La comprensión interpretativa, que es lo esencial en el sujeto, se torna en un develamiento del estar siendo de la existencia. Ahora bien, mientras el sujeto epistemológico requiere de un monismo metódico para dar cuenta de sus objetos, el sujeto hermenéutico requiere de algo que sea adecuado así mismo, es decir, algo que refleje su propio carácter como ser humano: la hermenéutica.

La hermenéutica filosófica no se centra en el conjunto de elementos y técnicas para la explicación de un texto, sino que el sujeto hermenéutico se esfuerza por desocultar el problema de la existencia desde el horizonte de la interpretación. Por tales cuestiones, la comprensión y la interpretación son el centro de la constitución de aquel que busca conocer algo. En todo momento y situación estamos interpretando, y esto es más originario que la elaboración de una epistemología, ya que ésta es secundaria, es decir, deviene de la interpretación. La diferencia interpretativa no está en el carácter general del interpretar, pues hemos dicho que esto lo hacemos todos, sino desde dónde estamos interpretando, esto es, la ubicuidad de la interpretación y esto es así porque la existencia es interpretación.

Si en toda situación estoy interpretando, es porque soy un sujeto hermenéutico, esto permite la unidad con los demás, pero al mismo tiempo la diferencia con ellos mismos. El vínculo con las demás se da porque todos interpretamos y la distinción con los demás surge por el modo de interpretación. Todo esto acontece porque somos lenguaje. Es posible interpretar porque hay lenguaje. Éste configura nuestro pensamiento y nuestra mirada en el mundo. La existencia dinámica que vivimos es por medio del lenguaje. Por consiguiente, se resalta el aspecto de la escucha. Ser un sujeto hermenéutico es estar atento a la escucha del lenguaje, esto es, estar comprendiéndolo. Tenemos entonces en conexión el nivel ontológico que es el lenguaje y el nivel epistemológico que es el conocimiento que vamos adquiriendo de ese lenguaje no a la manera de pasos metódicos recetarios, sino como aquello que va brotando de nuestra propia existencia. Es aquí donde cobra fuerza el ámbito de la historia, porque nuestra existencia es histórica. Estar en el mundo es habitar históricamente.

La hermenéutica filosófica puede unificar tanto a la primera hermenéutica, para dar cuenta de ciertos parámetros históricos de interpretación de modo normativo, como a la existencia que es lenguaje histórico. Estos dos ámbitos quedan unidos, pues queremos comprender la existencia y buscamos comprender a la propia comprensión desde su cimiento histórico-existencial. Por lo tanto, la interpretación exige ir más allá del texto, es decir, un fondo más originario que los pasos a seguir de la primera hermenéutica; sin embargo, esto no es un dejarla atrás, sino que queda contenida en la hermenéutica filosófica como un momento de la historia de la interpretación y como guía en la dilucidación de una obra, la cual se asienta en la existencia al modo ya comentado.

Si desde la antigüedad hasta nuestros días, la tarea más difícil del ser humano es "conócete a ti mismo", la hermenéutica nos auxilia en tal tarea, pues por medio de ella podemos ir comprendiendo algo de nosotros mismos desde el ámbito de la interpretación, que es el aspecto universal donde nos movemos y pensamos como seres humanos, por eso somos sujetos hermenéuticos, a saber, sujetos históricos, sujetos de existencia, sujetos de lenguaje, sujetos de comprensión. Todo esto encierra ser sujeto hermenéutico, y es por ello que las figuras centrales de esta postura filosófica son Heidegger y Gadamer. No obstante, nada de esto pudo ser posible sin el devenir de la propia hermenéutica, sin la vida del propio concepto.

Es claro que el concepto de sujeto tiene una carga más epistemológica, sobre todo desde el pensamiento kantiano, empero lo que buscamos aquí es mostrar que el contenido y la constitución del sujeto puede ser pensada de otra manera más radical que la subjetividad científica que parte desde criterios de la teoría del conocimiento. No obstante, tal como hemos señalado, la hermenéutica filosófica nos brinda esa posibilidad de abrir otro horizonte acerca de la idea de sujeto y pensarlo como sujeto hermenéutico.

Elementos centrales de la hermenéutica

El *comprender* y el *interpretar* se vuelven los dos momentos más relevantes que ha planteado la cuestión hermenéutica. Es por ello que el punto de debate se ha instalado en los siguientes puntos: por un lado, la forma de señalar metódicamente la primacía entre la relación del comprender con el interpretar o viceversa y, por otra parte, el problema de la aplicabilidad de ambos conceptos tanto en el texto como en lo que han llamado filosofía práctica a partir de

Gadamer, esto es, cómo en nuestra vida cotidiana se están ejecutando y están dando cumplimiento tales conceptos aludidos.

El primer aspecto tiene que ver con la siguiente pregunta: ¿La interpretación es requerida cuando no comprendo o dado que siempre comprendo algo constantemente estoy interpretando? La pregunta nos arroja a la propia historia de la hermenéutica, es allí donde podemos encontrar luz para mostrarnos el centro de la discusión. La hermenéutica tradicional hace énfasis en que no comprendemos el todo de un texto de manera inmediata, hay muchas partes o secciones de él que nos impiden continuar con la comprensión, el texto nos ofrece trabas y dificultades; por consiguiente, es en ese momento cuando se echa mano de la hermenéutica, para auxiliarme de ella y poder comprender aquellos pasajes que tengo como oscuridad.

En la hermenéutica filosófica esto no es así porque parte de la idea de un comprender que está presente todo el tiempo, esto es, siempre estamos comprendiendo algo, ya sea de manera errada o atinada. Esto significa que el sujeto no es una tabula rasa, sino que trae consigo ciertos elementos que le permiten decir, señalar, enjuiciar algo que desea conocer, pues la comprensión siempre es de algo, y la relación previa que tenemos con ese algo ya nos permite enunciarlo de cierta manera. La relación anticipada que tenemos con ese algo, puede ser social, cultural, política, económica, afiliación a algún tipo de pensamiento, etc. Esto significa que comenzamos comprendiendo algo de aquello en cuestión, e incluso cuando no hay familiaridad con ese algo, nosotros lo acercamos a nuestro lugar de enunciación para poder asimilarlo. A la postre se verá si esa comprensión es pertinente o impertinente, empero lo que se resalta aquí es que siempre estamos comprendiendo de uno u otro modo.

Como podemos ver este punto de la hermenéutica filosófica marca un estatus de radicalidad del pensar, en contraste con la hermenéutica tradicional que sigue actuando como arte o técnica, pues dentro de la palabra misma hermenéutica sabemos que el sufijo *ica* en latín remite al ámbito del arte entendido como técnica; este sufijo *ica* tiene su antecedente en griego antiguo ική. De hecho, la palabra griega para hermenéutica es ἑρμηνευτική. Observemos que tanto en griego, latín y español se conserva ese sufijo que marca los inicios de la hermenéutica entendida como arte o técnica de la interpretación de los textos. No obstante, este sufijo será elevado a un plano filosófico y se logrará con ello vislumbrar el enorme horizonte al que nos invita la hermenéutica filosófica.

Hasta aquí hemos de anunciar, por un lado, que la hermenéutica en sus comienzos apela a un no comprender para llegar a comprender, pues podemos llegar a la comprensión a partir de ciertas reglas y técnicas de interpretación; por otra parte, la hermenéutica filosófica apela a que ya estamos en una comprensión previa que condiciona nuestro primer acercamiento a lo investigado, y, por ende, emite juicio o prejuicio acerca de algo. Sin embargo, no están distanciadas la una de la otra, pues en ambas se trata del sujeto que desea saber. Éste, en ambos casos, apetece por naturaleza comprender, prueba de ello es la interpretación. La hermenéutica filosófica no es una negación de la hermenéutica inicial, sino que se coloca como suelo último de ésta para revelar la condición originaria del sujeto en el mundo y en su existir, lo cual no puede darse sin la presencia constante del interpretar. A propósito de esto, nos dice Jean Grondin:

> Tradicionalmente la hermenéutica designaba la técnica de la interpretación (del griego *hermenéuein* que significa interpretar, explicar, traducir). Heidegger adoptó este concepto para hablar de una interpretación de la existencia humana. El ser humano es un ente que, constantemente, debe "interpretarse" y explicarse su mundo y a sí mismo (Grondin, 2000, p. 18).

Sabido es que las palabras griegas son polisémicas, y el verbo griego antiguo ἑρμενεύω refiere al hecho de interpretar, traducir, expresar en palabras, declarar, exponer y explicar. Pero los significados más relevantes que se han tomado son: a) el interpretar como declarar en el sentido de decir, b) el interpretar como explicar algo, c) el interpretar como la tarea de un traducir. Tenemos entonces un sujeto hermenéutico que dice, explica y traduce tanto a sí mismo, los otros y su habitar en el mundo. Esto tiene completa conexión con la palabra misma de hermenéutica, pues cuando se sustantiva en griego antiguo tenemos ἑρμενεία, ας, ἡ que significa: la interpretación, la explicación, la palabra, el habla. La sustantividad de la palabra se identifica plenamente con el carácter verbal de la misma.

> La interpretación se puede referir tanto en el uso griego como en el español a tres cosas muy diferentes: lectura oral, explicación razonable y traducción de otra lengua […] en los tres casos algo extranjero, extraño, separado en el tiempo, el espacio o la experiencia se convierte en algo familiar, presente, comprensible. Algo que requiere representación, explicación o traducción es de algún modo "traído a la comprensión", es "interpretado" (Palmer, 2002, p. 31).

Podemos percatarnos que cuando comprendemos algo es porque lo hemos hecho familiar a nosotros, pues antes de ese acto de cercanía (familiaridad) está la extrañeza, es decir, que la relación con aquello que deseamos comprender es abstrusa, en el sentido de que sólo tengo una idea vaga de ello. Sin embargo, esta extrañeza inicial no indica desconocimiento absoluto del fenómeno en cuestión, sino que ya tengo cierta cercanía con él. El sujeto hermenéutico pretende dar cuenta de la estructura de esa anticipación. Pues este sujeto es capaz de hacer de lo extraño algo familiar; luego, entonces, lo lejano se hace cercano por medio de la interpretación.

Ya desde la antigua Grecia el ámbito de la interpretación era asociada al dios Hermes. Las pitonisas o sacerdotes que habitan dentro de los oráculos eran llamados intérpretes (ἑρμηνευτὲς), pues el dios les concedía la autoridad de transpolar al ámbito humano lo que está más allá de la inteligencia humana. La incomprensibilidad que tenían los hombres acerca del mensaje de los dioses era convertido por el intérprete a una forma más cercana a los seres humanos. Se trataba de hacer inteligible lo ininteligible. Por consiguiente, la hermenéutica trata con la comprensión y su propio acontecer en la existencia.

> Martin Heidegger, que ve la filosofía misma como "interpretación", conecta explícitamente filosofía como hermenéutica con Hermes. Hermes "trae el mensaje del destino"; *hermēneuein* ese ese estar expuesto a algo que trae un mensaje, en la medida en la que estar expuesto puede convertirse en mensaje. Tal exposición se convierte en un "trazado" que explica lo que ya fue dicho por los poetas, que según Sócrates en el diálogo de Platón el *Ión* (534e), son mensajeros [*Botschfter*] de los dioses, *herēmenēs eisin tōn theōn*. Así, averiguada su primera raíz conocida a las palabras en griego, los orígenes de las palabras modernas "hermenéutica" y "hermenéutico" sugieren el proceso de "llevar a la comprensión" (p. 30).

Como podemos darnos cuenta, la hermenéutica exige que el sujeto vaya a la raíz de las palabras porque allí se encuentra con lo originario de su significado. No quiere decir esto que la etimología nos revele la totalidad del fenómeno de estudio, sino que ella nos muestra, en un primer grado, los indicios de lo que es la palabra en sí, para a la postre reflexionar radicalmente sobre ello. Es cierto, que luego el contenido puede cambiar a través del tiempo y de las épocas. Empero, precisamente, lo que busca el sujeto hermenéutico es rescatar ese significado originario que se ha perdido con el paso del tiempo. En ese sentido, el sujeto hermenéutico es un arqueólogo de las palabras con la finalidad de que ellas se muestre como *lo que son*.

Si la palabra hermenéutica se asocia al dios Hermes, aunque en esto haya discusión, es porque el dios se asocia a los caminos y a los linderos, es el mensajero o heraldo de los dioses. Dentro de sus dones está el obtener entendimiento con los enemigos y extranjeros, a causa de ello la palabra griega para intérprete es *hermeneus*, dando también su nombre al arte de la interpretación: hermenéutica. Este dios Hermes (Ἑρμῆς), calzado con sandalias aladas y cubierta su cabeza con sombrero de ancha ala, es el intérprete de la voluntad divina. El camino se asocia a la interpretación, pues ésta nos guía. Entonces el camino es rumbo y dirección hacia. Pero al mismo tiempo se nos revela el límite de ese camino, es decir, el límite de ciertas interpretaciones, empero, las cuales quedan ensanchadas con los linderos del camino. De esta manera, el camino se reconoce por sus linderos y se continúa de distinta manera. En suma, la actividad de la interpretación no termina.

Martin Heidegger y la hermenéutica

Con la aparición casi completa de la *Gesamtausgabe* tenemos más luz sobre la época temprana de Heidegger. Esto nos brinda un mejor acercamiento al modo en que Heidegger planteó la hermenéutica. Él impartió en 1923 *Ontología. Hermenéutica de la facticidad* en la Universidad de Friburgo, tales lecciones se encuentran en (*GA 63*) *Ontologie (Hermeneutik der Faktizität)*. En esta obra queda plasmado el ámbito de la existencia desde la hermenéutica. Ya no se trata solamente de atender el enunciado que ofrecen los textos, sino a aquel que enuncia lo enunciado, a saber, al sujeto que está tratando de comprender algo.

Estas primeras lecciones impartidas por Heidegger muestran de qué manera se ha nutrido de ciertos autores que le permiten pensar la facticidad de la vida. Pues lo que aparece ante nosotros es nuestra propia existencia. Sin embargo, ésta no la tematizamos originariamente porque estamos en ella. Nuestra existencia es algo autorreferencial. Por tal motivo, no la podemos tratar, de manera cientificista, como un objeto de estudio del cual puedo poner distancia. La existencia es algo dado y se está realizando desde diferentes estados de aquel que la vive. Nos dice Heidegger acerca de los filósofos que lo guían en tales cuestiones: *"Begleiter im Suchen war der junge Luther und Vorbild Aristoteles, den jener haßte. Stöße gab Kierkegaard, und die Augen hat mir Husserl eingesetzt"*[1] (*GA* 63, 5).

La existencia acaece en todo momento, pero debemos preguntarnos: ¿cómo está dada la existencia? Con tal pregunta no nos referimos a sus manifestaciones biológicas, psicológicas o corpóreas, sino a su estructura misma. La existencia conlleva finitud y por ende es algo problemático. La existencia experiencia su finitud, por ende, la existencia está en nexo con un *pathos* (afección, padecer). El existir consiste en un estar afectado. Si esto es así, el sujeto antes de ser cuna de conocimiento teórico es un agente pasivo, en la medida que se la tiene que

---

1 Mentor en la búsqueda fue el joven Lutero y el modelo a seguir fue Aristóteles, a quien aquel odió. Los impulsos me los dio Kierkegaard, y los ojos me los ha colocado Husserl.

hallar con lo que hay en el mundo. Esta experiencia inicial es vivida en la inmediatez, es decir, es ateorética. El sujeto hermenéutico es aquel que da cuenta de que su constitución tiene su génesis en la experiencia del existir.

> La hermenéutica no es una especie de análisis movido por la curiosidad, artificiosamente tramado, y endosado al existir. Considerando la propia facticidad es como debe determinarse *cuándo y hasta qué punto* aquélla pide la interpretación propuesta. Así, pues la relación entre hermenéutica y facticidad no es la que se da entre la aprehensión de un objeto y el objeto aprehendido, al cual aquélla solamente tendría que ajustarse, sino que el interpretar mismo es un cómo posible distintivo del carácter de ser de la facticidad. La interpretación es algo cuyo ser es el propio vivir fáctico (Heidegger, 2011, p. 33).

Se trata de señalar que la hermenéutica no es algo separada de nuestro existir, tampoco es una herramienta que nos conduzca al conocimiento, sino que se trata de lo más propio de nuestro ser, pues al ser el mundo y al ser con los otros, lo primero que brota es la interpretación de aquello que somos y cómo lo somos. La hermenéutica hace transparente esa tarea aludida porque todo está para ser interpretado, y en toda interpretación se está jugando nuestro existir. No se trata, entonces, de un sujeto que toma a su objeto de manera epistémica, sino que ocurre algo previamente, de manera inmediata: la experiencia con el objeto. Esto es, la afección que tengo con él, pues eso me motivó a la realización de la investigación. Esa experiencia del *pathos,* del sujeto hermenéutico y no epistemológico, es el núcleo del pensar hermenéutico. Pues todo enunciado de estructura S es P oculta esa inmediatez, ya que el enunciado sólo arroja alguna predicación categorial del objeto, más no la experiencia. Es por ello que también suele hablarse de una hermenéutica de la facticidad.

> *Facticidad* es el nombre que le damos al carácter de ser de "nuestro" *existir* "propio". Más exactamente, la expresión significa: ese existir *en cada ocasión* en tanto que en su carácter de ser existe o está *"aquí" por lo que toca a su ser.* "Estar aquí *por lo que toca a su ser"* no significa, en ningún caso de modo primario, ser *objeto* de la intuición y de la determinación intuitiva o de la manera adquisición y posesión de conocimientos, sino que quiere decir que el existir está *aquí* para sí mismo en el cómo de su ser más propio. El cómo del ser despeja y delimita, concretándolo, el "aquí" posible en cada ocasión. Ser-transitivo: ¡ser el vivir fáctico! El ser mismo no será nunca objeto posible de un tener, puesto que lo que importa es él mismo, el *ser.* (…) Y *fáctico,* por consiguiente, se llama a algo que "es" articulándose por sí mismo sobre un carácter de ser, el cual es *de ese modo.* Si se toma el "vivir" por un modo de "ser", entonces "vivir fáctico"

> quiere decir: nuestro propio existir o estar-aquí en cuanto "aquí" en cualquier expresión abierta, por lo que toca al ser, de su carácter de ser (pp. 25-26).

Como hemos dicho, nuestra facticidad no está alejada de nosotros, eso es imposible ontológicamente, porque ésta es uno mismo, es decir, somos nuestra facticidad. Es cierto que ésta se muestra de múltiples formas, pero esto es en cada caso del existir, en cada espacio y tiempo. No obstante, en toda facticidad está la relación con los otros y con las cosas. El sujeto hermenéutico es aquel que está en constante relación de existencia con la otredad, y todo esto acontece en el mundo. Ser en el mundo (*In-der-Welt-sein*) significa vivir en relación según lo más propio de la existencia.

Cada uno de nosotros está siendo en cada caso, en cada situación; empero las condiciones particulares de estar ejecutando la existencia en el mundo no son las mismas para cada quien. Hay una estructura formal en la que todos estamos inmersos, a saber, que cada uno de nosotros existe y actuamos en el mundo, en relación con los otros. Ningún ser humano escapa de esto. Ahora bien, el contenido de esa estructura formal es, en cada caso de nuestra existencia, singular. Este contenido va configurando nuestra particularidad y diferencia, haciéndonos lo que somos y no alguien más.

Lo que pretende mostrar Heidegger es que el sujeto no es primigeniamente teorético sino a-teoréticos, es decir, hermenéutico. De manera inmediata nos atenemos a la relación con el mundo cotidianamente. Estar atenido significa aquí erguirse ante algo. Estamos en el mundo actuando de manera práctica con las cosas y no estamos, en la inmediatez, teorizando las cosas que nos abstraigan del mundo. En este actuar, y dependiendo del modo de relación que tenemos con el mundo, se está jugando nuestro propio de ser. A su ser le va su ser.

Si siempre estamos en vínculo con lo otro, podemos decir que somos seres transitivos, es decir, que estamos fuera de nosotros mismos, esto es, que no estamos ensimismados o en un solipsismo, ya que nuestra existencia está volcada hacia lo exterior. Esto sugiere un estado de vigilia del sujeto, donde hace patente esos indicadores de la existencia, que apuntan a las estructuras más recónditas de ella misma. La hermenéutica heideggeriana señala que estamos viviendo de manera abierta en el mundo, porque el modo de relación con las cosas y los otros se va modificando en la medida que encontramos vías posibles y distintas de relación. Si la existencia se desenvuelve en el mundo, es porque ese es su lugar. Allí el sujeto forma su carácter que no es epistémico sino práctico-existencial. "Por lo general, experimento la "vida" no precisamente "conociendo". De ahí que Heidegger llame pronto la atención sobre el hecho de que "el problema de la propia comprensión de la filosofía se enfocó siempre con excesiva ligereza" (Trawny, 2017, p. 25). Este experimentar la vida tienen que ver con que somos existencia abierta, ya que, para Heidegger, como se sabe, somos *Dasein*: ser-ahí.

Ahora bien, tenemos dos términos relevantes que son el *ahí* para referirnos al *Dasein* en el mundo, y la *vigilancia* para remitimos al desocultamiento de las estructuras de nuestra existencia. El prefijo alemán *da* apunta cualquier tipo de localización, pero sin señalar cuál de ellas es específicamente. El *da* puede ser lugar. Por ende, el ser humano no está determinado por un lugar en particular porque es excéntrico, esto es, abierto. A diferencia de los entes que están determinados a ser tal o cual cosa en un lugar específico, con el ser humano no es así porque no tiene esencia dada, sino que éste está expuesto en el *da*. Por tal motivo, el ser humano va siendo por medio de los posibles en el mundo. El sujeto es posibilidad de existencia antes que una determinación epistémica categorial.

Con esto no se quiere decir que hay un esencialismo de la existencia, porque la existencia no se está tomando como algo fijo e inamovible, sino como algo abierto a sus posibles; por lo tanto, la existencia está arrojada, lanzada en el mundo (*geworfen*). Al ser excéntricos el afuera se convierte en una articulación de experiencias que son interpretadas, a esta condición de estar lanzado se le conoce como el estar yecto. Pero lo yecto es a partir de su proyecto (*Entwurfi*), lo cual nos muestra que somos un proyecto-yecto, es decir, un proyecto-arrojado. Esta nos revela que existimos de manera previa a la toma conciencia de sí.

> La estructura de la existencia del *Dasein* es el proyecto-yecto, tener que ser dirigiéndome a ello. La preposición alemana *zu* por un lado significa obligación y por otro lado dirección: *zu sein* es la existencia. Existir es estar dirigido a mi ser al tener que ser. El estar dirigido es el proyecto y el tener que ser es el estar yecto. Por eso la existencia es proyecto-yecto (Xolocotzi, 2017).

La hermenéutica trae a la presencia esa estructura del proyecto-yecto que es condición de la existencia humana para que pueda ser comprendida en su fluir sin la pretensión de objetivación. De esta manera, la hermenéutica es el centro para comprender el estar siendo de la existencia. El ir a la existencia misma desde un comprender no categorial ni esquemático, sino que el sujeto hermenéutico atisba sobre modos del existir que se articulan con su estar en el mundo y en la historia, otorgando sentido y significado a nuestro estar. Martin Heidegger plantea lo siguiente:

> La hermenéutica tiene la labor de hacer el existir propio de cada momento accesible en su carácter de ser al existir mismo, de comunicárselo, de tratar de aclarar esa alienación de sí mismo de que está afectado el existir. En la hermenéutica se configura para el existir una posibilidad de llegar a *entenderse* y de ser ese entender. Ese entender que se origina en la interpretación es algo que no tiene nada que ver con lo que generalmente se llama entender, un modo de conocer otras vidas; no es ningún actuar para con… (intencionalidad), sino *cómo del existir* mismo; fijémoslo ya terminológicamente como el *estar despierto* del existir para consigo mismo (Heidegger, 2011, p. 33).

Esta hermenéutica filosófica es capaz de sacarnos de todo sometimiento ajeno al propio existir, es decir, nos pondría nuevos ojos para ver a qué hemos estado alienados y cómo eso ha impedido conocernos a nosotros mismos, pues una existencia subyugada no está abierta a sus posibles. Comprender esto de nuestra existencia hace que nos podamos interpretar de otra manera y al hacerlo podamos liberarnos de toda atadura. Esta actitud Heidegger la entiende como un estar en vigilia, o sea, despiertos a nuestro propio existir. Esto nos remite al pre-platónico Heráclito:

> Τοῦ δὲ λόγου τοῦδ' ἐόντος ἀεὶ ἀξύνετοι γίγονται ἄνθρωποι καὶ πρόσθεν ἢ ἀκοῦσαι καὶ ἀκούσαντες τὸ πρῶτον· γινομένων γὰρ πάντων κατὰ τὸν λόγον τόνδε ἀπείροισιν ἐοίκασι, πειρώμενοι καὶ ἐπέων καὶ ἔργων τοιούτων, ὁκοίων ἐγώ διηγεῦμαι διαιρέων ἕκαστον κατὰ φύσιν καὶ φράζων ὅκως ἔχει. τοὺς δὲ ἄλλους ἀνθρώπους λανθάνει ὁκόσα ἐγερθέντες ποιοῦσιν, ὅκωσπερ ὁκόσα εὕδοντες ἐπιλανθάνονται[2] (DK 22 B 1).

Con Heráclito sabemos que nuestro propio existir se juega en un estar dormido o un estar despierto. Dormidos cuando no nos damos cuenta de lo que nos muestra la φύσις, nos volvemos ajenos al origen de las cosas, sólo vemos cosas y no captamos el λόγος que las hace ser. Si esto es así, también estaremos dormidos frente a nuestra existencia, no nos percataríamos de ninguna alienación y viviríamos impropiamente. Ahora bien, estar despierto es ver por medio del λόγος el sentido de lo que es. Estar despierto genera una existencia

---

2 "Aun siendo este logos real, siempre se muestran los hombres incapaces de comprenderlo, antes de haberlo oído y después de haberlo oído por primera vez. Pues a pesar de que todo sucede conforme a este logos, ellos se asemejan a carentes de experiencia, al experimentar palabras y acciones como las que yo expongo, distinguiendo cada cosa de acuerdo con su naturaleza y explicando cómo está. En cambio, a los demás hombres se les escapa cuanto hacen despiertos, al igual que olvidan cuanto hacen dormidos" (Traducción de Mondolfo, 1998, p. 30).

más transparente gobernada por el proyecto-yecto que es el desafío e invitación de todo existir.

Para Heidegger la hermenéutica hace transparente nuestra vida fáctica y al hacerlo se convierte en un carácter autorreferencial de la existencia. Es decir que, por un lado, apunta a la vida, y, a su vez, apunta a nuestra vida como es vivida. Esto es así porque somos nosotros, de manera concreta, los que vivimos; empero hay que darnos cuenta hacia qué dirección o bajo qué fundamento, si es que lo hay, estamos viviendo. Somos seres concretos y al mismo tiempo posibles, porque en cada momento estamos siendo algo para llegar a ser lo que la existencia misma exige: el estar en marcha del existir con propiedad. "Este ser-posible es un ser-posible concreto, que varía fácticamente según la situación *a* la cual va dirigido en cada ocasión el cuestionar hermenéutico; el haber previo no es, por lo tanto, nada que se elija a capricho" (Heidegger, 2011, p. 35).

Ahora bien, un sujeto epistemológico no tiene lugar ni le interesa tampoco este ser posible de él mismo, pues está volcado al cálculo, a la medición y al control del fenómeno investigado para alcanzar objetividad. No obstante, el sujeto hermenéutico busca conservar su ser posible a través del preguntar radical sin que sus interrogantes sean dirigidas por algo fuera de su estar y habitar en el mundo. El sujeto hermenéutico se percata de que el tema de la objetividad depende de algo que subyace a eso: el problema del acceso a eso que se investiga, y esto depende del modo en que se pregunte. Esto es central en el pensamiento heideggeriano: la pregunta que revela sobre qué se pregunta, quién pregunta y el sentido de lo preguntado. Pues preguntamos por la existencia, es el ser humano el que se pregunta y es éste el que busca darle sentido y significado a su estar siendo. Estos tres momentos constituyen lo que nosotros hemos llamado sujeto hermenéutico.

El trabajo hermenéutico filosófico a diferencia de la investigación epistemológica radica en que el primero se ancla en la pregunta, la existencia y la comprensión previa que genera interpretar algo. Esta comprensión previa Heidegger la ve como la capacidad que tenemos ante algo, y esto no es cognitivo porque se trata de un saber hacer. "Comprender o entender algo tiene el sentido primordial de poder hacer frente a algo, saber hacer algo, ser capaz de, ser diestro o experto en" (Escudero, 2009, p. 182). Por consiguiente, la actitud epistémica es secundaria y derivada de ese comprender, pues ella no toma en cuenta que nos interpretamos desde un saber práctico y no es posible colocar la vida ante aquel mismo que la vive para alcanzar objetividad.

> El comprender por medio de entenderse con algo, *sich auf etwas verstehen,* o entender de algo. No indica un saber sino una habilidad o dominio de una

práctica. Entenderse con una cosa significa estar a la altura de ella, saber arreglárselas con ella (…) El entender no significa una manera de conocer, sino un estar bien orientado o estar al tanto (Grondin, 2002, 141).

Desde esta óptica hermenéutica la comprensión se da en su ejecución, *verbi gratia*: aprendemos a nadar nadando, a estudiar estudiando, un idioma empleándolo en sus diversos usos. No por tener leído el folleto de instrucción de nado sabemos nadar, no por ver un vídeo de estrategias de estudio ya estamos disciplinados para estudiar, no por conocer las reglas de la lengua nos desenvolvemos en cualquier ámbito de su expresión. No se trata entonces del ámbito teórico-reflexivo sino del movimiento de nuestra praxis vital en el mundo.

Esta manera de comprender, que es un atenérmelas con las cosas, no comienza con la estructura de proposiciones S es P, porque se ha visto que la existencia en su facticidad es un ámbito pre-teorético y constituye nuestro comportamiento en el mundo. Por lo tanto, la hermenéutica filosófica busca centrarse en ese estado previo a la estructura sujeto-predicado. La hermenéutica pretende sostenerse en aquello que está oculto en el enunciado y, sin embargo, lo hace ser. Eso oculto es tarea de revelación hermenéutica y el enunciado proferido es núcleo del quehacer epistemológico. Sin embargo, el segundo momento queda mejor comprendido desde el primero, ya que es resultado y no origen.

Esa anticipación práctica a la proposición lógica del enunciado es la que nos otorga la pre-comprensión de nuestro estar en el mundo. La hermenéutica nos ofrece poder realizar esa analítica *existenciaria* de nosotros mismos, esto significa que todo enunciado lógico es gestado dentro de la relación originaria que tenemos de manera práctica en el mundo. El sujeto hermenéutico lo que hace es apropiarse de sí mismo a través de sus hábitos que pueden llegar a hacerse costumbre, y esto último es lo que se está interpretando. La interpretación no comienza de cero, sino desde nuestras propias acciones, por eso es de suma importancia aclarar las estructuras donde se ejecuta la acción. Sobre este aspecto nos dice Hans-Georg Gadamer:

> La analítica temporal del estar ahí humano en Heidegger ha mostrado en mi opinión de una manera convincente, que la comprensión no es uno de los modos del comportamiento del sujeto, sino el modo de ser del propio estar ahí. En este sentido es como hemos empleado aquí el concepto de "hermenéutica". Designa el carácter fundamental y móvil del estar-ahí, que constituye su finitud y su especificidad y que por lo tanto abarca el conjunto de su experiencia (Gadamer, 2005, p. 12).

Si la comprensión es la mejor expresión de nuestro ser en el mundo es porque se está tratando de lo primario que somos y expresamos a través de nuestros actos. La experiencia que tenemos de ellos es práctica, porque ésta es nuestra condición humana, es decir, que no nos viene de fuera nada y que somos completos responsables de nuestras acciones. Dado que no hay normas de cómo vivir, le corresponde al sujeto hermenéutico asumir su propia existencia en sus fallos, dolores y caídas. Pues es a través de esas experiencias que el sujeto es capaz de despertar de su letargo de sí mismo y existir de manera más adecuada en apertura y transformación de sí mismo.

La hermenéutica filosófica de Heidegger nos hace cuestionar nuestra actividad diaria para analizarla, revisarla y dar cuenta qué de ella nos permite ser más nosotros mismos y qué de ella nos tiene con vendas en los ojos para no enfrentarnos a nosotros mismos. Dado que la hermenéutica no es un recetario de existencia en tanto contenido, cada uno de nosotros tiene la obligación filosófica de interpretar lo que hacemos y de reinterpretar aquello que hacemos. Pues el trabajo de la interpretación hace que pensemos una y otra vez los actos que me reivindican como ser humano y los actos que me alejan del mismo.

La existencia no es algo reflexivo de entrada, no se trata de una teoría de la existencia, sino un describir el contenido fenoménico de la existencia. Se trata de describir los modos en que somos para traslucir nuestras relaciones en el mundo y mostrar el ser de la existencia. Ésta es entonces el estado de interpretado que nos muestra cierto tipo de comportamiento en el cual el sujeto se interpreta a sí mismo. No es menester ser un sujeto consciente para existir como ser humano, pues la existencia precede a la conciencia. La hermenéutica debe ir haciendo patente las actividades en las que la existencia está envuelta para mostrar y describir las estructuras que la constituyen.

No podemos escapar de nuestra existencia, por eso ésta es el tema por antonomasia del pensamiento filosófico hermenéutico. Existencia que es pensada desde sí misma y desde formas de significatividad. Sin embargo, esto no es claro a la hora de tematizarlo porque somos sujeto y objeto al mismo tiempo, ya que me pienso desde mí mismo no como una autoconciencia, sino como un sujeto hermenéutico donde nuestra propia vida merece ser expresada desde su propia facticidad. La hermenéutica establece indicadores formales de esa existencia en la vida fáctica.

Según Heidegger, con la llamada "indicación formal" *se trata* de un método hermenéutico, que deja "puesto ahí" lo "fáctico", lo señala "formalmente", sin disponerlo mediante conceptos filosóficos dados de antemano, de tal manera que pierda su sentido inmediato y abierto. Para la "hermenéutica de la facticidad" la "indicación formal" tiene una "importancia ineludible", pues limita las pretensiones de validez de los órdenes de conceptos filosóficos. La "indicación formal" intenta hacer que lo "fáctico" en la filosofía aparezca tal como es (Trawny, 2017, p. 28).

Heidegger considera más apropiado hablar de indicadores formales que de categorías, pues éstas remiten al objeto y no a la existencia. Los conceptos atrapan lo que se vive en la facticidad, lo ciñen y lo vuelven pétreo; sin embargo, los indicadores formales buscan mantener ese carácter de abierto e inmediatez, que reflejan lo que es la vida misma en su fluir. No se trata de conceptualizar ni de validar lógicamente la existencia, sino de hacerla aparecer tal cual es en su baremo más propio, es decir, en su historia. Quizá aquí podemos ver el influjo de la hermenéutica de Wilhelm Dilthey en la hermenéutica de Heidegger, sólo que el primero sigue bajo el modelo epistemológico, mientras que el segundo ve a la historia como historicidad, o sea, tradición que sigue actuando en nuestro existir.

Consideramos, entonces, que la existencia hermenéutica nos dice algo, es un decir que anuncia lo que estamos siendo y hacia donde nos dirigimos. Este decir anunciante se convierte en tema de interpretación, que pide a su vez ser comprendido o explicado. Pues tal como hemos dicho con anterioridad, la comprensión devela alguna situación estructural de la existencia. Explicar eso también es una forma de interpretación, pues la misma existencia exige ser comprendida desde un enfoque que no había sido explicado antes. Hemos dicho que la comprensión es también una pre-comprensión, porque es allí donde se da la interpretación quedando ésta formada y condicionada de manera preliminar, pues toda explicación se base en esa pre-comprensión. Después de todo esto señalado, la existencia queda traducida, es decir, adquiere un sentido no previsto, ya no es extraña a mí ni mucho menos ajena a mi vivir.

Podemos dar cuenta que la existencia también la podemos entender desde los criterios de la primera hermenéutica: decir, explicar y traducir. Si bien es cierto, eso era aplicable a los textos antiguos o Sagradas Escrituras, también es cierto que nosotros le podemos dar una aplicación a nuestra existencia. El ser de la existencia queda bajo el baremo de un decir, explicar y traducir siempre abiertos por el hecho de que somos posibilidad. El enunciamiento comprensivo del sentido de la existencia es el resultado de todo esto.

Ahora bien, la idea de sujeto epistemológico queda en reconstrucción desde un suelo último que nos ofrece otra significatividad más radical en su aparecer: el sujeto hermenéutico. La interpretación y la comprensión son los moldes básicos de su existir. El ser de nuestro estar en el mundo es en cada caso el nuestro y somos responsables de ello, por eso se vuelve apremiante su indagación hermenéutica como condición de posibilidad de interpretación de nuestro estar-ahí. Esto queda más claro con el parágrafo 7 de *Ser y Tiempo* cuando se nos dice:

> El λόγος de la fenomenología del "ser ahí" tiene el carácter del ἑρμηνεύειν, mediante el cual se le *dan a conocer* a la comprensión del ser inherente al "ser ahí" mismo el sentido propio del ser y las estructuras fundamentales de su peculiar ser. Fenomenología del "ser ahí" es *hermenéutica* en la significación primitiva de la palabra, en la que designa el negocio de la interpretación (Heidegger, 2007, p. 48).

Hermenéutica antigua y hermenéutica filosófica cobran unidad al momento de llevarlas al plano interpretativo de la existencia. Únicamente de esta manera podemos abrir la posibilidad de pensar en un sujeto hermenéutico, el cual va realizando una decodificación del contenido de su existencia, buscando el significado que se hace manifiesto en la cotidianidad, pero también sabiendo del significado oculto y latente en cada uno de sus actos. Por consiguiente, la hermenéutica tiene como tarea y quehacer manifestar el significado que está subyaciendo en lo oculto y ponerlo de manifiesto. Esto es el reto del sujeto hermenéutico: conducir el pensamiento al campo de la existencia, la interpretación y la comprensión. Desde ese espacio más originario es posible hablar de sujeto hermenéutico.

Conclusiones

Hemos señalado el tránsito que tiene la hermenéutica en sus inicios y el giro que realiza al convertirse en ámbito plenamente filosófico. Si bien es cierto la hermenéutica en sus inicios se remite a los textos antiguos y bíblicos en términos de interpretación y traducción, también es cierto que esas características se conservan en la hermenéutica filosófica, pero trasladas al problema de la existencia humana. En los comienzos la hermenéutica es tratada como una técnica o arte que nos permite comprender pasajes oscuros o ininteligibles del texto en cuestión. Es decir, que la hermenéutica se emplea para comprender lo que no se comprende. Sin embargo, la hermenéutica filosófica, que arranca con Dilthey, pero que toma fuerza con Heidegger y llega a su cúspide con Gadamer, apuesta a que siempre estamos comprendiendo. Por tal razón, la hermenéutica no es técnica, sino que es inherente a la existencia humana, ya que siempre estamos comprendiendo algo sobre y de nosotros.

Hemos desarrollado los elementos centrales de la hermenéutica como lo son la comprensión y la interpretación. No se trata de sinónimos como comúnmente se utilizan, sino de modos de ser de la existencia; pues la comprensión es la base de toda interpretación, pero la comprensión viene acompañada de su propia pre-comprensión, la cual es condición de la interpretación. Entre la comprensión y la interpretación hay una correlación que permite hacer transparente el modo en que estamos existiendo. Hemos dado revisión a los conceptos griegos antiguos que conforman la palabra hermenéutica con la finalidad de hacer un trabajo filológico-filosófico que nos permite apuntar de mejor manera a lo que queremos señalar con el aparecer de la existencia y su sentido interpretativo en el mundo.

Martin Heidegger es la figura que ha sido guía en estas reflexiones, pues con él la hermenéutica se propuso nuevos retos y, sobre todo, un trabajo completamente filosófico, es decir, ontológico. Para Heidegger la existencia es un proyecto-yecto sobre la cual va nuestro ser. La hermenéutica con Heidegger se atiene a la existencia que está dada en la facticidad, es decir, que esta facticidad marca el estatuto de la existencia, pues ésta no es fuera de ella. Se es, se existe de acuerdo a la manera en que somos en la facticidad. Por consiguiente, la hermenéutica hace explícita las estructuras de nuestra existencia en el mundo.

Toda esta explicación que se dio a lo largo del trabajo tiene como tesis central la posibilidad de pensar en un sujeto hermenéutico, el cual es existencia que interpreta y es interpretada comprensivamente. Se ha dicho que la idea de sujeto está completamente ligada al problema epistemológico, sin embargo, lo que nosotros hemos realizado es demostrar que el sujeto epistemológico no es una postura primigenia del propio sujeto, porque antes de ser lógico-categorial es un existente que se interpreta de acuerdo a su habitar el mundo. Los juicios realizados por un sujeto epistémico dependen de aquel que emite tales juicios, y este que profiere los juicios es un *ser-ahí* no conceptual. La manera más originaria de ser sujeto es desde la hermenéutica y no desde la epistemología.

Consideramos que la finalidad de este trabajo consiste en abrir otra senda de acceso al problema del sujeto. Pues la filosofía desde antaño nos ha enseñado a pensar y re-pensar los conceptos establecidos. Esto puede ser posible si colocamos a los conceptos de la tradición en el terreno del preguntar desde raíz. Es decir, que la fuerza de la filosofía consiste en la radicalidad del preguntar, porque esto genera que los problemas de la filosofía puedan ser vistos desde otro matiz, tal como lo hemos hecho con la idea de sujeto. La hermenéutica heideggeriana es prueba de la necesidad de mostrar que el existir es primero una práctica antes que un hecho de conocimiento. La hermenéutica filosófica no es ajena a los problemas epistemológicos, porque ella misma exige pensarlos desde su origen y reconducirlos a lo más cercano, pero al mismo tiempo lo más lejano: nuestro propio existir.

Referencias

Diels. H. (1912). *Die Fragmente der Vorsokratiker*. Berlin: Weidmannsche Buchhandlung.

Escudero, J. A. (2009). *El lenguaje de Heidegger*. Barcelona: Herder.

Gadamer, H-G. (2005). *Verdad y Método*. Salamanca: Sígueme.

Grondin, J. (2000). *Hans-Georg Gadamer. Una biografía*. Barcelona: Herder.

Grondin, J. (2002). *Introducción a la hermenéutica*. Barcelona: Herder.

Heidegger, M. (1988). *Ontologie. (Hermeneutik der Faktizität)*. Herausgegeben von Käte Bröker-Oltmanns. Deutchland: Vittorio Klostermann.

Heidegger, M. (2011). *Ontología. Hermenéutica de la facticidad.* Madrid: Alianza.

Heidegger, M. (2007). *El ser y el tiempo*. México: Fondo de Cultura Económica.

Mondolfo. R. (1998). *Heráclito*. México: Siglo XXI.

Palmer, R. (2002). ¿Qué es la hermenéutica? Madrid: Arco/Libros.

Trawny, P. (2017). *Martin Heidegger. Introducción crítica*. Barcelona: Herder.

Xolocotzi, A. (2017). *Mis lecciones han sido caminos de bosque*. Conferencia en la Facultad de Filosofía BUAP, Segundo Coloquio de la SIEH.

Subjetividades posthumanas y tecnología: explorando intersecciones entre humanidad y máquina

Eduardo M. González de Luna
UNIVERSIDAD AUTÓNOMA DE QUERÉTARO

Introducción

En la encrucijada actual entre la humanidad y la tecnología, emerge un complejo campo de estudio, a saber, la subjetividad posthumana. Este concepto, que enlaza la noción de identidad humana con los avances tecnológicos contemporáneos, desafía las concepciones tradicionales de lo que significa ser humano y cómo nos relacionamos con el mundo que nos rodea.

El Posthumanismo es un enfoque filosófico y cultural que cuestiona y reimagina las concepciones tradicionales de lo humano en un contexto tecnológico y cultural contemporáneo que está transformando nuestra sociedad y nuestra forma de ser en el mundo.

En este trabajo, el término *posthumano* no implica la extinción o superación de lo humano, sino una reconfiguración de las fronteras y límites que definen nuestra comprensión de la humanidad. Las subjetividades posthumanas se sitúan en el corazón de un territorio cultural y tecnológico en constante cambio. A medida que nos adentramos en la era de la inteligencia artificial, la realidad virtual, la biotecnología y la cibernética, nuestras percepciones de nosotros mismos y de nuestra relación con la tecnología están siendo transformadas de manera fundamental.

En este trabajo nos proponemos explorar intersecciones entre las subjetividades posthumanas y la tecnología, examinando cómo estos dos ámbitos convergen y se entrelazan en el tejido de nuestra experiencia contemporánea. Se trata de un territorio donde la frontera entre lo humano y lo no humano, en un sentido tradicional, se desdibuja, y donde las identidades se moldean en un crisol de interacción entre lo biológico y lo tecnológico.

A lo largo de esta exploración, revisamos algunas de las teorías filosóficas que han dado forma a nuestra comprensión de la subjetividad desde el humanismo hasta el posthumanismo, así como en los desafíos éticos y sociales emergentes.

Subjetividad y tecnología en el mundo contemporáneo

El interés en el tema de la subjetividad ha ido en aumento en las últimas décadas, impulsado por los avances tecnocientíficos y los cambios culturales que han transformado nuestra comprensión de lo que significa ser humano. En la era tecnológica actual, donde la inteligencia artificial, la biotecnología y la realidad virtual están transformando rápidamente nuestro mundo, el debate sobre la subjetividad se ha vuelto más relevante que nunca.

El rápido progreso de la tecnología ha llevado a una convergencia entre lo humano y lo tecnológico que está desafiando nuestras concepciones tradicionales de la identidad humana. La capacidad de fusionar la biología con la tecnología, a través de avances como los implantes cerebrales o la modificación genética, plantea preguntas fundamentales sobre dónde termina la humanidad y comienza la tecnología. Esta intersección entre lo biológico y lo tecnológico está dando lugar a nuevas formas de subjetividad que desafían las categorías establecidas de lo humano.

El problema de nuestra relación con el trabajo es fundamental, el surgimiento de la inteligencia artificial y la automatización está transformando la forma en que trabajamos, nos relacionamos y nos percibimos a nosotros mismos. La creciente presencia de algoritmos y sistemas de inteligencia artificial en nuestra vida cotidiana plantea preguntas sobre la agencia y la autonomía individual, así como sobre la naturaleza misma de la conciencia y la subjetividad. A medida que delegamos decisiones cada vez más complejas a sistemas no humanos, surge la necesidad de reflexionar sobre cómo estos cambios están dando forma a nuestra comprensión de nosotros mismos y de nuestra relación con el mundo que nos rodea.

Por otro lado, la realidad virtual y la realidad aumentada están expandiendo nuestros horizontes perceptivos y cognitivos, ofreciendo nuevas formas de experimentar y entender el mundo. Estas tecnologías están permitiendo la creación de entornos inmersivos que desafían nuestra percepción de la realidad y nos invitan a explorar nuevas identidades y formas de ser. A medida que nuestra experiencia del mundo se vuelve cada vez más mediada por la tecnología, surge la necesidad de examinar cómo estas nuevas formas de mediación están moldeando nuestra subjetividad y nuestra comprensión de quiénes somos.

Antecedentes teóricos

La relación entre humanidad, tecnología y subjetividad ha sido objeto de estudio y reflexión por parte de diversos filósofos, sociólogos y teóricos críticos a lo largo del tiempo. A continuación, se explorarán algunas de las teorías más relevantes que han contribuido a nuestra comprensión de esta relación:

La subjetividad humana en la Ilustración

En el contexto de la Ilustración, movimiento intelectual predominante en Europa durante los siglos XVII y XVIII, se enfatizaba la importancia de la razón, la libertad y el progreso humano. Desde la perspectiva del humanismo ilustrado, la subjetividad humana se define como la capacidad de los individuos para tener experiencias, pensamientos y emociones propias, así como para ejercer su autonomía y racionalidad.

La subjetividad es concebida como una capacidad universal, y se basa en la idea de que los individuos son seres racionales y autónomos que tienen el poder de reflexionar sobre sí mismos y sobre el mundo que los rodea. Esta perspectiva sostiene que cada persona es capaz de formar su propio juicio y tomar decisiones basadas en la razón y la moralidad, en lugar de simplemente aceptar la autoridad o la tradición ciegamente.

La Ilustración, en la voz de sus principales exponentes como Rousseau, Voltaire, Hume o Kant (2022), promovió la idea de que los seres humanos tienen derechos naturales inherentes, como el derecho a la vida, la libertad y la búsqueda de la felicidad. Estos derechos se consideraban fundamentales y no estaban sujetos a la voluntad de los gobernantes o las instituciones.

Para la ética de la Ilustración, la subjetividad humana se caracteriza por la capacidad de los individuos para pensar de forma autónoma, ejercer su razón y tomar decisiones informadas basadas en principios éticos y morales universales.

La subjetividad es un concepto central en la filosofía de Kant, relacionado con la forma en que los seres humanos perciben, comprenden y organizan la experiencia. En su crítica de la razón y su epistemología, Kant establece una distinción clara entre el mundo tal como es en sí mismo (nóumeno) y el mundo tal como lo percibimos y entendemos (fenómeno). La subjetividad es crucial porque sostiene que todo conocimiento humano es mediado por nuestras estructuras cognitivas. No podemos conocer el mundo tal como es en sí mismo, sino solo cómo se nos aparece a través de nuestras facultades.

Kant critica la metafísica tradicional que intenta conocer lo absoluto y lo incondicionado, afirmando que nuestras capacidades cognitivas están limitadas a los fenómenos. Esta limitación de la subjetividad humana redefine la forma en que podemos abordar preguntas filosóficas sobre la existencia, el conocimiento y la moralidad.

En su ética, Kant (2003) también se enfoca particularmente en el concepto de autonomía moral del sujeto. La moralidad no depende de las consecuencias o de las experiencias empíricas, sino de la capacidad racional para actuar según principios morales universales. Autonomía es así, la capacidad del sujeto para juzgar moralmente sus propias acciones, basado en la razón y el Imperativo Categórico: un principio *a priori* que debe guiar las acciones morales, formulado como "actúa de tal manera que la máxima de tu acción pueda convertirse en una ley universal".

Los filósofos de la Ilustración generalmente compartían un optimismo sobre el potencial de la tecnología para mejorar la condición humana, aunque con algunas reservas y críticas. Mientras que pensadores como Kant y Voltaire veían la tecnología como una extensión del uso racional del conocimiento para el progreso humano, Rousseau (1750) planteaba una crítica sobre cómo este progreso podría corromper la moralidad y la autenticidad humana. Estas diferentes perspectivas reflejan un debate continuo sobre el papel de la tecnología en la sociedad, que sigue siendo relevante en la actualidad.

La crítica a la subjetividad ilustrada: Adorno y Horkheimer.

Adorno y Horkheimer en la *"Dialéctica de la Ilustración"* (1994) examinan profundamente la relación entre la tecnología y la razón instrumental, presentando una crítica radical al humanismo ilustrado, que, con su énfasis en la racionalidad y el progreso, ha transformado estas dos fuerzas en herramientas de dominación y control. Esta crítica es fundamental para comprender cómo la subjetividad humana ha sido moldeada y, en muchos casos, dominada por las fuerzas de la Ilustración y la modernidad capitalista.

La razón instrumental es una forma de racionalidad que se centra en la eficiencia, el control y la utilidad. Esta forma de racionalidad se opone a la razón sustantiva, que busca fines éticos y valores intrínsecos. La razón instrumental prioriza los medios sobre los fines. Se enfoca en cómo lograr un objetivo de la manera más eficiente, sin cuestionar la moralidad o el valor intrínseco de ese objetivo. Esta forma de racionalidad está orientada hacia el control y la dominación, tanto de la naturaleza como de los seres humanos. Se manifiesta en la gestión, la organización y la manipulación, reduciendo todo a un objeto de cálculo y control.

La tecnología es una manifestación concreta de la razón instrumental. La tecnología, en su opinión, no es simplemente una colección de herramientas y técnicas, sino una expresión de una forma particular de racionalidad que busca dominar y controlar.

Desarrollada bajo el paradigma de la racionalidad instrumental, la tecnología se convierte en un medio para ejercer control sobre la naturaleza y la sociedad. No se cuestiona su propósito ético, sino solo su eficiencia y efectividad. La tecnología contribuye a la reificación, donde las relaciones humanas y sociales se convierten en cosas, en objetos de manipulación. La subjetividad humana se ve transformada y subordinada a las exigencias de la eficiencia tecnológica.

El uso extensivo de la tecnología, guiado por la razón instrumental, lleva a la deshumanización. Los individuos se convierten en meros engranajes dentro de un sistema técnico y económico, perdiendo su autonomía y creatividad.

La conjunción de tecnología y razón instrumental tiene profundas implicaciones sociales y culturales: la industria cultural es un producto de la razón instrumental y la tecnología. Los medios de comunicación y las formas culturales de masas están diseñados para entretener y distraer, promoviendo la conformidad y la pasividad. Es así que, tecnología y razón instrumental contribuyen a la alienación, donde los individuos se sienten desconectados de su trabajo, de los demás y de sí mismos. La tecnología, en lugar de liberar a los seres humanos, los esclaviza en sistemas de producción y consumo. La tecnología promueve la estandarización y la uniformidad, eliminando la diversidad y la creatividad. Los productos culturales y las experiencias humanas se vuelven homogéneos, reduciendo la riqueza de la vida subjetiva.

Adorno y Horkheimer no rechazan la tecnología en sí, sino la forma en que se ha desarrollado y utilizado bajo la lógica de la razón instrumental. Proponen una reflexión crítica sobre la necesidad de recuperar una forma de racionalidad que valore los fines éticos y los valores intrínsecos. La tecnología debe ser evaluada no solo por su eficiencia, sino por su contribución al bienestar humano y al desarrollo ético. Es necesario fomentar la autonomía y la capacidad crítica de los individuos para resistir las formas de dominación y control impuestas por la tecnología y la razón instrumental. Y plantean la necesidad de una transformación social que subvierta las estructuras de poder y permita el desarrollo de formas de vida más libres y humanas.

Los autores presentan una visión crítica y pesimista de la subjetividad en la modernidad: La subjetividad está cooptada por la racionalidad instrumental y la industria cultural, lo que limita la capacidad de los individuos para la reflexión crítica y la autonomía. La alienación y la pasividad se convierten en características centrales de la subjetividad moderna, fomentadas por un sistema que valora la eficiencia y el control por encima de la libertad y la creatividad.

Para recuperar una subjetividad crítica y autónoma, es necesario cuestionar y desafiar las estructuras de poder que perpetúan la racionalidad instrumental y la dominación cultural.

Paradigmas del posthumanismo: Simondon, Deleuze, Guattari, Braidotti

El Posthumanismo (Wolfe, 2010; Braidotti, 2020; Hottois, 2013; Bostrom, 2011) es una perspectiva filosófica y cultural que se desarrolla en los movimientos posmodernos y posestructuralistas contemporáneos a partir de la crítica al humanismo ilustrado. Dado el contexto de los avances en campos como la inteligencia artificial, la biotecnología, la neurociencia y la genética, que desafían las fronteras convencionales entre lo humano y lo no humano, el Posthumanismo cuestiona y reformula la concepción tradicional del sujeto para adecuarla al contexto tecnocientífico y cultural actual.

A modo de ejemplos, se presentan a continuación algunos conceptos propios de la relación entre subjetividad y tecnología en el Posthumanismo, mediante ideas de Gilbert Simondon, Gilles Deleuze, Félix Guattari y Rosi Braidotti.

Gilbert Simondon: El Objeto Técnico, la Individuación y la Subjetividad

Gilbert Simondon, filósofo francés del siglo XX, realizó importantes contribuciones a la comprensión de la subjetividad en relación con la tecnología y la cultura contemporánea. Su obra más relevante en este contexto es *"Sobre el modo de existencia de los objetos técnicos"* (2007), donde aborda la noción de individuación técnica y su impacto en la experiencia humana y la subjetividad.

Simondon propone una concepción de la subjetividad como un proceso dinámico y colectivo que se desarrolla en relación con el entorno técnico y cultural. Su enfoque se centra en cómo los individuos y los objetos técnicos están interconectados en un proceso de individuación mutua, en el cual la subjetividad se forma a través de la relación con los artefactos técnicos y las estructuras sociales.

Desarrolla una compleja teoría sobre el objeto técnico, la individuación y su relación con la subjetividad. Argumenta que los objetos técnicos son entidades dinámicas y en constante evolución que tienen una existencia propia y autónoma. No son simples herramientas inertes, sino que poseen una estructura interna y una función específica que se desarrolla a lo largo del tiempo.

La *individuación*, como concepto propuesto por Simondon (2019), sugiere que tanto los individuos como los objetos técnicos emergen y se diferencian en un proceso continuo de desarrollo y cambio. En el contexto de la subjetividad posthumana, este proceso de individuación puede implicar la integración de tecnologías avanzadas en la experiencia humana, lo que resulta en una transformación de la identidad y la subjetividad.

Simondon sostiene que la individuación técnica y la individuación psíquica o subjetiva están estrechamente relacionadas. Argumenta que los objetos técnicos influyen en la formación de la subjetividad humana al proporcionar herramientas y mediaciones que moldean nuestra experiencia y percepción del mundo.

Sugiere que la relación entre los seres humanos y los objetos técnicos es fundamental para la configuración de la subjetividad. Los artefactos tecnológicos no solo sirven como extensiones de las capacidades humanas, sino que también tienen el potencial de transformar nuestra forma de ser y de interactuar con el mundo.

Además, Simondon (2019) propone el concepto de *transindividuación* para referirse al proceso continuo de interacción y retroalimentación entre individuos y objetos técnicos en el que tanto los humanos como los objetos técnicos se transforman mutuamente. En este sentido, la subjetividad se concibe como el resultado de una co-evolución dinámica entre humanos y tecnología.

La individuación y la subjetividad, desde el enfoque posthumano, ofrecen marcos conceptuales para explorar nuevas posibilidades en la experiencia humana. Esto puede incluir la integración de tecnologías emergentes para mejorar nuestras capacidades cognitivas, sensoriales y físicas, así como la exploración de identidades y formas de ser que van más allá de las categorías tradicionales de lo humano.

Deleuze y Guattari: La Subjetividad Posthumana como Subjetividad Nómada

En una versión de la subjetividad posthumana, Gilles Deleuze y Félix Guattari (2010, 2014) abordan el concepto de *subjetividad nómada* principalmente en su obra *"Mil Mesetas. Capitalismo y Esquizofrenia"*. Este concepto se inscribe dentro de su crítica a las estructuras fijas y jerárquicas de la sociedad y su exploración de formas más fluidas y dinámicas de ser y pensar; y ha sido de gran influencia en la filosofía contemporánea.

La subjetividad nómada, según Deleuze y Guattari, se caracteriza por su rechazo a las formas tradicionales y estáticas de identidad y subjetividad. En lugar de definirse por identidades fijas y territorios estables, la subjetividad nómada es fluida, múltiple y en constante movimiento. La subjetividad actual está en un proceso continuo de devenir, siempre en transformación y nunca estableciéndose en una forma definitiva. Esta idea se opone a la noción de una identidad fija y esencial, propia del pensamiento ilustrado. La multiplicidad es un concepto clave, sugiriendo que la subjetividad no es una unidad homogénea sino una serie de procesos y estados que coexisten y se entrelazan.

Deleuze y Guattari introducen los conceptos de *des-territorialización* y *re-territorialización* para describir los procesos de desarraigo y reconfiguración de las identidades y las subjetividades. La subjetividad nómada implica un constante movimiento de desafío y salida de las estructuras y territorios establecidos (des-territorialización), y, creación de nuevas configuraciones y formas de ser (re-territorialización).

Los autores critican las estructuras psicoanalíticas tradicionales, proponiendo en su lugar el *Esquizoanálisis* como una forma de explorar y liberar las subjetividades nómadas. El esquizoanálisis se enfoca en las conexiones y flujos de deseo que atraviesan y constituyen a los sujetos, en lugar de encajonarlos en categorías rígidas y normativas. Las *líneas de fuga* representan las vías de escape y resistencia frente a las estructuras de poder y las normatividades establecidas. La subjetividad nómada sigue estas líneas, buscando siempre nuevas formas de existir y resistir.

La Subjetividad Posthumana, según Rosi Braidotti

Rosi Braidotti (2015, 2020) es una destacada teórica en el campo del Posthumanismo. La *subjetividad posthumana* es un concepto que se aleja de las nociones tradicionales de la identidad humana y se redefine en el contexto de las interrelaciones complejas entre humanos, tecnología, y otros seres vivos.

Heredera de la tradición postestructuralista de Deleuze y Guattari, y una defensora del ecofeminismo posmoderno, Braidotti propone una visión de la subjetividad posthumana que es nómada, relacional y materialista, alejándose del antropocentrismo y abrazando una perspectiva más inclusiva y transversal.

Braidotti critica la visión antropocéntrica y humanista que coloca al ser humano occidental en el centro del universo. La subjetividad posthumana desplaza al ser humano de este centro, reconociendo la interdependencia con otras culturas, con otras formas de vida y con las tecnologías.

La subjetividad posthumana, para Braidotti, es nómada. Lo cual implica que la subjetividad es dinámica y situada, en constante movimiento, siempre en proceso de devenir y transformación. La identidad no es fija ni esencialista, sino que se construye y reconstruye continuamente a través de encuentros y relaciones. Braidotti aboga por un materialismo que considera la corporeidad y la materialidad de los seres humanos y no humanos. Adhiere a la tradición monista de Spinoza y entiende la subjetividad posthumana como encarnada y material, y no puramente mental o espiritual.

Por otra parte, la subjetividad posthumana es profundamente relacional. Braidotti enfatiza la importancia de las conexiones y relaciones entre diferentes entidades, incluyendo humanos, animales, plantas y tecnologías. Estas relaciones configuran y redefinen la subjetividad de manera continua.

Braidotti también aborda la ética en su concepción de la subjetividad posthumana. Promueve una ética nómada (Braidotti, 2009, 2018) que enfatiza la sostenibilidad, la responsabilidad y el respeto por todas las formas de vida. Esta ética está intrínsecamente ligada a la forma en que entendemos y practicamos nuestra subjetividad en el contexto de un mundo tecnológicamente mediado.

Además, la subjetividad posthumana es *transversal*, cruzando las fronteras entre especies, géneros y tecnologías. Es una subjetividad inclusiva que reconoce y valora la diversidad y la multiplicidad.

En la cultura y el arte, la subjetividad nómada se manifiesta en formas de expresión que desafían las categorías y géneros establecidos. Artistas y movimientos que exploran la hibridación, la mezcla de estilos y la transgresión de fronteras encarnan esta noción.

En términos políticos, la subjetividad nómada puede verse en movimientos sociales y formas de activismo que rechazan las estructuras jerárquicas y buscan modos de organización descentralizados y fluidos. Proporciona una herramienta para criticar las estructuras de poder y las identidades fijas, abriendo espacio para pensar en formas más libres y diversas de subjetividad. Ejemplos incluyen movimientos de ocupación, colectivos autónomos y formas de resistencia descentralizadas.

La subjetividad nómada también se aplica a las teorías de género y sexualidad, desafiando las categorías binarias y fijas. Personas y comunidades que exploran identidades no normativas y fluidas de género y sexualidad representan esta perspectiva. Ha influido en las teorías que cuestionan las normatividades de género y sexualidad, promoviendo una visión más inclusiva y dinámica.

Comentarios finales. El impacto actual de la tecnología en la subjetividad

¿Por qué hablar de subjetividades posthumanas? Como hemos mencionado antes, el Posthumanismo responde a una crítica del humanismo tradicional, que coloca al ser humano en el centro del universo y como medida de todas las cosas. En contraste, el Posthumanismo propone una visión más inclusiva y diversa, reconociendo la importancia de otros agentes, tanto vivos como tecnológicos.

La relación entre la tecnología y la subjetividad humana es compleja y multidimensional. A medida que las tecnologías emergentes continúan evolucionando, están moldeando y transformando nuestras percepciones, identidades y experiencias subjetivas de formas que antes eran impensables (Cfr. Bostrom, 1999, 2005; Diéguez, 2019; Fukuyama, 2002).

Las tecnologías como la realidad virtual y la realidad aumentada están alterando nuestra percepción del mundo que nos rodea. Estas tecnologías nos permiten experimentar entornos virtuales que pueden ser radicalmente diferentes de la realidad física, lo que a su vez afecta la forma en que percibimos y comprendemos nuestro entorno. Por ejemplo, la realidad virtual puede proporcionar experiencias inmersivas que nos transportan a mundos completamente nuevos, cambiando nuestra percepción del tiempo, el espacio y la realidad misma.

La proliferación de plataformas digitales, redes sociales y espacios en línea ha llevado a la creación de identidades digitales que coexisten y se entrelazan con nuestras identidades del mundo de sentido común ordinario. Las personas pueden presentarse de manera diferente *en línea*, adoptando identidades y personalidades que pueden ser diferentes de las que muestran en el mundo físico. Esto puede tener un impacto significativo en la forma en que nos percibimos a nosotros mismos y en cómo nos relacionamos con los demás, ya que nuestras interacciones en línea a menudo influyen en nuestra autoimagen y en la percepción que tienen los demás de nosotros.

La integración de tecnologías en el cuerpo humano, como los dispositivos de realidad aumentada y los implantes cibernéticos, está extendiendo nuestras capacidades cognitivas y físicas más allá de los límites tradicionales del cuerpo humano. Estas tecnologías pueden mejorar la memoria, aumentar la velocidad de procesamiento de la información y permitir nuevas formas de interacción con el mundo. Sin embargo, también plantean preguntas éticas y filosóficas sobre dónde termina el cuerpo humano y dónde comienza la tecnología, y cómo estas tecnologías están cambiando nuestra comprensión de lo que significa ser humano (Pugliese, 2020).

Hablar de subjetividades posthumanas (Braidotti, 2018; 2020) nos permite abordar las implicaciones éticas y sociales de los avances tecnológicos, tales como la privacidad, la autonomía, la equidad y la integración de tecnologías en la vida cotidiana. Es una manera de explorar cómo estas tecnologías afectan no solo a los individuos sino también a las estructuras sociales y políticas.

Las tecnologías de comunicación digital, como las redes sociales y las plataformas de mensajería, están transformando la forma en que nos relacionamos y nos comunicamos con los demás. Si bien estas tecnologías nos permiten estar conectados de manera instantánea con personas de todo el mundo, también pueden afectar la calidad y la naturaleza de nuestras relaciones. La comunicación digital puede ser más superficial y menos íntima que la comunicación físicamente presencial, lo que puede tener un impacto en nuestra capacidad para desarrollar relaciones significativas y satisfactorias.

Las tecnologías emergentes están teniendo un impacto profundo en la subjetividad humana, afectando nuestras percepciones, identidades y experiencias de formas complejas y multifacéticas. Si bien estas tecnologías ofrecen una serie de oportunidades y beneficios, también plantean desafíos éticos, sociales y culturales que deben ser abordados de manera crítica y reflexiva. Es crucial continuar investigando y analizando cómo estas tecnologías están dando forma a nuestra comprensión de nosotros mismos y de nuestro lugar en el mundo, y cómo podemos utilizarlas de manera ética y responsable para mejorar la calidad de vida humana.

Referencias

Adorno, T. & Horkheimer, M. (1994). *Dialéctica de la Ilustración*. Trotta: Madrid.

Bostrom, N., et al. (1999). *The Transhumanist* FAQ. http://www.nickbostrom.com/views/transhumanist.pdf

Bostrom, N. (2005). *Transhumanist Values*. https://nickbostrom.com/ethics/values

Bostrom, N. (2011). Una historia del pensamiento transhumanista. *Argumentos de Razón Técnica*, nº 14, 157-191.

Braidotti, R. (2009). *Transposiciones. Sobre la ética nómada.* Barcelona: Gedisa.

Braidotti, R. (2015). *Lo posthumano.* Barcelona: Gedisa.

Braidotti, R. (2018). *Por una política afirmativa. Itinerarios éticos.* Barcelona: Gedisa.

Braidotti, R. (2020). *El conocimiento posthumano. Sobre la ética nómada.* Barcelona: Gedisa.

Deleuze, G. y Guattari, F. (2010). *Mil mesetas.* Valencia: Pre-Textos.

Deleuze, G. y Guattari, F. (2014). *Rizoma.* México: Fontamara.

Diéguez, A. (2017). *Transhumanismo: La búsqueda tecnológica del mejoramiento humano.* Barcelona: Herder.

Fukuyama, F. (2002). *El fin del hombre. Consecuencias de la revolución biotecnológica.* Barcelona: Ediciones B.

Hottois, G. (2013). Humanismo, Transhumanismo, Posthumanismo. *Revista Colombiana de Bioética.* Vol. 8 No 2. Julio-Diciembre de 2013. Universidad El Bosque.

Kant, E. (2003). *Fundamentación de la metafísica de las costumbres* https://biblioteca.org.ar/libros/89648.pdf. Consultado el 2 de mayo 2024.

Kant, E. (2022). *¿Qué es la Ilustración?* Madrid: Alianza

Pugliese, Z. (2020). Transhumanismo. Una promesa de mejoramiento humano carente de fundamento ético. *Nuevo Pensamiento. Revista de Filosofía del Instituto de Investigaciones Filosóficas de la Universidad del Salvador*, Vol. X, nº 16, Año 10, Julio-Diciembre 2020, 429-446.

Rousseau, J. J. (1750). *Discurso sobre las ciencias y las artes.* https://www.academia.edu/8443612/Discurso_sobre_las_ciencias_y_las_artes. Consultado el 1 de mayo de 2024.

Simondon, G. (2007). *El modo de existencia de los objetos técnicos.* Buenos Aires: Prometeo.

Simondon, G. (2019). *La individuación a la luz de las nociones de forma y de información.* Buenos Aires: Cactus.

Wolfe, C. (2010). *What is Posthumanism?* EUA: University of Minnesota Press.

Parte tres

El sujeto y la política

Discurso y crisis del sujeto: claves de reflexión posdemocráticas

Gabriel A. Corral Velázquez

Universidad Autónoma de Querétaro

Introducción

La obra de Ernesto Laclau y Chantal Mouffe proporciona herramientas teóricas para abordar los desafíos contemporáneos relacionados con la crisis del sujeto y la política democrática. Al reconocer la contingencia de las identidades y la centralidad de la lucha hegemónica, su conceptualización nos permite entender cómo las identidades se forman, transforman y reconfiguran en el contexto de relaciones de poder siempre cambiantes. Esto no solo amplía nuestra comprensión sobre la crisis del sujeto, sino que también ofrece una base para la acción política y la construcción de nuevas formas de democracia inclusiva y pluralista en el siglo XXI.

Laclau y Mouffe (1990) desarrollan una teoría del discurso y la hegemonía que desafía las concepciones tradicionales de la identidad y la política. Para ellos, la identidad del sujeto no es una esencia fija ni una propiedad inherente, sino el resultado de procesos discursivos y relaciones de poder. Estos procesos son inherentemente contingentes, lo que significa que las identidades están siempre en flujo, sujetas a transformaciones y rearticulaciones constantes. En este sentido, la identidad del sujeto es una construcción temporal que emerge a través de la articulación de significantes en un campo discursivo dado.

La contingencia de las identidades implica que no existen identidades esenciales ni inmutables. En lugar de ello, las identidades son productos de prácticas discursivas y relaciones de poder que pueden cambiar según las circunstancias históricas y sociales. Esta perspectiva tiene profundas implicaciones para la teoría política, ya que sugiere que la política no se trata de expresar o realizar identidades preexistentes, sino de articular y rearticular identidades en el contexto de luchas hegemónicas. La lucha por la hegemonía es, por lo tanto, una lucha por la articulación y rearticulación de identidades, donde diferentes fuerzas políticas intentan imponer sus propios significantes y construir bloques hegemónicos que puedan dominar el campo discursivo.

La crisis del sujeto en este marco puede entenderse como una crisis de la hegemonía. Cuando las articulaciones hegemónicas existentes se vuelven incapaces de responder a las demandas y aspiraciones de los sujetos, emergen nuevas luchas por la hegemonía. Estas luchas buscan rearticular los significantes vacíos de manera que puedan incluir y representar a las identidades y demandas excluidas o marginalizadas. Esta perspectiva sugiere que la crisis del sujeto no es simplemente una pérdida o desintegración de la identidad, sino que permite plantear: *¿Cómo la reconfiguración democrática y la emergencia de nuevas formas de identidad y representación permiten explicar la crisis del sujeto?*

Discurso y sujeto: identidades en crisis

Un discurso, señala Torfing (1999), es un conjunto de secuencias que se significan, en las cuales el significado constantemente es renegociado. Torfing (1999) llega a este concepto de discurso de dos modos: a través de la deconstrucción de la noción de totalizar las estructuras, o por medio de la deconstrucción de la noción de elementos sociales atomizados (Torfing, 1999).

El discurso se constituye como intento por dominar el campo de la discursividad, por detener el flujo de las diferencias, por construir un centro. Ciertos significantes privilegiados fijan el sentido de la cadena en el propio significante. Esta limitación de la productividad de la cadena significante es la que establece posiciones que hacen la predicación posible (Laclau y Mouffe, 1985: 152).

Este enfoque que aborda la identidad como un proceso político y discursivo tiene importantes implicaciones para la teoría democrática. Critica las concepciones liberales y racionalistas de la democracia que presuponen una identidad estable y coherente del sujeto. En lugar de esto, Laclau y Mouffe (1985) proponen una democracia radical y plural donde las diferencias y los conflictos sean reconocidos y canalizados a través de procesos de articulación hegemónica. Esta visión de la democracia no busca eliminar los conflictos, sino gestionarlos de manera que puedan dar lugar a nuevas formas de inclusión y representación.

En esta perspectiva es importante comprender que la noción de hegemonía en Laclau, recuperada de Gramsci, también implica que la política es un campo abierto y contingente, donde ninguna identidad o articulación puede reclamar una posición de permanencia o estabilidad absoluta. La política y, en ello, la idea de democracia es siempre una lucha por la hegemonía donde diferentes fuerzas intentan articular significantes vacíos y construir bloques hegemónicos que puedan dominar el campo discursivo. Esta lucha hegemónica es lo que determina las configuraciones temporales de la identidad del sujeto y las formas de poder en una sociedad.

En este contexto, la crisis del sujeto puede verse como una oportunidad para la reconfiguración democrática y la emergencia de nuevas formas de identidad y representación. En lugar de lamentar la fragmentación y la inestabilidad de las identidades contemporáneas, Laclau y Mouffe (1985) sugieren que estas condiciones pueden abrir espacios para la innovación política y la construcción de nuevas hegemonías que puedan responder mejor a las demandas y aspiraciones de los sujetos. Esta perspectiva nos invita a repensar la política democrática no como un campo de identidades fijas y estables, sino como un proceso dinámico de articulación y rearticulación donde las identidades y demandas están en constante transformación.

De igual manera, se destaca la importancia del liderazgo y la estrategia política en la formación de hegemonías. Un liderazgo eficaz puede articular de manera efectiva las diversas demandas sociales y construir un bloque hegemónico que pueda dominar el campo político. Este liderazgo no es simplemente una cuestión de habilidad técnica, sino una práctica discursiva que implica la construcción de identidades colectivas y la movilización de significantes vacíos en torno a proyectos políticos. En este sentido, el liderazgo, en palabras de Laclau "es una forma de articulación hegemónica que puede transformar el campo discursivo y reconfigurar las identidades del sujeto" (1985).

Para ello se subraya que la hegemonía no se limita al ámbito político institucional, sino que permea todas las esferas de la vida social y cultural. Las identidades del sujeto se forman y transforman no solo a través de la política partidaria, sino también a través de prácticas culturales, discursos mediáticos y relaciones sociales cotidianas. Por lo tanto, la lucha por la hegemonía es una lucha que abarca todo el tejido social y que requiere una estrategia multidimensional y polifacética. Esta perspectiva nos invita a considerar cómo las prácticas discursivas y las relaciones de poder operan en diversos ámbitos de la vida social y cómo pueden ser rearticuladas para promover nuevas formas de identidad y representación.

Es en este sentido que surge la crítica de Laclau y Mouffe (1990) a las concepciones esencialistas de la identidad. Las cuales tienen implicaciones importantes para los movimientos sociales y las luchas por la justicia social. Al reconocer la contingencia y la mutabilidad de las identidades, Laclau (1985) abre la posibilidad de alianzas y coaliciones flexibles entre diferentes grupos y demandas. Estas alianzas no están basadas en una identidad esencial o fija, sino en la articulación contingente de significantes vacíos que puedan unificar temporalmente a actores heterogéneos en una lucha común. Esta perspectiva permite una mayor apertura y adaptabilidad en las luchas sociales, promoviendo la inclusión y la cooperación entre diversos grupos y demandas.

El significado que adquieren estas disputas por los espacios y la adaptabilidad de las luchas es el discurso establecido a partir de la realidad objetiva. Los discursos, señalan Laclau y Mouffe (1985), compiten entre sí por constituirse en discursos hegemónicos, dominadores del campo ideológico de posibles interpretaciones. Esto es muy importante en la propuesta de Laclau y Mouffe (1985), ya que las dinámicas de poder, en las sociedades democráticas, juegan un papel importante al momento de construir los discursos: "la fuerza física ha dado paso a la fuerza de la persuasión y, a veces, también de la manipulación" (Laclau y Mouffe, 1985). Los actores sociales interesados en un campo determinado saben que las prácticas objetivas que sucedan en ese campo dependen de la conquista previa de la definición de la situación y el discurso.

Al reconocer la contingencia de las identidades y la centralidad de la lucha hegemónica, su teoría nos permite entender cómo las identidades se forman, transforman y reconfiguran en el contexto de relaciones de poder siempre cambiantes. Esto no solo amplía nuestra comprensión de la crisis del sujeto, sino que también ofrece una base para la acción política y la construcción de nuevas formas de democracia inclusiva y pluralista en el siglo XXI.

En el contexto de la globalización y la creciente interconexión de las sociedades contemporáneas se ha intensificado la interdependencia económica, cultural y política entre diferentes regiones y comunidades, creando nuevas oportunidades y desafíos para la formación de identidades y la articulación de demandas sociales. En este entorno globalizado, las identidades se vuelven aún más fluidas y contingentes, y las luchas por la hegemonía adquieren una dimensión global.

Finalmente, esta conceptualización ofrece una comprensión más matizada de la relación entre poder y discurso. Para ellos (Laclau y Mouffe, 1994) el poder no es simplemente una fuerza externa que actúa sobre los sujetos, sino un aspecto intrínseco de las prácticas discursivas que constituyen la identidad del sujeto. Esto implica que las relaciones de poder están siempre presentes en la formación de identidades y que cualquier articulación discursiva es también una articulación de poder. Esta visión nos permite entender cómo las identidades y las relaciones de poder se constituyen y cómo la lucha por la hegemonía es también una lucha por la rearticulación de las relaciones de poder.

Al entender la identidad como un producto de procesos discursivos y relaciones de poder contingentes y en constante cambio, Laclau y Mouffe comprenden que la crisis del sujeto invita a repensar la política democrática y la formación de identidades en términos de lucha hegemónica y articulación discursiva. Esta visión subraya la naturaleza conflictiva y política de la identidad y abre nuevas posibilidades para la innovación y la reconfiguración democrática en un mundo marcado por la fragmentación y la inestabilidad.

Las claves posdemocráticas de la crisis

La posdemocracia es un término que se utiliza para describir un estado en el cual las estructuras democráticas formales están presentes pero el poder real está cada vez más concentrado en manos de élites económicas y políticas alejadas de la participación popular. En la obra de Ernesto Laclau y Chantal Mouffe, este concepto se entrelaza con la crisis del sujeto, reflejando cómo las identidades y subjetividades contemporáneas se encuentran en un estado de fragmentación e inestabilidad. Para entender esta relación, es esencial comprender la contingencia de las identidades y la lucha hegemónica como elementos centrales de la política.

Las identidades no son entidades fijas ni esencias inmutables, sino que se construyen y se reconstruyen continuamente a través de procesos discursivos (Laclau, 1996). Esta construcción discursiva está profundamente imbricada con las relaciones de poder, donde la hegemonía juega un papel crucial. La hegemonía, según estos teóricos, es la capacidad de articular diversas demandas sociales en un bloque coherente que pueda dominar el campo político. Este proceso implica la creación de significantes vacíos, términos que pueden ser llenados con diferentes contenidos según las necesidades de la lucha política, permitiendo la unificación de demandas heterogéneas bajo una identidad colectiva común.

En una situación de posdemocracia, las estructuras formales de la democracia como las elecciones y los parlamentos siguen existiendo, pero el poder efectivo se desplaza hacia esferas menos visibles y más controladas por intereses específicos, especialmente los económicos. Esto genera una dislocación entre la forma democrática y su sustancia, donde la participación popular se ve reducida y las decisiones importantes se toman en espacios alejados de la deliberación pública. Esta dislocación afecta profundamente la construcción de identidades políticas, ya que los sujetos se encuentran cada vez más alienados de los procesos decisionales que afectan sus vidas.

La crisis del sujeto en el contexto posdemocrático se manifiesta en la fragmentación y la inestabilidad de las identidades. La globalización, los cambios tecnológicos y las transformaciones económicas han erosionado las bases tradicionales sobre las cuales se construían las identidades colectivas. En lugar de identidades coherentes y estables, emergen identidades fragmentadas y contingentes, que se encuentran en un constante estado de rearticulación. Este fenómeno no solo refleja la complejidad y la diversidad de las sociedades contemporáneas, sino también la creciente dificultad de construir proyectos políticos hegemónicos que puedan articular eficazmente estas identidades fragmentadas.

Laclau y Mouffe argumentan que la política en una era posdemocrática debe centrarse en la rearticulación de estas identidades fragmentadas a través de procesos hegemónicos. Esto implica reconocer la naturaleza contingente y conflictiva de la identidad, y la necesidad de construir nuevas formas de articulación política que puedan dar voz a las demandas emergentes y a los sujetos marginalizados. En lugar de aspirar a una unidad homogénea y esencialista, la política democrática debe abrazar la pluralidad y la diferencia, creando espacios donde las diversas demandas puedan ser expresadas y negociadas.

El concepto de significantes vacíos es particularmente relevante aquí, ya que estos permiten la construcción de identidades colectivas a partir de la diversidad y la diferencia. En una era posdemocrática, la capacidad de articular significantes vacíos y construir bloques hegemónicos inclusivos es crucial para revitalizar la democracia. Esto requiere líderes y movimientos políticos que puedan identificar y articular demandas dispersas y fragmentadas, construyendo proyectos políticos que reflejen la complejidad y la diversidad de las sociedades contemporáneas.

La crisis del sujeto también se relaciona con el aumento de los populismos y los movimientos sociales que desafían las estructuras democráticas tradicionales. Laclau y Mouffe ven el populismo no simplemente como una amenaza a la democracia, sino como una respuesta a la crisis del sujeto y a la alienación producida por la posdemocracia. El populismo, con su capacidad para articular demandas heterogéneas bajo un significante vacío, puede ofrecer una forma de rearticulación hegemónica que desafíe el poder de las élites y reenergice la participación popular.

Sin embargo, esta rearticulación hegemónica no está exenta de riesgos. La capacidad de los significantes vacíos para unificar demandas diversas puede ser utilizada tanto para proyectos emancipadores como para proyectos autoritarios. Por lo tanto, la lucha hegemónica en una era posdemocrática es también una lucha por el contenido de estos significantes vacíos y por la dirección que tomará la articulación política. La construcción de identidades democráticas inclusivas y pluralistas requiere una constante vigilancia y una resistencia activa contra las tendencias autoritarias y excluyentes.

Bajo esta óptica, la posdemocracia implica una dislocación entre las estructuras formales de la democracia y la realidad de la concentración del poder en manos de élites, lo que conduce a la alienación y la fragmentación de las identidades. La crisis del sujeto en este contexto refleja la contingencia y la inestabilidad de las identidades contemporáneas, exacerbadas por la globalización y los cambios socioeconómicos. La política en una era posdemocrática debe centrarse en la rearticulación hegemónica de estas identidades fragmentadas, utilizando significantes vacíos para construir bloques políticos inclusivos y pluralistas. Este enfoque no solo amplía nuestra comprensión de la crisis del sujeto, sino que también ofrece una base para la acción política y la revitalización de la democracia en el siglo XXI.

Con esto, la crisis del sujeto no solo se percibe como un problema, sino como una oportunidad para la innovación política y la construcción de nuevas formas de democracia. En lugar de buscar una identidad esencialista y homogénea, debemos abrazar la pluralidad y la diferencia, reconociendo la contingencia y la mutabilidad de las identidades. La lucha hegemónica en una era posdemocrática es una lucha por la inclusión y la representación de diversas demandas y sujetos, creando un espacio donde la democracia pueda ser reconfigurada y revitalizada en respuesta a los desafíos contemporáneos.

En toda sociedad, la producción del discurso está controlada, seleccionada y redistribuida por un cierto número de procedimientos que tienen por función conjurar los poderes y peligros, dominar el acontecimiento. En este sentido, el discurso está asociado siempre a reglas anónimas, históricas, siempre determinadas en el espacio y el tiempo, que han definido para una era social, económica, geográfica y lingüística, las condiciones de ejercicio del discurso. Esta idea es central en la teoría del discurso de los autores, quienes sostienen que el discurso no es simplemente un reflejo de la realidad social, sino una construcción activa de la misma, influida por las relaciones de poder y las luchas hegemónicas.

En los discursos no existen en un vacío, sino que están siempre situados en contextos históricos específicos y sujetos a las dinámicas de poder que los configuran. Las reglas que gobiernan la producción del discurso no son neutras ni universales, sino que reflejan las estructuras de poder y las hegemonías dominantes en un determinado momento y lugar. Estas reglas determinan qué discursos son posibles, cuáles son legítimos y cuáles son excluidos o marginalizados. Así, el control del discurso es una forma de control social y político, donde las luchas por la hegemonía se juegan a través de la capacidad de definir y delimitar los marcos discursivos dentro de los cuales las identidades y las demandas pueden ser articuladas.

El concepto de hegemonía es crucial para entender cómo se controla y redistribuye el discurso en la teoría de Laclau y Mouffe. La hegemonía se refiere a la capacidad de un grupo social para construir y mantener un consenso en torno a ciertos significados y prácticas, articulando diversas demandas en un bloque hegemónico que puede dominar el campo discursivo. Este proceso de articulación hegemónica implica la construcción de significantes vacíos, términos que pueden ser llenados con diferentes contenidos según las necesidades de la lucha política. Los significantes vacíos son cruciales porque permiten la unificación de demandas heterogéneas bajo un mismo marco discursivo, creando una identidad colectiva que puede movilizarse políticamente.

En este sentido, las reglas anónimas y las condiciones históricas del discurso son siempre producto de luchas hegemónicas. Las relaciones de poder determinan qué significantes vacíos son más efectivos y cómo pueden ser utilizados para construir bloques hegemónicos. Esto no significa que las identidades y demandas sean simplemente impuestas desde arriba; más bien, es un proceso dialéctico donde las luchas sociales y las resistencias también juegan un papel crucial en la configuración del campo discursivo. La hegemonía es siempre contingente y precaria, sujeta a la posibilidad de ser desafiada y rearticulada por nuevas fuerzas políticas.

El discurso, con base en esto, enfatiza la naturaleza conflictiva del discurso. Las luchas por la hegemonía son luchas por el control del significado y, por lo tanto, están siempre impregnadas de conflicto y antagonismo. Los discursos dominantes buscan estabilizar y fijar significados, pero siempre enfrentan la resistencia de discursos alternativos que intentan desestabilizar y rearticular esos significados. Este antagonismo es una característica esencial de la política, según Laclau y Mouffe, ya que es a través del conflicto que las identidades y las relaciones de poder se transforman y reconfiguran.

Las reglas que controlan el discurso no son simplemente mecanismos de represión; también son productivas, ya que crean las condiciones para la emergencia de nuevos discursos y nuevas identidades. En este sentido, el control del discurso es una forma de poder que no solo limita, sino que también posibilita la acción política. Las reglas históricas y anónimas del discurso determinan qué tipos de sujetos y demandas pueden surgir, pero también abren espacios para la creatividad y la innovación política. Las luchas hegemónicas pueden rearticular estas reglas y crear nuevas posibilidades para la acción y la identidad.

El discurso como forma de práctica política proporciona un marco para entender cómo la producción discursiva está controlada y redistribuida en toda sociedad. Este control no es simplemente una cuestión de censura o represión, sino un proceso complejo de articulación hegemónica donde las relaciones de poder y las luchas políticas determinan qué discursos son posibles y cuáles son excluidos. Las reglas del discurso son siempre históricas y contingentes, reflejando las estructuras de poder y las dinámicas de conflicto en un determinado momento y lugar. A través de la lucha hegemónica, estas reglas pueden ser desafiadas y rearticuladas, abriendo nuevas posibilidades para la identidad y la acción política.

La contingencia de las identidades y la centralidad de la lucha hegemónica en la teoría de Laclau y Mouffe nos permiten entender cómo las identidades se forman, transforman y reconfiguran en el contexto de relaciones de poder siempre cambiantes. Esto no solo amplía nuestra comprensión de la crisis del sujeto, sino que también ofrece una base para la acción política y la construcción de nuevas formas de democracia inclusiva y pluralista en el siglo XXI. La capacidad de articular significantes vacíos y construir bloques hegemónicos que puedan movilizar demandas heterogéneas es fundamental para la política democrática, según Laclau y Mouffe. Esta capacidad permite la inclusión de una diversidad de voces y demandas, promoviendo una democracia más inclusiva y dinámica.

En el contexto contemporáneo, marcado por la globalización y la creciente interconexión de las sociedades, la teoría de Laclau y Mouffe adquiere una relevancia particular. La globalización ha intensificado la interdependencia económica, cultural y política entre diferentes regiones y comunidades, creando nuevas oportunidades y desafíos para la formación de identidades y la articulación de demandas sociales. En este entorno globalizado, las identidades se vuelven aún más fluidas y contingentes, y las luchas por la hegemonía adquieren una dimensión global. La teoría de Laclau y Mouffe nos proporciona un marco para entender cómo las identidades globales y locales interactúan y cómo las luchas hegemónicas pueden cruzar fronteras nacionales y culturales.

Un aspecto importante de la teoría de Laclau y Mouffe es su énfasis en la capacidad de los actores políticos para rearticular las reglas del discurso y crear nuevas posibilidades para la identidad y la acción política. Esta capacidad de rearticulación es fundamental para enfrentar los desafíos contemporáneos relacionados con la crisis del sujeto y la política democrática. Al reconocer la contingencia de las identidades y la centralidad de la lucha hegemónica, Laclau y Mouffe nos invitan a repensar la política democrática no como un campo de identidades fijas y estables, sino como un proceso dinámico de articulación y rearticulación donde las identidades y demandas están en constante transformación.

En este sentido, la teoría del discurso de Laclau y Mouffe ofrece una perspectiva rica y compleja sobre la crisis del sujeto. Al entender la identidad como un producto de procesos discursivos y relaciones de poder contingentes y en constante cambio, que invite a repensar la política democrática y la formación de identidades en términos de lucha hegemónica y articulación discursiva.

Las claves de futuro

las claves de futuro que Laclau y Mouffe (1994) plantean para la crisis del sujeto en la era posdemocrática se centran en la rearticulación hegemónica de las identidades fragmentadas la promoción de una democracia radical y pluralista la innovación en las formas de participación y representación el papel del populismo democrático la celebración de la diversidad la importancia de la educación política y la construcción de alianzas y solidaridad. Estas claves ofrecen un marco para abordar la fragmentación y la alienación de las identidades contemporáneas y para construir una democracia más inclusiva y participativa que pueda enfrentar los desafíos del siglo XXI.

En una era donde las estructuras democráticas tradicionales están siendo cuestionadas y el poder se concentra cada vez más en manos de élites económicas y políticas alejadas de la participación popular es esencial considerar las claves de futuro que estos teóricos proponen para enfrentar la fragmentación y la inestabilidad de las identidades contemporáneas.

La primera clave es la necesidad de rearticular la hegemonía entendida como el proceso mediante el cual diversas demandas sociales se unifican en un bloque coherente que puede dominar el campo político. Se argumenta que en la era posdemocrática la política debe centrarse en la capacidad de construir significantes vacíos, es decir, términos que pueden ser llenados con diferentes contenidos y que permiten la unificación de demandas heterogéneas bajo una identidad colectiva común. Esta capacidad es crucial para crear un sentido de cohesión y pertenencia en una sociedad marcada por la diversidad y la fragmentación.

Una segunda clave es la promoción de una democracia radical y pluralista que reconoce y valora la diversidad de identidades y demandas. Es importante plantear una forma de democracia que no aspire a una unidad homogénea, sino que celebre la pluralidad y la diferencia. Esto implica crear espacios institucionales y discursivos donde las diversas voces y demandas puedan ser expresadas y negociadas. Una democracia radical y pluralista requiere mecanismos de participación que permitan a los ciudadanos influir en las decisiones políticas y que fomenten el diálogo y la deliberación en lugar de la mera agregación de preferencias.

La tercera clave es la construcción de nuevas formas de participación y representación que puedan enfrentar la alienación y la desilusión con las estructuras democráticas tradicionales. La crisis del sujeto en la era posdemocrática se manifiesta en la desconexión entre los ciudadanos y los procesos políticos, lo que requiere innovaciones en la forma en que se organiza la participación democrática. Esto puede incluir desde formas de democracia directa y participativa hasta el uso de tecnologías digitales para facilitar la interacción y el compromiso ciudadano.

La cuarta clave es el papel del populismo en la rearticulación de la política democrática. Mouffe (2009) ve el populismo no simplemente como una amenaza a la democracia, sino como una respuesta potencial a la crisis del sujeto y a la alienación producida por la posdemocracia. El populismo, con su capacidad para articular demandas heterogéneas bajo un significante vacío, puede ofrecer una forma de rearticulación hegemónica que desafíe el poder de las élites y propicie la participación popular. Sin embargo, es crucial que este populismo sea democrático y pluralista capaz de incorporar una diversidad de demandas y de construir una hegemonía inclusiva en lugar de excluyente.

La necesidad de una política de la diferencia, que no solo tolere, sino que celebre la diversidad, es la quinta clave. En lugar de buscar la homogenización de las identidades la política debe reconocer la riqueza que aporta la multiplicidad de perspectivas y experiencias. Esto requiere un compromiso con la justicia social y la igualdad de oportunidades, asegurando que todas las voces sean escuchadas y que todas las demandas tengan la posibilidad de ser articuladas en el espacio público. Laclau y Mouffe sugieren que una política de la diferencia es esencial para enfrentar la crisis del sujeto y para construir una democracia verdaderamente inclusiva.

La sexta clave es la importancia de la educación y la formación política en la construcción de identidades democráticas. En una era de fragmentación e inestabilidad es crucial que los ciudadanos desarrollen la capacidad de pensar críticamente y de participar activamente en la vida política. La educación debe fomentar la comprensión de la política como un espacio de lucha y de negociación donde las identidades y las demandas están en constante reconfiguración. Laclau y Mouffe proponen que una ciudadanía educada y comprometida es fundamental para la construcción de una hegemonía democrática que pueda enfrentar los desafíos de la posdemocracia.

La séptima clave es la necesidad de una política de solidaridad y de construcción de alianzas. En una sociedad fragmentada es esencial que los movimientos políticos y sociales construyan alianzas estratégicas que permitan la articulación de demandas diversas en un proyecto político común. Esta solidaridad no debe basarse en una identidad homogénea, sino en el reconocimiento de la interdependencia y de los intereses compartidos. Laclau y Mouffe sugieren que la construcción de alianzas es crucial para la creación de una hegemonía inclusiva que pueda enfrentar el poder de las élites y promover la justicia social.

Discusión

La rearticulación hegemónica es fundamental para enfrentar la crisis del sujeto, en la era posdemocrática donde las identidades están fragmentadas y en constante cambio la capacidad de articular significantes vacíos que unifiquen demandas diversas en un bloque coherente es crucial. Estos significantes vacíos permiten la construcción de identidades colectivas que pueden movilizarse políticamente, desafiando el poder de las élites y creando nuevas formas de participación democrática. La hegemonía, según Laclau y Mouffe, no es un estado permanente sino un proceso continuo de articulación y rearticulación de demandas y significados.

De acuerdo con lo señalado por los autores, es imperativa la necesidad de una democracia radical y pluralista que no aspire a la homogeneidad, sino que celebre la pluralidad y la diferencia. En este contexto es esencial crear espacios institucionales y discursivos donde las diversas voces puedan ser expresadas y negociadas. Esto implica innovar en las formas de participación y representación, incluyendo mecanismos de democracia directa y el uso de tecnologías digitales para facilitar la interacción ciudadana. Una democracia radical y pluralista puede abordar la fragmentación de las identidades y fomentar una participación más inclusiva y efectiva.

De igual manera, es importante construir una política de la diferencia que valore y celebre la diversidad. En lugar de buscar la homogenización de las identidades, es crucial reconocer la riqueza que aporta la multiplicidad de perspectivas y experiencias. Esta política debe promover la justicia social y la igualdad de oportunidades, asegurando que todas las voces sean escuchadas y que todas las demandas tengan la posibilidad de ser articuladas en el espacio público. Una política de la diferencia es esencial para enfrentar la crisis del sujeto y construir una democracia inclusiva.

En una era de fragmentación es crucial que los ciudadanos desarrollen la capacidad de pensar críticamente y participar activamente en la vida política. La educación debe fomentar la comprensión de la política como un espacio de lucha y negociación donde las identidades y las demandas están en constante reconfiguración. Una ciudadanía educada y comprometida es fundamental para construir una hegemonía democrática que pueda enfrentar los desafíos de la *posdemocracia*.

Finalmente, la necesidad de solidaridad y construcción de alianzas. En una sociedad fragmentada es esencial que los movimientos políticos y sociales construyan alianzas estratégicas que permitan la articulación de demandas diversas en un proyecto político común. Esta solidaridad debe basarse en el reconocimiento de la interdependencia y los intereses compartidos, construyendo una hegemonía inclusiva que pueda enfrentar el poder de las élites y promover la justicia social. La teoría de Laclau y Mouffe invita a ver la crisis del sujeto no como un problema insuperable, sino como una oportunidad para la innovación política reconociendo la contingencia y la mutabilidad de las identidades y abogando por una política que celebre la pluralidad y la diferencia.

Referencias

Laclau, E. & Mouffe, C. (1985). *Hegemony and socialist strategy*. London, UK: Verso.

Laclau, E. (1990). *New reflections on the revolution of our time*. London, UK: Verso.

Laclau, E. (Ed.). (1994). *The making of political identities*. London, UK: Verso.

Laclau, E. (1996). *Emancipation(s)*. London, UK: Verso.

Mouffe, C. (Ed.). (1992). *Dimensions of radical democracy: pluralism, citizenship, community*. London, UK: Verso.

Mouffe, C. (2002). *Politics and passions: The stakes of democracy*. London, UK: Centre for the Study of Democracy, University of Westminster.

Mouffe, C. (2009). Democracy in a multipolar world. *Millennium - Journal of International Studies, 37*(549). https://doi.org/10.1177/0305829809103232

Torfing, J. (1999). *New theories of discourse: Laclau, Mouffe and Žižek*. Oxford, UK: Blackwell Publishers.

Los derechos humanos
entre el individuo y la comunidad

Juan Monroy García

Universidad Autónoma del Estado de México

Introducción

El presente texto pretende analizar las transformaciones de Europa central, a lo largo de seis siglos, del siglo XV al XX, acontecimientos que permitieron al siervo de la edad media, transitar hacia una sociedad con mayores libertades, dentro de las ciudades o burgos, cuyas formas de organización social y política, fueron los ayuntamientos o cabildos, el súbdito consiguió el reconocimiento de sus derechos civiles y políticos, el estatus de ciudadano, principios fundamentales para la posterior declaración de los derechos humanos.

En el periodo mencionado, diversos filósofos expresaron sus ideas sobre los derechos civiles, políticos y sociales del ser humano, desde pensadores con influjo utópico, como Tomas Moro, Tomas Campanela y Francis Bacon. Posteriormente, los filósofos de la ilustración francesa e inglesa profundizaron sobre categorías como Estado de naturaleza, esclavitud, Estado, sociedad civil, soberanía, aristocracia, oligarquía y democracia, entre otras; reflexionando sobre los derechos individuales y los derechos colectivos de una sociedad.

En las corrientes de pensamiento que se desarrollaron en Europa entre los siglos XIV y XVI, conocidas como "humanismo", por tomar como centro de reflexión y creación al ser humano, en clara contraposición al pensamiento medieval, se encuentran artistas, científicos y filósofos que se pueden considerar como pensadores de transición. La concepción renacentista antropocéntrica buscó en las raíces de la cultura grecolatina elementos para desarrollar un nuevo pensamiento, las actividades intelectuales se convirtieron en actividades

"

laicas, gozando de mayor libertad creativa y reflexiva, fuera de los espacios religiosos.

Parte importante del Renacimiento fue excluir de la esfera religiosa otros campos de acción humana, como la política, la ciencia y el arte. Ya no tendrán conexión directa con lo sagrado.

Por su parte, la reforma religiosa favoreció el desarrollo mercantil y el capitalismo en general, los reformadores religiosos colaboraron con el poder monárquico, fortaleciendo la conformación de los estados nacionales, así como la demarcación territorial de los mismos.

Por otra parte, es importante destacar los movimientos sociales, que pugnaron por el reconocimiento de los derechos civiles y políticos en Europa, en los siglos siguientes al Renacimiento donde, asimismo, se observa el tránsito del absolutismo a regímenes más democráticos.

Sin embargo, es en el punto culminante de la Edad Media en que se presentó el surgimiento de las ciudades o burgos como nuevas formas de organización social y política, con el consiguiente debilitamiento del poder feudal. Con el proceso consecuente de liberación del campesino o siervo, germinaron nuevas formas de organización política, tales como las alcaldías, los concejales o cabildos. Se originaron también nuevas actividades económicas como el comercio y las artesanías.

En los nuevos burgos surgió la ciudadanía, los orígenes de los derechos civiles y derechos políticos del ciudadano. Las monarquías, hasta cierto punto, fueron un apoyo importante para el surgimiento de los estados nacionales europeos. Los gobiernos monárquicos concentraron el poder y permitieron la unificación de los estados nacionales, así como su demarcación territorial y comercial.

Diversas corrientes de pensamiento florecieron entre los siglos XIV y XVI, conocidas generalmente como humanismo, porque ponen en el centro de reflexión y creación al ser humano. Esta búsqueda también involucró a la filosofía, surgieron innovadoras ideas religiosas y políticas, nuevas concepciones del mundo, como las utopías renacentistas. Asimismo, los pensadores de la ilustración profundizaron con sus reflexiones en la búsqueda de mayores derechos y libertades para el ser humano, derechos civiles y derechos políticos del ciudadano.

Condiciones sociales y políticas de Europa

En el clero existían dos fracciones claramente diferenciadas. Por una parte, los miembros de la jerarquía eclesiástica se oponían a cualquier cambio de la situación existente, como consecuencia estaban en desacuerdo con los levantamientos campesinos y los movimientos sociales que exigían cambios importantes en sus condiciones de vida; el alto clero era pilar fundamental del sistema feudal, las instituciones eclesiásticas, sirvieron de modelo al sistema feudal en su conjunto; algunos jerarcas de la Iglesia eran también grandes terratenientes y tenían servidumbre como los señores feudales, y la explotación de la mano de obra era similar a la de los feudos seculares. Por otra parte, se encontraba el clero popular, los sacerdotes de los pueblos y las campiñas, cuya situación económica era semejante a la de los campesinos pauperizados. Fue este clero el que participó directamente e incluso sacrificó, en determinado momento, su vida por el movimiento popular.

En el seno de la Iglesia católica y posteriormente también en la naciente iglesia protestante; muchos prelados gozaban de una vida ostensiblemente licenciosa, además se aprovechaban de diversas organizaciones y herencias a su favor, por parte de los señores feudales, así como de impuestos y diezmos de los más pobres.

Pero algunos sectores de la Iglesia no solo obtenían sus ingresos por los diezmos y donaciones, sino también valiéndose de la fe popular, cobraban por las reliquias, a las que le atribuían poderes milagrosos, además de las lucrativas ventas de indulgencias. Por otra parte, en Roma, el centro del poder eclesiástico, existieron métodos poco ortodoxos para acceder a los altos cargos eclesiásticos, predominando el nepotismo, el clientelismo y la corrupción.

Pensamiento utópico

Entre los siglos XV y XVI fueron planteadas nuevas formas de convivencia humana, más justas y equitativas, evitando la explotación del ser humano por sus semejantes; partiendo de la observación y la experiencia de vida bajo el poderío del mercantilismo, así como la expansión del poder monárquico; los pensadores renacentistas cuestionaron la sociedad existente, de explotación y enriquecimiento de un grupo reducido de la sociedad. Así emergieron las críticas y las propuestas de sociedades ideales, sin los problemas y defectos de la sociedad capitalista.

De esta forma, aparecen las utopías renacentistas, criticando la realidad a partir de propuestas de un lugar imaginario, utópico (sin lugar), donde se trata de regresar al pasado, al origen mismo de la convivencia humana, para proyectar así el futuro de la sociedad; planteando valores fundamentales como la libertad, la cooperación, el trabajo colectivo y la ayuda mutua en las relaciones de producción, desechando la explotación y el enriquecimiento con el trabajo ajeno, destacando la propiedad colectiva de la tierra, elemento fundamental de producción de dichas sociedades; despreciando además el oro y las monedas renacentistas, como consecuencia también la acumulación originaria de capital. Destacando formas más justas e igualitarias de convivencia, con libertad religiosa y política.

La *Utopía* de Tomás Moro fue una crítica muy severa al capitalismo, en su etapa inicial, directamente al centro mismo del sistema, a la forma de propiedad y la circulación monetaria.

Tomás Moro percibió una sociedad ficticia, conformada por elementos ideales, donde entreteje conceptos filosóficos y políticos de la cultura grecolatina clásica, así como ideas del cristianismo original. Moro presenta su obra a partir de la narración de la experiencia de un explorador llamado Raphael, quien incursiona en una isla llamada Utopía.

Utopía es una sociedad amante de la paz, donde existe una propiedad comunal de los bienes, en contraste con la sociedad existente en la época en que vivió Moro, donde predominaba la propiedad privada y las relaciones de explotación de la mano de obra, así como la paulatina sustitución de la mano de obra, por nuevas herramientas e innovaciones tecnológicas.

Por otra parte, las autoridades en Utopía son nombradas a través del voto popular, además de ser solo administradoras de los bienes colectivos y de la justicia en determinado momento, son servidores de la comunidad.

En el Renacimiento surgieron dos pensadores utópicos más, Tomás Campanella y Francis Bacon, el primero describe una sociedad distinta a su época, con el nombre de *Ciudad del sol*, mientras Bacon hace referencia a una sociedad ideal, con el nombre de *Nueva Atlántida*.

En la *ciudad del sol* los ciudadanos de esta república acordaron por consenso que la propiedad fuera comunal, a partir de estar convencidos de que la propiedad privada engendraba egoísmo y violencia entre los seres humanos; todos los habitantes trabajan colectivamente y los funcionarios distribuyen equitativamente la riqueza. Hasta los actos más íntimos eran en común en dicha ciudad.

Es una sociedad comunista ideal, cuyo poder político está en manos de hombres sabios y sacerdotes. Las ideas de Campanella contribuyeron a diseñar una organización social diferente a la existente en su época, con mayor libertad y justicia, además con un mínimo de desigualdades económicas y sociales.

Por su parte, en la utopía de Bacón, prosperan las reformas sociales, por medio de la ciencia y la tecnología; el autor refiere una sociedad donde el género humano alcanza la paz y la armonía controlando la naturaleza. En la *Nueva Atlántida* los seres humanos logran la felicidad como consecuencia de una perfecta organización social, distribución basada en la naturaleza y postulados científicos.

El autor de *La Nueva Atlántida* mostró también su preocupación por aspectos sociales, demostró particular interés por el cuidado de sí mismo, como ser humano, a partir del amor propio y aprecio al género humano en general, manifestó que el hombre debe alejarse de todo aquello que le perjudica, debiendo valora su cuerpo y su existencia misma, tener respeto por sí mismo y en consecuencia respetar también la sana convivencia con sus congéneres.

En *La Nueva Atlántida* encontramos además una sociedad más justa y equitativa, de gran creatividad artística, obras destacadas de literatura y poesía; La descripción que hace Bacon dentro de su obra permite vislumbrar elementos que recrean tiempos y espacios del pasado, pero también, escenas que prevén el futuro a través de la imaginación.

La concepción absolutista del Estado

En el ámbito de la filosofía política, Nicolás Maquiavelo ofreció una nueva visión del poder político, empleando un método empírico, analizó el poder político desde su experiencia en el gobierno. La preocupación de Maquiavelo fue siempre como conquistar el poder y las diversas formas para mantenerlo. Este pensador de los siglos XV y XVI, en sus textos, también se ocupó de cómo y por qué se perdía perder el poder. El gobernante debía lograr sus ambiciones de poder fuera de consideraciones morales, para este pensador el fin del Estado era mantener el orden y la paz en la sociedad, ya que considera que la humanidad es mala por naturaleza y se destruye así misma.

Para el pensador florentino existen múltiples factores del poder político, sin embargo, los resumió en dos, los objetivos y subjetivos. Para Maquiavelo los factores objetivos son fundamentalmente de coerción como: el ejército, la fuerza pública, las cárceles, elementos de imposición, además del poder económico. Por otra parte, los factores subjetivos son: el amor y el temor a los gobernantes, nuestro autor recomendó al buen gobernante, la combinación de ambos de manera estratégica.

Por otra parte, Maquiavelo indicó que el poder político que estaba sustentado en el pueblo, poseí mayor durabilidad y firmeza, que aquel basado únicamente en los nobles. Además, agregó que el pueblo le otorgaba mayor poder al gobernante, por estar apoyado en la voluntad de muchos, así como en la honestidad y obediencia del propio pueblo.

El pensador florentino narra los acontecimientos políticos, pero también reflexiona y obtiene conclusiones. Dentro de su concepción política existe un respeto por el poder emanado del pueblo, perfilándose la idea de que el poder político tiene su fundamento en la voluntad ciudadana.

El liberalismo inglés

Thomas Hobbes, quien vivió entre los siglos XVI y XVII. Fue uno de los primeros filósofos que planteó el iusnaturalismo, aquel Estado de naturaleza inicial en que hipotéticamente vivió la humanidad. Estado de naturaleza donde no existe la ley positiva, y predomina la fuerza bruta, la violencia de todos contra todos, llevando a la humanidad a su destrucción. Sin embargo, en dicho Estado, existe la libertad natural del hombre, la que es consustancial a su propia naturaleza.

En el Estado natural se genera la violencia, la confrontación de todos contra todos, se impone la ley del más fuerte, como consecuencia surge el Estado de guerra, donde no existe ley, ni respeto por la vida humana.

El pensador inglés indica que es necesario un pacto social, para evitar la destrucción de la humanidad, porque el hombre se convierte en lobo del hombre. Surge la necesidad de un contrato social entre los miembros de una sociedad. El Estado es necesario, por una razón práctica, tener sujetos a los seres humanos, para que puedan convivir en forma civilizada, sin destruirse unos a otros. Con ello se logra la conservación y el desarrollo humano.

Con este pacto social el hombre cede su libertad natural, a cambio de obtener derechos civiles y derechos políticos. Surge así el Estado de derecho, las primeras constituciones. El origen del poder político está en el pueblo, ya no es Dios el origen del mismo. La soberanía radica precisamente en el pueblo.

Para Hobbes el gobernante o soberano es el que le da existencia a la sociedad, es partidario de un poder absoluto. Para el pensador inglés el gobernante le otorga sustancia al Estado, las relaciones sociales, las concepciones de bien y mal, la idea de propiedad, la religión y el comercio. A partir de su soberanía, el gobierno establece la ley, establece las conductas buenas y malas que mantienen sujetos a los individuos, decreta las leyes económicas, así como el derecho de propiedad. Además, establece los decretos convenientes para los individuos.

Tomás Hobbes fue partidario de la concentración del poder político en un solo hombre, del poder absolutista. Como consecuencia desaprueba cualquier división del poder, acorde con su opinión la división del poder lo debilita. De tal manera que la clásica división de poderes en ejecutivo, legislativo y judicial, no cabe dentro de su concepción del Estado.

Para el pensador inglés, el soberano no tiene por qué respetar la propiedad, puesto que él la decretó. De igual manera, no tiene por qué aceptar los conocimientos de la historia y las doctrinas políticas, reconocerá únicamente aquellas teorías que le son favorables y provechosas. Por otra parte, Hobbes se opone también a que los jóvenes conozcan la historia.

John Locke escribió el *Ensayo sobre el gobierno civil*, texto que fue publicado en 1704, año en que murió, nuestro autor aseveró que el estado natural de la humanidad era de igualdad, para poder participar libremente sin distinción de todos los beneficios que la naturaleza ofrecía. Este estado inicial de la humanidad no es de libertad absoluta, ya que existe una ley no escrita, pero que obliga a todos los miembros de la comunidad a observarla, que se manifiesta a través de la racionalidad humana, son principios universales, que se debe cumplir. Para Locke la racionalidad humana debe coincidir con la ley, los seres humanos son iguales, libres e independientes, por lo tanto, nadie debe de dañar a otro en su vida, salud, libertad o posesiones.

Locke también afirmó que los seres humanos son propiedad de un hacedor o señor soberano que es Dios, sin embargo, pueden conducirse libremente y relacionarse con sus semejantes, mediante la guía de la razón, respetando valores como la vida y la libertad, la razón es el principio para actuar con justicia, para entender y aplicar la ley natural, que busca siempre la paz y la conservación de la humanidad.

La razón pertenece a todos los seres humanos y se manifiesta a través de la libertad, asimismo en la posibilidad del trabajo individual que, unido al pacto social, frenan el estado de guerra entre los seres humanos, permitiendo a la humanidad usar y disfrutar los bienes materiales y espirituales que nos ofrece la naturaleza, dentro de una comunidad que llamamos sociedad civil o sociedad política. Para John Locke, una finalidad fundamental de la sociedad civil es la defensa de la propiedad, que la vincula directamente con la libertad, la propiedad también la fundamenta a través del trabajo que, unido al pacto social, evitan la injusticia y las arbitrariedades. Por otra parte, es importante considerar que Locke es partidario de la división de poderes.

Locke entiende la sociedad civil como la reunión de los seres humanos, que mediante un pacto logran mejorar sus formas de existencia. Esta comunidad tiene además las facultades de legislar y castigar cuando es necesario a cada uno de sus miembros. Esta sociedad civil tiene la capacidad de nombrar a quienes elaboran las leyes, además de designar a los encargados de ejecutar las leyes mediante actos de gobierno. Nuestro autor es partidario de la división de poderes y se opone a una forma de gobierno de monarquía absolutista; este tipo de gobierno resulta, por lo tanto, incompatible con la sociedad civil y como consecuencia no puede considerarse como una forma de poder civil.

John Locke se pronuncia en contra del poder absoluto de un príncipe o monarca, el hecho de reunir las facultades de legislar y ejecutar las leyes, una misma persona siendo rey, sencillamente lo convierte en tirano. Además, indicó que, al observar la historia de la humanidad, se podía corroborar dicha afirmación. Por otra parte, Locke aseveró que el poder legislativo debía elaborar leyes en beneficio de la comunidad.

El liberalismo francés

A mediados del siglo XVIII, los filósofos de la ilustración difundieron sus ideas a través de la enciclopedia, los enciclopedistas sistematizaron y difundieron su pensamiento. La enciclopedia se convirtió en el símbolo más acabado de la ilustración francesa. Sus centros de reflexión fueron el ser humano y la naturaleza, pretendían cambiar las antiguas doctrinas y desarrollar una nueva imagen de la sociedad y de los conocimientos, que se conseguían y ampliaban a través de la razón, logrando así un mundo más humano. A través de la razón se lograba oponerse a la fe, así como a la autoridad de la iglesia.

Los enciclopedistas ponen en entredicho el poder papal, rompen al mismo tiempo con el poder de la iglesia católica dirigida por el Vaticano, sustituyen la religiosidad por el deísmo, entendida como una religión natural o racional, instituida en que la divinidad se expresa en la naturaleza misma, se manifiesta a través de la naturaleza, en el orden, la armonía, así como en la inmensidad y racionalidad de la misma. A través de todo lo que nos rodea se descubre la existencia del ser supremo. Los ilustrados consideran a la iglesia como una institución histórica más, no como expresión divina. La ilustración admite la existencia de Dios, como creador del mundo, acepta también la existencia del bien y el mal, pero rechaza toda injerencia de la iglesia sobre el Estado. Los ilustrados afirman que a Dios se le rinde culto desde el interior del corazón, sin necesidad de ceremonias visibles o de actos litúrgicos. Esta concepción religiosa se le identificará más tarde, como masonería, la masonería es un movimiento de carácter político y cultural. La masonería tiene origen cristiano y medieval, siendo un pensamiento de carácter profesional y gremial, con sus versiones católicas y protestantes, las diferentes logias masónicas se encargarán también de difundir las ideas de la Ilustración.

Voltaire es uno de los principales pensadores de la Ilustración francesa, en su obra *Diccionario filosófico*, consideró a Dios como el ser supremo, del cual todo se recibe, lo definió como el dispensador de bienes y males. Afirmó que a Dios se le podía descubrir en la naturaleza, consideró además que Dios era creador y señor de la humanidad, a la que compensará o castigará por el mal que haga.

Voltaire reconoce que existe una ley natural anterior, a todos los convencionalismos humanos. Está persuadido de que, en cada lugar de la tierra, las leyes se entienden y aplican según las necesidades y circunstancias, pero además se opone a las legislaciones que permiten y facilitan las guerras, por ser contrarias a la ley natural.

Su *Diccionario filosófico,* que fue publicado en 1764, instituyó los principios fundamentales que tendrán aplicación en la revolución francesa, entre otros, la proporcionalidad de los impuestos, así como la eliminación de la pena de muerte. En su lugar propuso el trabajo forzado. También asumió que la ley debía ser clara, uniforme, basada en principios que buscan siempre el bien común, asimismo, externó la necesaria correspondencia entre las leyes y las costumbres. Por otra parte, expresó la idea de que el clero tendría que someterse al poder del Estado y que la legislación instituida por un gobierno legítimo es jerárquicamente superior a las leyes eclesiásticas.

Voltaire también manifestó su concepción de la libertad, según la cual el albedrío se encuentra condicionado a la posibilidad de realizar o ejecutar ciertos actos, como la libertad de pensar, entendida como el derecho de los seres humanos a reflexionar y expresarse, sin sometimiento a alguna autoridad; con estas ideas Voltaire se enfrenta a la inquisición, expresando además que era organismo carente de equidad, un yugo para la libertad de los seres humanos.

Para Voltaire el Estado ideal era el parlamentario, por tanto, fue partidario de un gobierno parlamentario basado en dos cámaras, la de los pares y la cámara de los comunes, vislumbrando este tipo de gobierno para los nuevos Estados-nación.

Por otra parte, Voltaire fue partidario de la tolerancia para todas las actividades humanas, muy especialmente en materia religiosa y política, la consideró como el medio para evitar conflictos y guerras. Afirmó también que la benevolencia y equidad favorecían la igualdad entre los seres humanos.

Además, este filósofo identificó perfectamente el origen de la desigualdad, afirmando que la causa era fundamentalmente económica, que además creaba dependencia, y aseveró que la desigualdad entre los seres humanos no derivaba de una voluntad divina, asumiendo así una perspectiva moderna y revolucionaria en la cual se vislumbraba claramente una sociedad dividida en dos clases, una de opresores y otra de oprimidos.

En resumen, admitió la existencia de Dios y su bondad, así como una ley natural aplicada y entendida de manera diversa en cada Estado-nación. Consideró que la libertad del ser humano está sujeta a la capacidad de pensar y actuar y se opuso a toda forma de intolerancia política y social, en particular a la de carácter religioso, indulgencia y justicia son corolario de la tolerancia, virtud social de primer orden. Finalmente, para este autor, las condiciones económicas producen las desigualdades entre los seres humanos, generando dependencia y servidumbre de unos de otros.

Juan Jacobo Rousseau publicó en 1762 *El contrato social*, al mismo tiempo que *El Emilio*. En *El contrato social* aseveró que el hombre había nacido libre y que, sin embargo, en muchas ocasiones se encontraba encadenado. Subrayó el pacto social que existe entre los seres humanos, afirmando además que había una sociedad natural, que era la familia, insistiendo que la libertad es algo inherente a la naturaleza humana. Que, por lo tanto, los conceptos de esclavitud y derecho eran contradictorios y, para evitar una situación absurda, habría que remontarnos al pacto social original.

Enfatizó que el fin del pacto social era regular los derechos y obligaciones de los individuos. El problema se reducía, según él, a buscar una forma de asociación que defendiera y protegiera con toda la fuerza común a las personas y los bienes de cada uno de los asociados. Por lo cual, uniéndose cada uno a todos, podía permanecer libre gracias al pacto social, que regularía los derechos y las obligaciones de todos los miembros de la comunidad humana.

La voluntad general sería la cláusula fundamental del contrato social. La razón expresada por Rousseau estriba en que, dándose cada persona a todos, no se da a nadie y como consecuencia, no hay asociado sobre el cual no se adquiere el mismo derecho, que se le cede sobre uno mismo; el resultado es que se gana lo que se pierde y se obtiene más fuerza para defender y conservar lo que se adquirió con el pacto. A través del contrato social se limitaba así la libertad natural, pero se adquiría la libertad civil.

La asociación pública en que cada uno pone en común su persona y bajo poder de una suprema dirección, formando así un todo invisible. Esta asociación asevera Rousseau que ha recibido, en otros tiempos, el nombre de ciudad y ahora el de república o corporación política, denominada Estado, integrada por cada uno de sus miembros. Dicha asociación recibe el nombre colectivo de pueblo y sus integrantes son los ciudadanos, la soberanía del Estado radica y se fundamente en el pueblo, los ciudadanos son súbditos cuando se someten a la ley del Estado, que les garantiza sus derechos y libertades.

Para Rousseau, el Estado natural de los seres humanos era una hipótesis de trabajo que podía permitir comprender el estado actual de la sociedad, más que una afirmación que pudiera probarse en la realidad. Rousseau también afirmó que la ley natural tiene como fines la propia conservación del ser humano, así como evitar dañar a los seres vivos.

Además, según Rousseau la propiedad de la tierra dependía del derecho de primer ocupante, pero además agregó que para ser válido ese principio, debían cumplirse ciertos requerimientos: 1.- que el terreno no esté habitado por otros, 2.- ocupar solo la cantidad necesaria para subsistir, 3.- tomar posesión, pero para cultivo y trabajo; sólo así era legítimo el derecho de primer ocupante y se daba origen a la propiedad individual.

Rousseau revela que el dueño original de la propiedad de la tierra es el Estado, cuyo límite es el derecho de los demás estados, asimismo el Estado permite a sus miembros poseer propiedad con el fin de vivir adecuadamente. Rousseau piensa que cuando los seres humanos vivían en Estado de naturaleza, se implantaron las desigualdades físicas e intelectuales entre los hombres. Que cuando surge la sociedad civil y como consecuencia el Estado, así como el poder político, se establecen las leyes que regulan la convivencia y los derechos fundamentales, frenando de esa manera las desigualdades heredadas del estado de naturaleza.

Rousseau también exalta la libertad natural, como un derecho inalienable del ser humano, las leyes que regulan a la sociedad son una convención entre los seres humanos, para que las favorezcan y rindan frutos de bienestar y en beneficio del género humano.

Rousseau afirma que, si bien todo acto de justicia depende de Dios, no es posible recibirla directamente de él, por ello son necesarios la ley y el gobierno, que se encargan de instituir los derechos y obligaciones, así como aplicación de la justicia de manera concreta.

Rousseau distingue diferentes tipos de leyes, entre las que menciona: políticas, civiles, criminales, así como de usos y costumbres. Explica además que las primeras son las que atienden las relaciones entre el Estado y los ciudadanos, así también indica que, el segundo tipo de leyes rigen las relaciones entre los ciudadanos entre sí. Por otra parte, existe también autoridad que atiende la violación de las leyes fundamentales y los aspectos dinámicos de la vida cotidiana.

Rousseau, en el siglo XVIII, hablaba ya de una decidida, defensa del mundo natural y de la vida sencilla, frente al crecimiento de las grandes urbes, afirmando que el vivir en la ciudad fatiga y corrompe al ser humano, forzándolo a vivir en contra de su propia naturaleza.

Rousseau también nos señala cuál es el origen de la desigualdad entre los seres humanos, sobre todo la desigualdad física, dice que deriva de la fuerza, así como de otros factores internos y externos de los seres humanos. Por otra parte, expresa que la desigualdad política deriva de una convención, así como autorización de los seres humanos, conscientes de los privilegios que pueden gozar algunos, en perjuicio de los demás.

La explicación que ofrece Rousseau sobre la desigualdad afirma que es producto del tránsito del Estado natural a la sociedad civil, proceso que se aceleró con la introducción del derecho de propiedad, afirmando que al primer individuo que cerco un terreno, se le ocurrió decir esto es mío y encontró personas, que lo aceptaron e hicieron caso, fundándose así la sociedad civil. Rousseau reflexiona diciendo que cuántos crímenes, guerras, asesinatos, miserias y horrores se hubiera evitado el género humano, no permitiendo tomar posesión de la tierra, advirtiéndole que se estaba olvidando que los frutos y todas las pertenencias que la naturaleza ofrece no son de nadie en particular.

Rousseau afirma también que en el Estado natural los seres humanos eran buenos, pero que, con la introducción de la propiedad, se había transformado esa bondad, apareciendo la esclavitud, el trabajo forzado, que la agricultura y la metalurgia produjeron desigualdad, que el cultivo del trigo y la forja del hierro habían civilizado a los seres humanos, pero como consecuencia se había acabado la libertad, la igualdad, la fraternidad, así como la paz, surgiendo el Estado de guerra.

Juan Jacobo Rousseau escribió *El Emilio*, donde expresa su pensamiento en torno a la educación, plantea como un niño va a ser educado en contacto con la naturaleza, en el campo y en libertad, alejado de la influencia social, evitando que sean modificados sus sentimientos, así como sus mejores energías interiores. Para Rousseau van a existir tres tipos de educación: la primera proviene de propia naturaleza, la segunda de los seres humanos, de la sociedad y la tercera de las cosas. La natural atañe al desarrollo interno de las facultades y órganos del cuerpo, la segunda refiere al uso o aplicación de las facultades naturales del ser humano y la tercera, de las cosas, hace mención de las experiencias del ser humano con el mundo.

El aislamiento del educando al que se refiere Rousseau no es un hecho real, sino más bien una exigencia ideal para liberarlo de ciertas ataduras sociales. Ese aislamiento en el sentido ideal es indispensable, para el desarrollo del ser humano. El problema consiste en si se debe formar un ciudadano o un ser humano. Nuestro autor se inclina por lo último, con lo cual su concepción natural y libertaria se impone a la política, por ello dice la libertad debe formar seres humanos antes que ciudadanos.

Rousseau indica que la educación debe conciliar la naturaleza y la libertad, de tal suerte que la educación natural es aquella que respalda y respeta este proceso de desarrollo auto genérico, la educación debe lograrse por el educando y no establecida por el educador, afirma enfáticamente, hay que dejar que el niño sea niño, para que logre la madurez necesaria.

Para Rousseau existen diversas etapas en la educación del ser humano, de recién nacido hasta los seis años, la educación atiende al desarrollo psicológico, de los seis a los 12 años, debe tener en cuenta el desarrollo ético social, de los 12 a los 15 años, la educación insistirá en el valor de la experiencia, después de los 15, es importante encausar las pasiones dentro de lo natural. Siempre pensando en que la libertad constituye parte esencial del ser humano. Finalmente, Rousseau insiste en que deben combatirse los abusos, las desigualdades y las corrupciones, y afirma que la naturaleza purifica al ser humano de los residuos negativos de la civilización.

Por su parte, otro filósofo de la época, Montesquieu, está de acuerdo con la división de poderes, no comulga con derrocar a la monarquía francesa y propone más bien reformarla a través de la división de poderes, con funcionarios ilustrados y jueces independientes. Además, planteó que la ley natural debía inspirar la formulación de las leyes, escritas o positivas de una sociedad.

Montesquieu considera que el empezar a vivir en sociedad termina con la igualdad y comienza el Estado de guerra entre los hombres. En particular, surge la necesidad de establecer leyes positivas para regular las relaciones entre los miembros de una sociedad, el derecho civil que reglamente la relaciones entre los particulares, así como leyes que atiendan las relaciones entre gobernantes y gobernados, denominado derecho político. Además, se establecen leyes para normar las relaciones entre los pueblos o naciones. Así, Montesquieu divide el derecho para regular las luchas sociales.

Montesquieu afirma que existen tres tipos de gobierno: republicano, monárquico y despótico y para distinguirlos considera los siguientes hechos. 1. El republicano es aquel en que el pueblo o una parte tiene poder soberano. 2. El monárquico es aquel en que uno solo gobierna, pero con base y sujeto a leyes preestablecidas. 3. En tanto que el gobierno despótico, en el cual el poder reside en una sola persona, que gobierna según su voluntad o capricho, sin sujeción a leyes preestablecidas.

Montesquieu abunda diciendo que, cuándo en la república el poder soberano reside en el pueblo entero, se constituye en una democracia, y que cuando la soberanía está solo en manos de unos pocos, constituye una aristocracia. Además, el pueblo tiene la capacidad de elegir, apoyar o rechazar un sistema de gobierno, el voto constituye un elemento para el ejercicio del poder.

Por otra parte, Montesquieu indica que los privilegios de la iglesia deberían limitarse y sus funciones separarse del Estado. Montesquieu tiene claro que la libertad individual o colectiva funciona a partir de su relación con el Estado, afirma que la libertad es el equilibrio entre el querer y el deber. Para Montesquieu, la libertad opera en dos órdenes, uno en la división de poderes, dos en la seguridad y opinión que se tenga de la misma, respecto a la división de poderes, Por lo tanto, el amor a la libertad hace necesario dividir el Estado, en tres poderes ejecutivo, legislativo y judicial.

El aspecto fundamental de la libertad es la seguridad que brinda el Estado y ésta debe ser entendida como la garantía que efectivamente disfruta un ciudadano frente a actuaciones públicas y privadas. Montesquieu afirma que la ley o las leyes deben tomar en cuenta los diversos componentes que actúan sobre los seres humanos, climas, religión, leyes, costumbres y ejemplos del pasado que conforman lo que él llama el espíritu del legislador. El legislador debe tomar en cuenta los hábitos del pueblo y las condiciones geográficas.

En resumen, Montesquieu, al reflexionar y explicar sus conocimientos en el campo de la política, pretende llevar al ánimo del gobernante, las ideas que le permitan establecer reformas en beneficio del pueblo. Le interesa sugerir al gobernante, labores en beneficio común, más que formular críticas, como hacían otros autores, a las instituciones reales o eclesiásticas. Finalmente, todo gobierno justo debe recoger en las leyes, las costumbres, hábitos y factores populares en mayor número de beneficios, tanto en la educación como en el bienestar material de sus ciudadanos.

Por otra parte, hay que destacar que el modelo francés fue imitado por las elites intelectuales latinoamericanas en el siglo XIX, así como en otras partes del mundo; bajo la inspiración del liberalismo surgieron los movimientos de emancipación de las naciones oprimidas por los imperios multinacionales, que se habían dividido buena parte del mundo desde el siglo XVI.

La construcción de una identidad nacional fue una de las tareas fundamentales asumidas por las élites intelectuales de los diversos países, identidad que es puesta al servicio de las clases dominantes. Este proyecto ha servido para fortalecer al estado-nación en contra de sus enemigos externos, reales o imaginarios. Esa comunidad inventada que es la nación tiene que distinguirse culturalmente de otras por la lengua, la religión, los mitos y los símbolos, cuidadosamente elaborados y transmitidos de una generación a otra.

El siglo XX y los derechos humanos

Durante todo el siglo XX se dieron prolongadas luchas por las conquistas sociales más elementales, como el derecho a la libre asociación, de los trabajadores del campo y la ciudad, así como la libertad de creencias y de expresión, hoy consideradas como libertades elementales y dadas por supuestas en la mayoría de los estados del mundo. Este proceso paulatino de luchas y logros debe apreciarse como un proceso de conquista de la ciudadanía, y de allí surge la convicción de que las democracias modernas son los espacios políticos de los ciudadanos libres e iguales entre sí. Quienes aún no conquistan el derecho de ciudadanía no solamente carecen de algunos derechos elementales, sino que también quedan excluidos del espacio reconocido de la *polis* o de la *civitas*.

A partir de la Segunda Guerra Mundial, y con los horrores del fascismo, donde fueron negadas todas las libertades fundamentales, se consolidó un sistema internacional de derechos humanos expresados primeramente en la Declaración Universal de los Derechos Humanos, y posteriormente en la adopción por la Asamblea General de la ONU del Pacto Internacional de Derechos Civiles y Políticos y del Pacto Internacional de Derechos Económicos, Sociales y Culturales, estos dos últimos en el año de 1966. Estos instrumentos jurídicos, junto con otros que se fueron agregando a lo largo de las últimas tres décadas, constituyen lo que actualmente se denomina la Carta Internacional de los Derechos Humanos. Si bien se dice con frecuencia que estos documentos reflejan más que nada una concepción occidentalizada de los derechos humanos, no es menos cierto que a través de las Naciones Unidas se universalizaron estos derechos.

Dos principios fundamentales forman la base del edificio de los derechos humanos en la actualidad: el principio de igualdad de todos los seres humanos ante la ley, y la no discriminación por motivo de género, raza, color o grupo étnico.

A pesar de que estos principios son universalmente aceptados por las naciones, bajo diversas circunstancias los derechos civiles y políticos de los ciudadanos son con frecuencia restringidos, cuando no francamente negados, en nombre de valores superiores o prioritarios, como la unidad nacional, la consolidación del Estado-nación, el desarrollo o el progreso. En una primera etapa, los derechos humanos fueron identificados con el surgimiento de la burguesía como clase hegemónica en las sociedades occidentales. Conforme avanzó el capitalismo sobre amplias regiones del mundo, hasta llegar a la etapa actual de globalización, también se diseminó la ideología de los derechos humanos y, especialmente, la de los derechos civiles y políticos o de ciudadanía.

Comentarios Finales

Las transformaciones sucedidas en Europa, entre los siglos XV y XX, fueron elementos fundamentales para la conquista de los derechos ciudadanos, como producto de largas luchas económicas, sociales y políticas, de diferentes grupos sociales que participaron en diversos movimientos intelectuales, entre ellos el humanismo, el Renacimiento, la revolución científica, las utopías, el iusnaturalismo, la Ilustración, el liberalismo, entre otros. También cabe destacar otros movimientos sociales y políticos, como la reforma religiosa, la contrarreforma, los levantamientos campesinos, así como las huelgas de artesanos y obreros.

Con el surgimiento del capitalismo en Europa, a finales del siglo XIV, representó cambios significativos en lo económico, social y político, como la aparición de las primeras ciudades o burgos, donde precisamente surgieron nuevas formas de convivencia humana y formas de gobierno más democráticas.

Bajo estas condiciones de mayor apertura y libertad, el siervo de la edad media transitó hacia un nuevo régimen político, de mayores libertades, dentro de las ciudades o burgos, con una organización política innovadora, denominada ayuntamiento o cabildo, consiguiendo de esa manera el reconocimiento de sus derechos civiles y políticos, como ciudadano, antecedente fundamental de la declaración de los derechos humanos.

A partir de la conquista, América se insertará dentro del capitalismo internacional, como proveedora de materias primas y consumidora de manufacturas. El oro y la plata de esta región contribuyeron con el proceso capitalista, siendo parte sustancial de la acumulación originaria de capital y del proceso mercantilista.

Con el desarrollo industrial, el artesano se convirtió en trabajador asalariado, vendiendo su fuerza de trabajo como una mercancía más. El surgimiento de la clase trabajadora trajo consigo largas luchas políticas y sociales, por el reconocimiento de sus organizaciones gremiales, su derecho de huelga, así como mejores condiciones de trabajo. Las utopías renacentistas son una crítica al proceso capitalista inicial, proponiendo una sociedad ideal diferente, más justa, de colaboración y ayuda mutua, donde la propiedad es comunal y sin la explotación de los trabajadores.

Las diversas corrientes de pensamiento que surgieron en Europa en el siglo XIV, entre ellas el humanismo que tomó como centro de reflexión y creación al ser humano; artistas, científicos y filósofos fueron pensadores de transición para posteriores concepciones. Esta concepción antropocéntrica buscó en la cultura grecolatina elementos para desarrollar su pensamiento. Las actividades intelectuales se convirtieron en actividades laicas, con mayor libertad creativa y reflexiva, tratando de evitar la influencia religiosa.

Parte importante del humanismo fue excluir de la esfera religiosa otros campos de acción humana, como la política, la ciencia y el arte. La actividad intelectual ya no tendrá conexión directa con lo sagrado.

La reforma religiosa coadyuvó con el desarrollo intelectual, fortaleciendo la conformación de los estados nacionales, así como innovadoras formas de organización social y regímenes más democráticos. Originando así la ciudadanía, con el consiguiente reconocimiento de los derechos civiles, políticos y sociales, parte fundamental del reconocimiento de los derechos humanos.

Referencias

Bacon, F. (1998). *La nueva Atlántida*. Madrid: SARPE.

Campanela, T. (1998). *La ciudad del Sol*. Madrid: SARPE.

Hobbes, T. (1990). *Leviatán*. México: FCE.

Locke, J. (1995). *Ensayo del gobierno civil*. Madrid: SARPE.

Laski, H. (1999). *El liberalismo europeo*. México: FCE.

Maquiavelo, N. (2010). *El príncipe*. Madrid: Gredos.

Montesquieu, C. (1996). *Del espíritu de las leyes*. Madrid: SARPE.

Moro, T., Campanela, T. & Bacon, F. (1993). *Utopías del renacimiento*. México: FCE.

Moro, T. (1993). *Utopía*. Madrid: SARPE.

Rousseau, J. J. (2010). *El contrato social*. Madrid: Gredos.

Rousseau, J. J. (2010). *Emilio o la educación*. Madrid: Gredos.

Voltaire, F. (2010). *Cartas filosóficas*, Madrid: Gredos.

Sujetos vulnerados:
migrantes, excepción y ciudadanía
¿más allá de los derechos humanos?

José Antonio Mateos Castro

Universidad Autónoma de Tlaxcala

> Ya estamos transformados en los fantasmas que había-
> mos vislumbrado anoche [...] No tenemos nada nues-
> tro: nos han quitado la ropa, los zapatos, hasta los cabe-
> llos; [...] Nos quitarán hasta el nombre; y si queremos
> conservarlo deberemos encontrar en nosotros la fuerza
> de obrar de tal manera que, detrás del nombre, algo
> nuestro, algo de lo que habíamos sido, permanezca.
>
> Primo Levi. *Si esto es un hombre*

I

Nuestro siglo sigue siendo testigo de los discursos y de prácticas discrimina-
torias en un momento de predominio de la lógica de la mercancía, la explotación, desaparición, en otras palabras, de una *lógica de muerte*. El territorio
mexicano se ha convertido, al igual que el mar mediterráneo y otros lugares
del mundo, en una fosa común.[1] Los migrantes –hoy muchos niños y adoles-

---

1 El Proyecto Migrantes Desaparecidos de la OIM (MMP por sus siglas en inglés) considera
que la región del Mediterráneo, el Medio Oriente, el norte de África y América se ubican
entre los corredores migratorios más fatales de todo el mundo. El principal corredor migratorio mundial es el conformado por México-Estados Unidos. Consultado en https://www.
iom.int/es/news/la-oim-estima-que-ha-habido-3114-muertes-durante-los-procesos-migra-
torios-en-2018 y *Cfr.* González, R., *et. al.* (coord.). (2018). *Panorama migratorio. Migración*

centes que viajan solos–[2], tanto de Centroamérica como connacionales, sufren violaciones a su integridad física, moral y jurídica: extorsión, robo, secuestro, abuso sexual, trata y muerte, etc. Son muertes en donde el crimen organizado está en complicidad en ocasiones con el Estado: cuerpos desaparecidos y torturados; otros con "suerte" encontrados en fosas comunes o clandestinas.[3] Cuerpos calcinados como los hallados en los estados de Tamaulipas, Jalisco, Guerrero y Veracruz.[4]

En ese marco y teniendo como fondo a la globalización económica, es en este modo de producción que trastoca el ámbito de la diversidad moral, ética, política, jurídica y social, pero además, el lugar donde entran en crisis las naciones, las sociedades y las culturas, porque es el espacio donde se expresan culturas hegemónicas, siendo las culturas mayoritarias –los migrantes– los que padecen y sufren las contradicciones, pues son vulnerabilizados porque el mayor riesgo es su reconocimiento o negación absoluta de su dignidad, su vida (*Bios*) y su cuerpo sufriente. En el fondo lo que está en juego es el derecho a la libertad e igualdad y el derecho a la diferencia; al libre tránsito, a una vida buena, al desarrollo de su humanidad y, ello debería darse dentro y fuera de las fronteras de los estados nacionales. Y son precisamente los migrantes uno de los muchos sujetos colectivos vulnerables y vulnerabilizados dentro y

---

internacional: tendencias mundiales y dimensiones del fenómeno en México. México, Centro de Estudios migratorios. México, SEGOB.

2   La migración infantil irregular es causa de violaciones de Derechos Humanos: la falta de protección en estado vulnerable, la separación de su familia, la restricción de atención médica y sanitaria, falta de acceso a la educación o cultura regional y discriminación. Son diversos los casos de migración infantil, dependen de las circunstancias por las que se ven forzados o no a trasladarse de su lugar de origen. Para profundizar el tema *Cfr*. AA.VV.. (2019). *Informe sobre las migraciones en el mundo 2020*. cap. 8., ONU-Migración.

3   Es un punto de oscuridad en donde no se ve nada más, donde de manera ilegal y secreta se ejerce el poder de desaparecer. Es un espacio en donde se violan derechos humanos y, donde alguien se ha apropiado del poder de ocultar y dar muerte con la complicidad del Estado, a veces por omisión o por su participación directa.

4   Son cuatro los principales factores que influyen y complican el tránsito de los migrantes de México a EE. UU., a saber; el contexto social de México, sus condiciones de inseguridad, el crimen organizado y la insensibilidad por parte de los ciudadanos mexicanos hacia los migrantes en muchos casos. Es importante señalar que también la discriminación y el racismo son los principales problemas que padecen, en el que se incluye violencia y agresión física. Al crimen organizado tiene gran influencia en la problemática migratoria en el territorio mexicano, a veces en complicidad se les adjudica robo, secuestros, extorsión, trata de personas, uso de migrantes para el tráfico de drogas y reclutamiento en sus organizaciones. *Cfr*. Comisión Nacional de los Derechos Humanos (2018). *Los desafíos de la migración y los albergues como oasis. Encuesta Nacional de personas migrantes en tránsito por México*. Cap. III. CNDH/IIJ-UNAM.

fuera de nuestro país.[5] Por lo dicho, el trabajo problematiza la condición de migrante, los vacíos jurídicos y los lugares de excepción, además de los Derechos Humanos (DH) y sociales negados o no reconocidos en las cartas magnas y/o convenciones. Con la finalidad de plantear una forma distinta de concebir a los DH, no solo desde una perspectiva jurídica sino también moral o filosófica, menos abstracta, es decir, más abierta e incluyente "social y políticamente." (Castillejos, 2020, p. 33)

II

Emigrar[6] supone separarse de la tierra –la patria– en la que se ha nacido o en la que uno vive, sea de manera voluntaria o forzada, sean por cuestiones naturales, sociales, culturales, económicas y/o políticas. Se adquiere de manera transitoria o permanente la condición de migrante –económico– y/o refugiado –político–; alguien que, habiendo decidido o forzado a abandonar su país, se ve obligado a refugiarse a transitar por otro territorio. Cabe señalar que entre los términos migrante y refugiado las fronteras son muy delgadas, sin

---

5   Depende de la condición que se tenga: situación política, económica, social, ascendencia en sentido nacional o de interés propio; todas están ligadas por igual a situaciones históricas o temporales. *Cfr.* International Organization for Migration (2019). *Informe sobre las migraciones en el mundo 2020.*

6   Los migrantes pueden gozar de todos los derechos que reconoce la Constitución Política de los Estados Unidos Mexicanos y los instrumentos internacionales suscritos por el Estado Mexicano. El artículo 1º de nuestra constitución reconoce de manera amplia –sin excepción alguna– el derecho de toda persona de gozar de los derechos reconocidos por el Estado. Ante esto, la población migrante, con independencia de su condición jurídica en el país, le tienen que ser reconocidos y respetados todos los derechos al igual que al resto de las personas. El *respeto irrestricto de los derechos humanos* de la población migrante es uno de los principios en los que se sustenta la *Ley de Migración* publicada el 25 de mayo de 2011. Aunque en sentido estricto, los Derechos Humanos valen o tendrían que valer independientemente que estén incorporados o no en las cartas magnas, declaraciones, tratados, carta de derechos, etc. (paradigma jurídico). Habría que distinguir que una cosa es la obligatoriedad jurídica de tales derechos (juridificación) y otra su exigencia moral universal (filosófica).
La Constitución Mexicana ha incorporado la cláusula de no discriminación al texto constitucional (artículo primero) en concordancia con diversas normas internacionales que forman parte del Derecho Internacional de los Derechos Humanos, por lo que ningún migrante debe sufrir discriminación por tal circunstancia. La prohibición de discriminación hacia las personas migrantes está igualmente reconocida como uno de los principios en los que se sustenta la *Ley de Migración.* Consultado en http://www.cndh.org.mx/Derecho_Migrantes Es curioso que se use el término persona y no ser humano. Todas las *personas* gozarán de los derechos humanos.

embargo, baste con señalar que un refugiado refiere a un determinado colectivo que tiene el derecho de ser objeto de una protección especial en determinado país de destino, debido a que es perseguido por motivos de raza, religión, nacionalidad o por pertenecer a un grupo social o sostener ciertas ideas políticas, razón por la que se encontraría fuera de su país de origen (Convención sobre el estatuto de los Refugiados)[7] En ese sentido, hay refugiados por ser activistas, por ser objeto de abuso por parte de Estado y por ser víctima –sufrir violencia estructural–, esta última reconocida en la Declaración de Cartagena sobre Refugiados, 1984. Por su parte, las migraciones –forzadas– se dan a causa de violencia, persecución, desastres naturales o catástrofes provocadas por la acción humana, incluso pueden ser poblaciones desplazadas al interior de sus propias naciones. ¿Qué podría diferenciar a refugiados y a migrantes? El carácter voluntario o involuntario del desplazamiento. Aunque reconocemos que, en su aplicación práctica, tal distinción conceptual puede ser problemática. Pero baste simplemente ilustrarlos como conceptos operativos, aunque sabemos que estos pueden enriquecerse, ampliarse y problematizarse.

La situación del migrante es una forma de vida moral, política, jurídica y existencial transgredida como indica Zamora (2002): "La emigración forzosa, desesperada, que tienen que recorrer miles de personas obligadas por las circunstancias políticas de sus países, provoca una situación de desamparo y crisis que no sólo es física (falta de trabajo y recursos materiales), sino que es sobre todo moral y emocional." Hannah Arendt (1998, p. 375) nos dice algo:

> La privación fundamental de los derechos humanos se manifiesta en primer lugar y sobre todo en la privación de un lugar en el mundo que hace que nuestras opiniones tengan significación y nuestras acciones puedan ser eficaces. Algo mucho más fundamental que la libertad y la justicia, los derechos de ciudadanía, están en juego cuando pertenecer a la comunidad en la que uno nace ya no es una cuestión rutinaria y el no pertenecer a ella ya no es una cuestión de elección.

Hannah Arendt hace explícita la condición de quienes, por pertenecer a alguna minoría étnica, *sexual, política, social* o religiosa son declarados "fuera de la ley" –revocación de los derechos de ciudadanía–, al relacionarlos directamente con los Derechos Humanos (DH), más fundamentales que la libertad y la justicia (derechos positivados). Para nuestra filósofa privar a alguien de un lugar en el mundo, no sólo es un acto de exclusión institucional sino una verdadera *ruptura de la politicidad* que afecta al orden político-social del país

---

7   *Cfr.* http://www.ordenjuridico.gob.mx/TratInt/Derechos%20Humanos/D31.pdf

de origen de las personas; porque se daña una existencia (s), al mismo tiempo, la existencia de la entidad jurídico-político, social y cultural de aquellos (*los fuera de la ley*) que se han visto en la necesidad de abandonar su país, porque "el ser-persona es la esencia de la dignidad del individuo humano." (Castillejos, 2020, p. 25). El pensamiento moderno identificó al individuo como persona, por eso los DH que poseen todos los seres humanos es por el hecho de ser personas. De ahí que todos los seres humanos son igualmente dignos, eso constituye la esencia de la dignidad del individuo racional moderno, es decir, de la subjetividad moderna y, de esa manera, se convirtió en el fundamento de los DH. Kantianamente hablando, la persona como fin en sí misma, como un valor, en suma, por ello los DH son derechos inherentes ontológicamente a la persona.

Lo afirmado muestra cómo los sujetos vulnerados –no vulnerables– son reducidos a minorías desplazadas: migrantes o refugiados políticos y, a aquellos que aún dentro del país en el que han nacido y que por motivos morales, culturales, jurídicos, religiosos, políticos o étnicos han perdido o se les ha impedido ejercer sus derechos fundamentales –subjetivos jurídicos–[8], sociales –o económicos– y de ciudadanía. Arendt, de esta manera, visibiliza política, jurídica y filosóficamente que la consideración abstracta de los DH, es decir, que la lucha por estos derechos no es exclusivamente de estados "autoritarios" o "totalitarios", porque incluso dentro de las llamadas democracias liberales contemporáneas existe una violación sistemática a tales derechos. Afirma Hannah Arendt (1998, p. 375):

> [...] la dignidad humana precisa de una nueva salvaguarda que sólo puede ser hallada en un nuevo principio político, una nueva ley en la Tierra, cuya validez deba alcanzar esta vez a toda la humanidad y cuyo poder deberá ser estrictamente limitado, enraizado y controlado por entidades territoriales nuevamente definidas.

La filósofa posterga la discusión y problematización sobre esos "lugares" en donde de forma presuntamente rutinaria nuestras acciones y opiniones conservarían espontáneamente significación y eficacia. Si esos lugares existen o llegaran a existir –que es deseable–, se gozaría de un verdadero estado de derecho (jurídico) con posibilidades reales de externar opiniones o participar en la

---

8   Para profundizar en ello remitimos a Castillejos, Rodríguez F. Javier (2020) "Derechos Humanos y sociedad postsecular (Ensayo sobre la génesis y fundamento de los derechos humanos)" en Hernández, Sánchez Mario A. y Luis González Placencia. *Los derechos humanos de los márgenes al centro*. Vol. 1, UBIJUS.

conducción de los asuntos públicos; sin embargo, la experiencia nos dice todo lo contrario, la presencia de las migraciones forzadas, las minorías desplazadas, *los fuera de la ley*, los reducidos a vida biológica, a simples cosas, a nuda vida[9] como afirma Giorgio Agamben; reflejan que en ningún lugar se ejercen plenamente los DH (moralmente universales) o si existen, estos son *excepcionales*. Ejemplo claro es el sufrimiento de millones de migrantes latinoamericanos –y el mundo– en los Estados Unidos y también de aquellos que transitan por México: los pasajeros de la Bestia, las caravanas que atraviesan nuestro país, los miles de niños que viajan solos; los desplazados por el hambre o las catástrofes naturales y la persecución política por parte del estado o el crimen organizado, incluso de ambos.

Julia Kristeva afirmaba que si "el mundo en que vivimos es la única patria" y si todos procedemos del mismo caos, entonces, el extranjero nos habita, es la cara oculta de nuestra identidad, "el espacio que estropea nuestra morada." El extranjero comienza entonces cuando surge la conciencia de la diferencia y termina cuando nos reconocemos como extranjeros (contra las comunidades y los lazos que en ella existen) Hoy siguen existiendo millones de *sin-papeles* en el mundo que carecen de residencia legal, de ciudadanía, en suma, de derechos. El hecho de cruzar una frontera los convierte en extranjeros para quienes habitamos ya en un espacio, "… lo característico de los Estados modernos será la tendencia de lo político a apoderarse de la *nuda vida*, que ha de ser producida para tal finalidad." (Zamora A. J., 2006, p. 144). En él –Estado– el hombre moderno será un animal en cuya política está puesta en entredicho su *Bios*, es decir, su vida de ser viviente (Foucault) Es decir, foucaultianamente hablando, el hombre moderno se convertirá en un animal en cuya política está puesta en entredicho su ser viviente.

Histórica, política, jurídicamente los llamados Derechos del Hombre y del Ciudadano proclamados en 1789 son el momento en la cual la *nuda vida* pasa a formar parte de la política, pasa del súbdito al ciudadano; ahora la fuente de la Ley se encuentra en el Hombre y él será su objetivo esencial, su centro

---

9 La figura de la nuda vida recuperada por Giorgio Agamben hace referencia a la figura del derecho arcaico romano, individuo cuya vida podía ser arrebatada sin tener que dar cuentas a nadie por ella, es la vida de todos los que son expuestos a morir sin cometer homicidio –*homo sacer*–. Aquellos a los que se les puede sacrificar para establecer un nuevo orden o para sostener uno que ya se ha establecido. En ese sentido, la política de la modernidad se caracteriza por la incorporación de la vida desnuda al cálculo político occidental (paradigma biopolítico) y la constitución del estado de excepción (paradigma soberano) como regla. Esta es la arqueología de la vida desnuda. Desde su punto de vista, este es el paradigma biopolítico sobre el que su funda occidente (Agamben, 1998a).

de gravedad. En el siglo XVIII, el lenguaje de los derechos del hombre hace referencia a todos los derechos, mientras que la ciudadanía era un término que específicamente se refería a los derechos políticos. Es así que la nación (*nascere*) será el lugar de la soberanía. Los derechos del hombre pasan a ser derechos del ciudadano, cerrados a los integrantes de una comunidad nacional a la que se pertenece por nacimiento (*ius sanguinis*) o por naturalidad (*ius soli*). Esto se contrapone con los DH y moralmente es injustificable reservar los derechos solo para ciudadanos. Por eso, la pareja categorial de la política occidental es la nuda vida-existencia política, exclusión-inclusión. Lo que incluso lleva a considerar normales los muros, las vallas, las leyes restrictivas que nos "protegen" del extranjero, del enemigo. No es gratuito que para los Estados Unidos de Norteamérica los DH son un asunto de seguridad nacional contra amigos o enemigos reales o ficticios.

Las fronteras son un peligro para la migración de personas, ya que ella no es un hecho natural, es resultado del poder y cada nación ha marcado la frontera en donde ha podido y ha querido. Es un hacer histórico que los pueblos levantan para distinguir a los amigos y enemigos, a los ciudadanos de los no ciudadanos, a las vidas que valen la pena ser lloradas y a las que no, dice Judith Butler (2009). Ellas –las fronteras– son producto de la libertad, de la acción humana, no hechos naturales. Paradójicamente, nacer en un sitio u otro es azaroso, aunque no es lo mismo nacer en uno u otro lugar, en el norte o en el sur. Incluso en el sur dentro del norte.

Hay elementos simbólicos que representan una unión en el devenir histórico del estado-nación y se hace como efecto de un *contrato*, una historia, una identidad –*nacional*– que no por ser circunstancial deja de tener una validez universal, pero que es desafortunadamente abstracta y vacía. Ya que ella –la universalidad–, revela que el sentimiento de pérdida de *los fuera de la ley*, sean migrantes y/o refugiados; oculta el hecho de que en la mayoría de los casos responde a la fractura esencial que atraviesa todo estado dividido en grupos, clases, etnias, razas, religiones, en suma, en no ciudadanos y ciudadanos. No existen, pues, estados-nación que no sean escenario y efecto de luchas y fracturas que producen seres indeseables, residuos, vida desnuda y desechable.

En las cartas magnas modernas de derechos (formulación jurídica de los derechos), declaraciones, acuerdos o convenciones siempre hay vacíos y silencios jurídicos cuya realidad es el campo de concentración, es decir, "el lugar en el que se ha realizado la más absoluta condición inhumana que haya tenido lugar sobre la tierra." (Agamben, G. 1998, pp. 67-78). Son espacios sin ley, porque la ley se les ha retirado a las personas no para liberarlas, sino para privarles de su condición de personas (moral y jurídicamente); condenarlas a ser tratadas como no ciudadanos, como seres innominables e inclasificables. No hemos salido de él –afirma Agamben– en los estados de derecho, hay una parte, los oprimidos –migrantes– que viven en estado de excepción permanente. En el campo, se suspenden todos los derechos, se queda a merced del poder, de quien manda, por ejemplo, desnacionaliza, desnaturaliza, desnuda la vida. Nos dice al respecto el filósofo italiano Agamben (2007, p. 25), que el estado de excepción, "[…] permite la eliminación física no sólo de los adversarios políticos, sino de categorías enteras de ciudadanos –*los migrantes*– que por cualquier razón resultan no integrables en el sistema político." (2007, p. 25) El estado se convierte en una nueva forma de dominación y discriminación donde solo caben algunos individuos, ya que él es el único que puede garantizar los derechos, aunque paradójicamente él sea a la vez, la principal amenaza sobre ellos –los derechos– y sobre la integridad y los cuerpos de los seres humanos.

Las personas se convierten en meros cuerpos sufrientes, desaparecidos[10] o asesinados; los migrantes pierden su nombre, su más elemental pertenencia y se les refiere con un número como seres innombrables y animalizados. Los números reemplazan los nombres, a personas vivientes que han desaparecido o han muerto en su *odisea migratoria*. Este es un proceso de vaciamiento que pretende no dejar huella alguna, indica Calveiro Pilar (2004). "Cuerpos sin identidad, muertos sin cadáver ni nombre, descartables: desaparecidos, *migrantes*." "Hombres, *mujeres y niños* que se desvanecen en la noche y la niebla." Sumidos en la oscuridad se convierten en *nuda vida* (Agamben, G., 1998), es decir, en una vida sin marcos legales de la cual se puede disponer. Y en un Estado de excepción[11] que se presenta cada vez más como el "paradigma de gobierno dominante" donde "todo deviene posible." Espacios en donde pensamos y ejecutamos lo imposible, la ignominia.

---

10 De acuerdo con la Ley General en materia de desaparición forzada de personas (17 de nov de 2017), una persona desaparecida es aquella cuyo paradero se desconoce y se presuma, a partir de cualquier indicio, que su ausencia se relaciona con la comisión de un delito (XVII); mientras que una persona no localizada es aquella persona cuya ubicación es desconocida y que de acuerdo con la información que se reporte a la autoridad, su ausencia no se relaciona con algún delito (XVIII).

11 En el marco jurídico (positivo) que organiza y rige formalmente el orden público de una nación, la nuestra, por ejemplo, la ambigüedad y arbitrariedad en la aplicación de las leyes para algunos sectores de la población, que son la mayoría, el derecho y la justicia no existe o se viola permanentemente, es decir, el derecho que se *aplica* es una excepción permanente del derecho constituido. La *excepción* en la aplicación del *derecho* beneficia a unos pocos –sean sujetos o estados–, a los que ostentan poder político y económico, reflejándose ello en la negación de los derechos fundamentales de muchos, así como en la criminalización, encarcelamiento o desaparición de los que resisten o se oponen al estado de excepción. Y a esto los migrantes también están expuestos.

Los DH en esos contextos se convierten en un privilegio de unos pocos –ciudadanos– y la condición, por ejemplo, de migrante o refugiado ha alcanzado a la inmensa mayoría de los habitantes del planeta. Se elimina toda forma de vida comunitaria y solidaria. Y se impone el acto soberano que instituye la Ley de ejercer el poder, al mismo tiempo, el peligro de una voluntad que se sustrae a todo estado de derecho y a todo reconocimiento moral universal de los DH más allá de la ciudadanía.

Sin embargo, es la Humanidad concreta el horizonte ético del legislador que debería estar por encima de la soberanía de los Estados-nación y que pudiera cada estado a garantizar a sus habitantes –independientemente de su raza, sexo, religión, nación, etc.–, a gozar de iguales derechos. Desafortunadamente, se legisla para el ciudadano y no para el hombre.

Samuel Moyn (2012) considera que es a partir de los movimientos sociales de finales del siglo pasado; como amnistía internacional, ONGs, grupos de disidentes políticos de la URSS y movimientos de indignación en general en América y Europa, así como el fracaso del estado moderno, de la utopía comunista como respuesta alternativa y de las luchas anticoloniales, etc., como emerge un nuevo paradigma de los DH. Un paradigma que va más allá de las fronteras de los estados nacionales, a saber; los derechos valen porque están por encima de la política y más allá de la política. Una protección de los derechos por encima y sobre el Estado, pero este como una herramienta, como un medio y no como un fin, ya que él se convierte en una amenaza permanente para el reconocimiento de dichos derechos.

> [...] proclamamos los derechos inalienables de todos los hombres [...] reconocemos que cada sociedad tiene el poder de fijar los derechos de sus ciudadanos y en qué condiciones se pueden disfrutar. Por un lado, la Proclamación de los Derechos del Hombre y, por otro, leyes especiales para migrantes y exiliados (González, G. A., 2008).

Los migrantes son la denuncia de la separación entre el hombre de los derechos sin rostro de ciudadanía y la soberanía de la nación, es así, porque representan en el orden jurídico del Estado-nación, el elemento que rompe la identidad entre hombre y ciudadano y pone en crisis la ficción originaria de la soberanía: el pueblo es el origen del poder. Y, sin embargo, el migrante o el refugiado como conceptos límites ponen en crisis también las categorías fundamentales del Estado-nación (nacimiento-nación). Por ello, la sociedad le pertenece a unos cuantos o unos más que otros; que entre los derechos del hombre y del ciudadano hay vacíos, sombras que permiten que el poder decida cómo reparte y reconoce los derechos. En suma, no acaba de cerrarse plenamente la relación entre ciudadano y hombre.

III

Los Derechos Humanos[12] se han convertido en el centro de gravedad moral, jurídico y político de todo aquello a lo que acontece y asistimos actualmente. El filósofo alemán Jürgen Habermas afirma que la *dignidad* es la *fuente moral* de donde emergen y se fundamentan los derechos fundamentales del hombre. Ahora estos tienden a convertirse en la brújula –tal vez la única– para proveer de una moral –minimalista– a un mundo en desconcierto. Es más, es *el tiempo de los derechos,* como afirma Norberto Bobbio (1991). Sin duda, son el referente moral del cual se hace depender la *validez* de los órdenes sociales, políticos y jurídicos existentes y es a través de ellos como se fundamentan las instituciones políticas modernas como afirma Kersting (2001, p. 46), son "la última instancia a la cual recurrimos en nuestros discursos de justificación, de legitimación…" En pocas palabras, es la *conciencia de la moralidad* –no positividad– de los DH. Arendt (1974) diría en *Los orígenes del totalitarismo,* la posibilidad de que todo individuo pueda ser miembro de una comunidad política, a saber; el derecho a tener derechos.

El discurso de los DH es un discurso universal en la medida en que pretenden ser efectivos sin ninguna consideración de pertenencia, tradición o contexto. Y es subjetivo en la medida en que define los derechos sólo como atributos subjetivos del individuo racional.[13] El universalismo abstracto representa una metafísica de la subjetividad que considera al bien como el bien-para-mí o al bien-para-nosotros como el verdadero fuero interno. La tradición occidental consideró la necesidad del hombre de luchar contra su inmediata subjetividad. Sin embargo, al presentar los DH como derechos universales, muchas veces los sustraemos de la crítica y colocamos a todos sus detractores

---

12 En 1785, Europa entra en un proceso ilustrado, y sabemos que es en ese momento cuando gesta la Revolución Francesa. La Declaración de Independencia estadounidense establece que todos los hombres fueron "creados iguales" y que el Creador provee cierto número de derechos inalienables. La Declaración Universal de 1948 proclama desde su *artículo 1°*: "Todos los seres humanos nacen libres e iguales en dignidad y derechos. Están dotados de razón y de conciencia". Debido a que son naturales e innatos, por tanto, los derechos son inalienables e imprescriptibles." No es gratuito que tales revoluciones se justifican en términos de Derechos del Hombre, una secularización de los derechos naturales.

13 El pensamiento político occidental identificó al *individuo* como *persona*, es ahí en donde podemos darnos cuenta de que los Derechos Humanos como prerrogativas y reivindicaciones se sustentan en el ser humano por el hecho de ser *personas*.

fuera de la humanidad. Incluso, cuando hablamos de universalidad de derechos tenemos que preguntarnos, ¿qué tipo de universalidad sustentan los DH? ¿Es de orden geográfico, moral, filosófico o jurídico? ¿Es posible pensar a los DH fuera del sujeto occidental moderno? Algo nos dice Joan-Carles Mélich al respecto "La filosofía occidental ha vivido en el horror de lo múltiple. El *logos* se ha ido progresivamente afirmando en la medida que negaba la multiplicidad, la pluralidad, la relatividad [...] Este "horror a lo múltiple" abarca también al Otro, al *migrante*" (Mèlich, J. 2001, p. 11).

Tenemos que decir que todo pensamiento, sea cual sea, mira desde algún lugar, es situado. Y está alimentado por las ideas, supuestos y experiencias de una tradición. No hay pensamiento sin experiencia ni sin ubicación" (Mardones, J. Reyes M. M., 2003, p. 7). Si no vemos el asunto de esta manera, lo que perdemos es la posibilidad de ver bajo lo visible lo invisible; bajo el triunfo, su costo social y humano. Reconocemos que el pensamiento moderno es un pensamiento de lo *Mismo* sobre lo *Otro*, un pensamiento de la *identidad*.

> La antropología filosófica asumida en este modelo, al determinar la esencia de la persona o sus características (cuasi) universales, puede conducir a ciertas *exclusiones* o *discriminaciones* [...] Una teoría de los DH que hiciera depender el status de personas a los poseedores de ciertas capacidades excluiría necesariamente a todos aquellos humanos que no cumplieran con dicha regla de reconocimiento [...] (Castillejos, 2020, p. 32).

Los DH en la Declaración Universal (1942) son aspiraciones personales y colectivas no necesariamente entidades metafísicas, son *normas morales* universales y obligatorias y, en la mayoría de los sistemas jurídicos son el fundamento del orden legal (las constituciones) que respondieron a la "barbarie civilizada" de la media noche de la Historia de Europa en la primera mitad del siglo XX. Si esto es así, entonces los DH estarían por encima de los intereses particulares, de clase, etnia, religión, sexo, etc. y de esta manera, el derecho dejaría de ser sólo un sistema de normas jurídicas positivas –insuficiente– que regula la vida de las personas en sociedad para convertirse en un sistema de normas que tiene como tarea fundamental la protección moral de la humanidad y dignidad de todo ser humano. Probablemente, los DH son el único recurso de apelación que se tiene contra todo poder, contra todo tirano, afirmaría Norberto Bobbio.

Una nueva forma de pensar a los DH tendría que optar por una protección más allá del estado-nación. Considerarlo no como la instancia que concede derechos –no violenta– sino como la instancia que debe velar por ellos, protegerlos. Hacer del Estado un medio y no un fin, no aquel que impone límites. En otras palabras, crear un paradigma más allá de la política y el Estado-nación. "La moralidad global en su alcance potencial, podría convertirse en la aspiración de la humanidad." (Moyn. 2012, p. 246). En suma, un cambio de la política hacia la moralidad, en donde el derecho internacional no solo regule las relaciones interestatales sino también las intraestatales. Se trata de pensar los DH como defensa moral sobre la cual se articulan las relaciones entre estados y actores no gubernamentales con un alcance transnacional.

Hannah Arendt en un texto titulado, "Nosotros los refugiados." (1941), anotó que los judíos fueron declarados extraños en la Segunda Guerra Mundial. Los judíos descubrieron en esa odisea que realizaron por los estados que iban atravesando, que eran judíos, solo judíos, seres humanos, lo cual significaba no ser nada, porque lo importante era tener papeles, documentos que confirmaran su ciudadanía. No es gratuito que afirme que ellos son la vanguardia de los pueblos, porque lo que les ocurrió le puede ocurrir a cualquiera, porque el poder desnacionaliza, desnaturaliza, convierte en *nuda vida*, en seres susceptibles de ser asesinados sin que eso signifique una responsabilidad para quien lo haga. Si esto hace un estado con los sujetos vulnerables de la sociedad, toda conquista humanitaria posible estaría en peligro. Entonces, ningún sitio garantiza que por nacimiento se tenga de por vida los derechos de ciudadano. Pueden invocarse razones de tipo económico, cultural o político para poner entre paréntesis la ciudadanía de cualquier ser humano.

Desafortunadamente, los estados definen quién es ciudadano y quién no. Habría que pensar como horizonte el marco de la Humanidad porque este huérfano género humano sigue buscando todavía un horizonte de unidad en los DH, en los Derechos del Hombre o del ciudadano del mundo. En otras palabras, *la nuda vida* exige sus derechos porque en la delimitación del afuera se juega o nos jugamos nuestra manera de ser, de habitar y de continuar como comunidad humana.

Si los DH son un medio privilegiado para el perfeccionamiento moral de instituciones y de instrumentos formales, es, entre otras muchas formas, la última utopía, ya que ha resistido hasta el día de hoy, la que no ha naufragado, ¿todavía? Una utopía como crítica del presente, necesaria para las luchas humanas como *proyecto de moralidad* internacional legalizada que intenta salvar al mundo, un individuo a la vez, afirma Samuel Moyn, que no afirma el universalismo para salvar a todas las personas de una vez por todas, sino que afirma derechos frente al Estado, derechos que hacen del individuo un ciudadano del mundo. No son derechos del Estado, ya que el individuo y sus derechos son la parte esencial independiente de su pertenencia a una comunidad política, sea cual sea. Viendo así el asunto, esta forma de entender a los DH parte de una concepción moral de los individuos que permite constituir una ética común humana. Una concepción moral mínima compartida por medio de derechos, independientemente del lugar que se habite. Separándose del iusnaturalismo moderno en los que los derechos naturales no pueden entenderse sin el Estado, ya que es su condición necesaria, porque están anclados en el concepto de ciudadanía.

Por todo lo expresado, los migrantes y otros sujetos colectivos son deshumanizados dentro del orden en donde se naturaliza la exclusión, es decir, habita fuera de los DH. Lo que vemos es una imposibilidad de alcanzar un cierre entre "ciudadanía y ser humano" debido a que estos derechos parecen ser más DH en tanto se es persona jurídica –*ciudadanos*– que siempre tienen la posibilidad de apelar a ellos, porque lo humano es pensado desde una forma específica lo cual excluye a muchos otros (moral, política y jurídicamente).[14]

Para el estado-nación moderno, el migrante sin papeles no existe, pero sí existe como mano de obra, no como ciudadano, no como sujeto moral con derechos que les permitiría ser tratados como personas. Los países del norte esperan mano de obra, no personas. En ese sentido, el estado crea condiciones para que cualquiera, sea amigrante, refugiado, materia sobrante, nuda vida para ser desechada, utilizada y explotada.

A modo de conclusión

No es gratuito que Achille Mbembe considere que el sistema capitalista tiene como base la distribución desigual de la oportunidad de vivir y morir; se convierte en una lógica de sacrificio porque la vida simplemente es tomada como

---

14 En su primera conferencia de prensa como presidente de los Estados Unidos, Joe Biden habló sobre nuevas políticas migratorias. Sostuvo que Trump vulneró los principales valores de EE. UU. con sus políticas extremistas sobre el ingreso a la nación, siendo que Norteamérica se ha caracterizado como una nación de migrantes, por lo que el presidente Biden previó reservar una cantidad de 4000 millones de dólares para allanar los problemas de violencia o falta de oportunidades económicas de dichos países. Proyecto que aún en 2024 no logra consolidarse Consultado en https://www.bbc.com/mundo/noticias-internacional-56532318
Las políticas migratorias que Joe Biden trataron de impulsar: a) acabar con la separación de las familias, b) detener las políticas de asilo de Trump, c) terminar con la detención prolongada, d) revertir la carga pública, e) restablecer el programa para los dreamers, f) rescindir prohibiciones de viaje. Consultado en https://www.forbes.com.mx/mundo-propuestas-biden-migracion/ Habrá que seguir esperando la ejecución y resultados de dichas políticas públicas. esperar si cumplirá con tales políticas migratorias.

nuda vida. En los procesos migratorios, por ejemplo, se deja morir a las personas en el mediterráneo, en los campos de refugiados, en la bestia, en el río bravo, en los camiones, en los caminos. Bajo el argumento de que los migrantes son ilegales, no personas, no ciudadanos, así, se les quita su humanidad y sus derechos y se les deja morir como sujetos de desecho.

La política imperante –liberal o democrática– tiene el poder de incluir y excluir según la pertenencia a un grupo en particular; su política, a pesar de aparentar ser solidaria, en el fondo no ha dejado de ser despótica. El paradigma que subyace es el del sujeto racional moderno que ha definido lo humano de un *resto* (Agamben, 2000) que siempre queda fuera. El poder del Estado o el capital, ejercen una autoridad excepcionalista por medio del dinero, las armas, incluso a través de sus instituciones y sus leyes. Porque se cosifican los cuerpos y las poblaciones, los reducen a mercancías, a vida útil o desechable, simplemente a fuerza de producción sustituible. Esta soberanía mortífera –la necropolítica– es una "obra de muerte" que hoy es más visible para establecer un régimen de producción y relaciones sociales basadas en la captura o aniquilación del viviente (se somete o se muere). El derecho soberano de dar muerte se ejecuta sobre la base de la discriminación entre los que deben vivir y los que deben morir; entre los vivos dignos e irremplazables y los muertos indignos y desechables, por ejemplo, los migrantes.

De esta forma, se configura a un viviente que experimenta la alienación individual (mercancía) y muerte social (no-humanidad), "la raza –dice Mbembe (2011, p. 36)– es la sombra omnipresente en el pensamiento y la práctica política de occidente, sobre todo cuando imagina la inhumanidad de los extranjeros."

En ese sentido, podemos entender a los DH como derechos morales, como un proyecto utópico, como una lucha política y moral, incluso más allá de lo jurídico, es más, como un nuevo proceso y no como la última etapa de los DH. La posibilidad de un proyecto político y social de reconocimiento y de inclusión moral para ir más allá del horizonte de comprensión occidental moderno que supone un sujeto –una idea de persona– una cierta cultura particular como modelo de humanidad.

Referencias

AA. VV. (2019). *Informe sobre las migraciones en el mundo 2020.* ONU-Migración

Arendt, H. (1998). *Los orígenes del totalitarismo.* Madrid: Taurus.

Agamben, G. (1998a) *Homo sacer. El poder soberano y la nuda vida.* España: Pre-textos.

Agamben, G. (1998b). ¿Qué es un campo? *Artefacto. Pensamiento sobre la técnica*, N. 2, pp. 67-78.

Agamben, G. (2007). *Estado de excepción*. Buenos Aires: Adriana Hidalgo.

Agamben, G. (2000). *Lo que resta de Auschwitz*. Valencia: Pre-textos.

Bobbio, N. (1991). *El Tiempo de los Derechos*. Madrid: Editorial Sistema.

Butler, J. (2009). *Marcos de guerra. Las vidas lloradas*. Madrid: Paidós.

Calveiro, P. (2004). *Poder y Desaparición. Los campos de concentración en Argentina*. Buenos Aires: Colihue.

Castillejos, Rodríguez F. J. (2020). Derechos Humanos y sociedad postsecular (Ensayo sobre la génesis y fundamento de los derechos humanos). En Hernández Sánchez M. A. & González Placencia, L. *Los derechos humanos de los márgenes al centro*. Vol. 1. México: UBIJUS.

Alto Comisionado de las Naciones Unidas para los Derechos Humanos (2024, junio 202) *Convención sobre el estatuto de los Refugiados*. https://www.ohchr.org/es/instruments-mechanisms/instruments/protocol-relating-status-refugees

Cortés, F. (2002). El Estado, el derecho y la moral en el pensamiento político de Kant. *Revista Internacional de Filosofía Política*. Número 20, diciembre, UNED/UAM-I, Madrid.

Acnur (2024) Declaración de Cartagena sobre Refugiados. (1984). Https://www.acnur.org/sites/default/files/legacy-pdf/5b076ef14.pdf

Durand, P. (2012, mayo 24). Estado de excepción permanente. UNAM, IIS. http://conceptos.sociales.unam.mx/conceptos_final/491trabajo.pdf

Esteban, A. (2002). El desarraigo como vivencia del exilio y de la Recuperado de: http://alhim.revues.org/708.

González, A. (2008). "El olvido de los Derechos del Hombre (G. Agamben, R. Esposito)" Revista de Filosofía Convivium, Barcelona, no. 21, https://raco.cat/index.php/Convivium/article/view/87240/112316

González, R. *et al* (coord.). (2018) *Panorama migratorio. Migración internacional: tendencias mundiales y dimensiones del fenómeno en México*. México: Centro de Estudios migratorios. SEGOB.

González, L., Hernández, M. (2017). ¿De qué hablamos cuando hablamos de Derechos Humanos, razones universales de justicia y contextos locales de justicia? Localizar, explorar y aprehender teóricamente el paradigma de los Derechos Humanos. En *Razones universales de justicia y contextos particulares de injusticia*. México: Tirant lo Blanch.

Kersting, W. (2001). *Filosofía política del contractualismo moderno*. México: UAM-I/ Plaza y Valdés.

Comisión Nacional de Derechos Humanos (s/a). *Ley de Migración*. http://www.cndh.org.mx/Derecho_Migrantes

(2018). *Los desafíos de la migración y los albergues como oasis. Encuesta Nacional de personas migrantes en tránsito por México*. Cap. III. CNDH/IIJ-UNAM.

Mbembe, A. (2011). *Necropolítica*. Tenerife: Melusina.

Mbembe, A. (2005). Del racismo como práctica de la imaginación. En ¿A dónde van los valores?, Coloquios del siglo XXI.

Mbembe, A. *Okwwuj Enwezor, Lo desacogedor. Escenas fantasmas en la sociedad global,* Sevilla, Fundación BLACS.

Mardones, J. María & Reyes Mate M. (Coords.) (2003). *La ética ante las víctimas,* Barcelona: Anthropos.

Mélich, J. (2001). *La ausencia de testimonio. y pedagogía en los relatos del Holocausto.* Barcelona: Anthopos-UANL.

Moyn, S. (2012). *La última utopía: los derechos humanos en la historia.* Bogotá: Pontificia Universidad Javeriana.

Zamora, J. A, et al. (2005). *La condición migrante. Ciudadanía e inmigración: las fronteras de la democracia.* Ciudad Real: Universidad de Murcia.

La Constitución Mexicana de 1824.
Una subjetivación germinal

Herminio Nuñez Villavicencio
Universidad Autónoma del Estado de México

Introducción

Trabajando en la línea de búsqueda centrada en las inevitables relaciones entre literatura y disciplinas que le son contiguas, como la historia, la filosofía, la sociología y otras, aparece de improviso una invitación a participar en el programa conmemorativo de doscientos años de la Primera Constitución Mexicana de 1824. Pedí me permitieran tiempo para decidir mi participación, pues la fecha del programa era cercana y no trabajo oficialmente ni historia, ni ciencia política, derecho constitucional o cualquier otra disciplina que estudie el documento al que está dedicado el evento; de manera que mi limitada visión del tema que expongo es la de un simple ciudadano que aprovecha la ocasión para comunicarse, resolver algunas dudas y para actualizarse. No tardé en confirmar mi participación, en esos días venía tratando de desplegar una exposición sobre la categoría "sujeto" y me di cuenta de que, en torno a esta cuestión, las primeras décadas del siglo XVIII han sido importantes no sólo para la nación mexicana naciente, sino también para la Europa metropolitana, para sus excolonias o aún colonias, y esto no sólo desde el aspecto político, sino inclusive desde el lado literario.

Vientos de libertad en Europa

El viejo Continente vivía en esos años tiempos de emancipación, de liberación, no de un poder que le era externo, sino de un sistema de gobierno propio que daba poco espacio para la libertad, tanto colectiva como también para cada uno de sus miembros. El México naciente sí se desligaba de un poder exterior y, por tanto, con herencias más crudas. Del lado específico literario, en el viejo continente se registraron importantes novedades: novela e historia, por ejemplo, tuvieron estrechas relaciones durante el siglo en que vio su mayor desarrollo la narrativa. El lazo profundo que permite comprender a la vez a Balzac y a Michelet es, en el uno y en el otro, la construcción de un universo autárquico, que fabrica sus dimensiones y sus límites ordenando su tiempo, su espacio, su población, sus objetos y sus mitos. Sabemos que en alguna época se pudo construir novelas mediante cartas, y que también se pudo practicar una historia por medio de análisis y mediante otros medios, como lo expone Hayden White en su *Metahistoria. La imaginación histórica en la Europa del siglo XIX,* pero la modalidad más frecuente de hacer historia parece ser la narrativa. La narración, entonces, no es una exclusividad literaria, y menos todavía del género novela. El relato es forma extensiva a la vez de la novela y de la historia, sigue siendo, en general, también la elección o la expresión de un momento histórico. En este sentido, cabe recordar que la novela histórica nace al inicio de ese siglo, empieza en tiempos de la caída de Napoleón; la novela *Waverley* de Walter Scott, por mencionar un ejemplo, se publicó en 1814[1], diez años antes de la promulgación de la primera Constitución Mexicana. En otro orden de considerandos, pero aledaño, cabe recordar también como herencia de la Revolución francesa, que, en consecuencia del ascenso y la caída de Napoleón, la historia se ha convertido en una experiencia vivida también por las masas en Europa.

De manera semejante a la velocidad de cambios que estamos viviendo en nuestros días, de metamorfosis o transformaciones que nos dejan azorados y con la sensación de que no podemos correr a la par, de que estamos siendo apurados, de manera parecida, en los años entre 1789 y 1814 cada país de ese continente vivió más transformaciones que cuantas pudo haber vivido en siglos anteriores. Estas transformaciones estaban cargadas de un carácter cualitativo particular y novedoso: la impresión que vivían las masas era algo

---

1 Sabemos que antes de esta fecha hay novelas con argumento histórico. Las podemos encontrar como elaboraciones de periodos de la historia europea, del medioevo y hasta en composiciones de la historia china y de la India. En Occidente, la novela más famosa de argumento histórico: *The Castle of Otranto* de Horace Walpole, trata la historia, pero sólo en su aspecto exterior, en ella el interés se centra sólo en lo curioso y en lo excéntrico del ambiente descrito, no se ocupa de la reproducción artísticamente apegada a una concreta época histórica. A la novela con tema histórico anterior a Walter Scott le falta el elemento histórico específico del que se hace derivar el particular modo de actuar de los personajes, según las características de su época (Lukács, 1965).

definitivo, se dieron cuenta de que lo que sucedía en el tiempo ya no podía ser considerado como "algo natural ", como se le había percibido hasta entonces, sino que se le empezaba a ver como algo histórico, como algo realizado por el ser humano; de este modo se reforzó la idea y sobre todo la sensación de que hay una historia que es un proceso ininterrumpido de transformaciones, y que esa historia incide directamente en la vida de cada individuo. Entonces se descubrió, entre otros aspectos, el significado social de la guerra que muchos habían vivido en carne propia, sus presupuestos históricos y sus circunstancias fueron relacionados con la vida entera y también con las posibilidades de desarrollo de la nación cuya entidad inició a ser más sentida como propia. Apareció así la sensación de pertenencia a algo ya no ajeno, sino a algo que ha sido apropiado tanto en el caso del individuo como en el de la patria, algo que está en germen y teñido de esperanza. Esto llevó a ligar la vida del pueblo al moderno ejército de masas que defiende lo propio y rompe con la concepción de ejército que había en la monarquía absoluta. En esas circunstancias, en Francia desapareció la barrera de clase social entre los oficiales nobles y la tropa; se abrió a todos la posibilidad de ascender a los altos grados del ejército. Las barreras que había tan marcadas entre ejército y pueblo fueron necesariamente demolidas. En esas circunstancias se presentaron las posibilidades para que los ciudadanos concibieran su existencia como algo hasta cierto punto condicionado históricamente pero también con la participación libre de cada individuo. Como consecuencia de la Revolución y del episodio napoleónico, en Francia, el sentimiento nacional se convirtió en experiencia vivida y en patrimonio tanto para campesinos como para las capas inferiores de la burguesía. Sólo entonces y por primera vez el territorio fue sentido por todos los franceses como su propia tierra, como la patria que ellos mismos han creado. (G. Lukács, 1965:9). Las guerras napoleónicas provocaron en todas partes el sentimiento nacional, fomentaron el espíritu de resistencia contra la imposición, fueron tiempos de exaltación de la independencia. Todo esto sucedía en las metrópolis en las que la mercancía ya se hacía sentir con fuerza como el eje en el tiempo histórico y en el espacio del capital[2].

---

2   Según la configuración de la producción, distribución y consumo de la mercancía, se despliegan el desequilibrio y la demencia de la acumulación de capitales. La historia económica registra que hasta 1810 esa mercancía giraba en torno a los textiles de lana y, a partir de los inicios del siglo XIX, los textiles de fibra los reemplazan comercialmente. Hacia 1870, la industria pesada es la que ya para entonces monopoliza y rige las formas de acumulación. En el tercer decenio del siglo XX se da otro cambio hacia los bienes duraderos, y hacia finales del siglo XX la mercancía eje lo constituye la información.

¿Qué sucedía, mientras tanto, en nuestro país?

En circunstancias muy diferentes porque pasamos de la metrópoli a una apenas naciente república, *mutatis mutandis,* México también vivía momentos decisivos, dejaba atrás siglos de dependencia, vivía la apertura de nuevos tiempos, de libertad, de posibilidades de realización del país y también de sus ciudadanos. El 4 de octubre de 1824 entró en vigor la Primera *Constitución de los Estados Unidos Mexicanos,* documento de carácter jurídico y político que tuvo como fin principal declarar el carácter de México como país libre y soberano, entidad que desde esa fecha tiene en sus manos los hilos para tejer un futuro propio y libre de dependencia. Los sueños, las ideas-imágenes utópicas actuaban como relevo a las frustraciones y amargura durante tres siglos de sujeción. Se abrían los espacios para nuevas realidades políticas, para el cambio y la construcción, para la prosperidad de la propia nación. El júbilo, imagino, era inmenso, pero mezclado con cierta sensación de inseguridad y languidez, como la experimentada por el adolescente que ha crecido huérfano, sin el calor y apoyo de los padres que le instruyen, le aportan los medios para emprender el sendero de la propia realización. La mayoría de los mexicanos de los primeros años de independencia vivieron condiciones semejantes a las de los niños de la calle de nuestros días, o fueron enrolados en la producción desde temprana edad, o simplemente fueron marginados y abandonados a su suerte. El grueso de la población no tenía las condiciones de lo que ahora concebimos como un ciudadano, carecía de lo inmediato necesario: alimentación adecuada, vestido, vivienda digna, no tenía acceso a la educación que le abriera el horizonte y apetito de una mejor vida; todo ello propició los estereotipos que conocemos del mexicano de esos años y de no pocos aún en nuestros días[3]. Esta forma de vida puede entenderse como propia de la colonia en la que los individuos tenían por condición procurar el bien del colonizador, y no alcanzar el bien propio. Avanzado el siglo XVIII y posteriores, las fronteras de las utopías se pueden ver cada vez más movedizas, el rastreo de

---

3 Estos estereotipos, imágenes o ideas, como la que representa al mexicano sentado y tal vez durmiendo a la sombra de un cactus y de su ancho sombrero, con un gabán plegado en uno de sus hombros, procedían en parte del exterior, pero principalmente eran manejados por el grupo de mexicanos criollos y mestizos que, insatisfechos de la población, dirigían al país y ambicionaban simplemente reemplazar en el poder a los españoles de la colonia. De esta manera se denigraba y desechaba al grueso de la población mexicana desnutrida, carente no sólo de la fuerza física que exigía la productividad deseada y atizada por el éxito productivo del vecino del norte, sino también falta de educación que le permitiera imaginar y desear mejores condiciones de vida. Estos estereotipos justificaban el *statu quo* o la manera de conducir al país, en la que prácticamente no cambiaba la condición de la población.

sus movimientos indica que el imaginario utópico no ha venido siendo más que una forma específica de ordenamiento de un conjunto más amplio de representaciones que las sociedades se dan para sí. En nuestros días aún se dice que no sólo México sino toda la región latinoamericana en el llamado Sur Global está ligada a Europa y a los Estados Unidos, con una historia colonial de 300 años y a élites de ascendencia europea que aún hoy la gobiernan. Soñar una sociedad perfectamente transparente cuyos principios fundamentales se encontrarían en cada detalle de la vida cotidiana de sus miembros, es decir, una sociedad cuya representación sería la imagen fiel de la realidad soñada es un tema constante de las utopías a lo largo de los siglos y nunca llega a su coronación. Por eso la permanencia de ese sueño es un motor de la vida, es un tender a, y, al mismo tiempo es su reverso, porque ninguna sociedad, ningún grupo social, ningún poder ha sido transparente ni siquiera consigo mismo. Pero esta situación fue precisamente la que motivó la sublevación y la independencia. Una vez libres, la mayoría de los mexicanos no tenían lo que hubieran deseado en la construcción de un país dueño de su futuro. No hay duda de que en los primeros pasos de la independencia de México no faltaba la curiosidad y la inquietud que caracteriza al joven cuando ambiciona ser dueño de sí mismo y se esfuerza por desarrollarse en sus circunstancias; tanto el acaudalado como el ciudadano de a pie ambicionaban, sin duda, conseguir un lugar en su sociedad y crecer en el formarse de su país, pero la visión y sobre todo las condiciones eran diferentes y hasta contrapuestas. En ese afán y de manera semejante, la Constitución de 1824 presenta un primer paso, en esta dinámica, que es planteada como un pacto en su interior con los estados que entonces había en el territorio, y también es formulada al exterior como una carta de presentación en el concierto de naciones; este documento presenta algo así como un primer reacomodo de la casa en lo indispensable y de importancia inmediata, que consistía en establecer su forma de gobierno que favoreciera la convivencia esperada y la libertad. Su territorio quedó dividido en 19 estados y cinco territorios. La primera Constitución establece que cada estado pueda elegir su gobierno y su congreso, y que el gobierno se concibe como compuesto de tres poderes: ejecutivo, legislativo y judicial. Así lo establece el título II de esta primera Constitución del país.

Al leer la Constitución Mexicana de 1824 el lector contemporáneo se da cuenta de inmediato de la ausencia de la categoría "sujeto" en todo el documento, carencia que, como hemos apuntado, es comprensible en esas circunstancias; pero en esos tiempos ese mismo concepto tampoco había tenido gran importancia dadas las circunstancias hasta entonces vividas en Europa. Esta ausencia que se da en dos sociedades con diferentes contextos, pero que las acomuna la excitación de la libertad[4], no puede dejar en el olvido otro caso semejante que tuvo lugar en la antigüedad griega y que, tal vez, da alguna pauta para entender los casos mencionados que parecen dejar pendiente la consideración de la categoría "sujeto", dando primera importancia a la construcción de la vida colectiva.

La Polis en la Grecia antigua

Las razones y modalidades de formación de la *Polis* se mantienen todavía poco claras, hay elementos a considerar que se encuentran diseminados en fragmentos filosófico-literarios, religiosos, míticos… Esta es una cuestión que retomaría J. J. Rousseau en su *Contrato social* (I, Vi, p. 51) donde dice que "el orden social es un derecho sagrado que sirve de base a todos los demás, pero no viene en absoluto de la naturaleza; está fundado en una convención". El orden social es algo instituido por la sociedad misma: además, señala que esta fundación tiene estrecha relación con el culto religioso, tal como sucedía en la Grecia arcaica del siglo VIII a. C. en la que surgieron los primeros templos dedicados a Apolo. En la Constitución Mexicana de 1824 también se señala como característica del país naciente su religión.

La diferencia entre la constitución de la sociedad en la antigua Grecia y la construcción del México independiente reside en que en el caso griego todo gira alrededor de una plaza, todo se mueve en torno al ágora, al espacio destinado para debatir y decidir los asuntos que concernían a la colectividad. En esas circunstancias cobra importancia central la noción de *logos* y, por tanto, de quien lo ejerce, dado que los asuntos de la ciudad sólo podían regularse al

---

4   Bronislaw Baczko investiga las utopías en el siglo XVIII, señala que desde la aparición del texto paradigmático de Tomas Moro, se puede encontrar tanto en las novelas como en los proyectos utópicos un importante esfuerzo por imaginar comunidades de felicidad total, modelos que respondían específicamente a la gran pregunta política y social de la modernidad, a saber: ¿cómo imaginar y pensar una sociedad auto instituida que pudiera dominarse a sí misma y que no dependiera de ninguna fuerza exterior? Al final del siglo XVIII, en aquella época de transición, la historia de las utopías es la del desquite y la del estallido de los antiguos paradigmas, pero también es la historia de una mutación de la propia situación de las ideas-imágenes utópicas en el espacio cultural y social, las cuales se manifiestan cada vez menos a través de un discurso ficcional; el tiempo se convierte en el lugar de la máxima inversión utópica, y así, la utopía se desplaza hacia la historia. Los sueños de una *sociedad distinta* ya no están ubicados en islas imaginarias, sino que es en el futuro donde la esperanza las promete, como si estuvieran al alcance de la mano. De este modo, la creatividad utópica ligada a la historia se extiende y se intensifica, pero, por consiguiente, los límites mismos de la utopía comienzan a desmoronarse. (Baczko, B., *Los imaginarios sociales. Memorias y esperanzas colectivas*, p. 7).

final de un debate con alta capacitación retórica, contienda en la que cada participante intervenía libremente desarrollando sus argumentos. Parece claro, entonces, que la participación de un yo individual era la condición necesaria no sólo para el debate, sino también para la construcción de una esfera de lo íntimo o de una interioridad, de la esfera de lo privado, sin embargo, los estudios antropológicos[5] han mostrado que la noción primigenia no ha sido la del individuo, sino la del grupo (familia, clan, comunidad…). El concepto de identidad propiamente dicha en la antigua Grecia se constituía a partir de la noción de pertenencia a una colectividad. En el mundo griego primitivo se pensó ciertamente en el hombre, pero en una variedad de condiciones: como héroe, como ciudadano, como ser de razón, la pregunta que se formulaban sobre el ser del hombre no la enunciaron de manera directa, la hicieron en contraposición a la intuición originaria de lo divino: en una primera etapa el héroe era mitad dios y mitad humano, "algo a los inmortales nos acerca, la grandeza de espíritu" decía Píndaro en sus *Odas Triunfales.*

Se ha dicho repetidamente que han sido los griegos quienes determinaron la tradición intelectual superior de Occidente (Turner, 1948), ellos fueron, antes que cualquier otra cultura quienes se plantearon por primera vez de manera sistemática y reflexiva el problema del hombre, fueron los primeros pensadores verdaderamente conscientes de sí mismos; Protágoras, citado por Platón en *Las leyes* decía: "El hombre es la medida de todas las cosas". Ello refleja el razonamiento griego del carácter antropológico de todo conocimiento y de que toda obra tiene como efecto la humanización del mundo.

En el naciente México independiente que establece su primera constitución en 1824 no hay el ágora con acceso abierto a todos, ni la capacidad de participación en todos los ciudadanos, precisamente por las condiciones en que han vivido. La colonia había instrumentalizado de manera draconiana al grueso de la población para sus fines, que no precisaban en su consecución, sino de la fuerza física. En la colonia tenía lugar el proceso de instrumentalización que incluye al hombre en el cumplimiento de fines casi exclusivamente económicos, aunque en apariencia se continuaba el gesto con el que se iniciaba una lucha en tiempos de la conquista: con ese además con que, al tiempo en que se desenvainaba la espada se exclamaba "por mi Dios y por mi rey". Es decir, aparentemente el objetivo inmediato era la evangelización; lo verificable es que la gestión durante la colonia incorporó una visión simplificadora y abusiva del ser humano, concentrada en la dimensión productiva

---

5 Antropología, entendida como la disciplina que se ocupa de estudiar al hombre, su naturaleza y atributos.

y económica. El trabajo en la hacienda, en la industria minera, en la edilicia o en cualquier otra organización productiva, dio poca o nula importancia al sujeto, tal como sucede ahora en la mayor parte de empresas, fue mínimo el interés mostrado por conocer al individuo y se valoraba sólo su capacidad de hacer, por lo regular, de manera mecánica. Entonces, en la mayor parte de la población del país no había la información, el interés y la visión para participar en la discusión de cómo hacer crecer el México que se independizaba. El individuo, sin embargo, estaba en germen y después de doscientos años habría que hacer un recuento de cómo se ha desarrollado su conceptualización; para ello parece conveniente saber cómo se le concebía, al menos, en la antigua Grecia, de manera que podamos tener un punto de partida en la indagación para poder seguir, de manera somera, pero con cierto horizonte, la evolución que ha registrado el concepto en cuestión.

¿Cuál era la acción política en la *Polis*?

Cuando se habla de la antigua Grecia es difícil no hacer mención de la *Polis,* de la que ya algo hemos mencionado, era la primera ocupación de los helenos de entonces; la pregunta que espontáneamente viene a la mente en relación con nuestro tema, ya que Grecia es considerada la cuna de la cultura occidental, es la siguiente: ¿qué lugar tenía el individuo en esa sociedad? De múltiples maneras se sabe que el lenguaje era considerado como constitutivo de la naturaleza humana, esta apreciación permite entender la estructuración de esa sociedad, la importancia que tenía la palabra, la función del ágora, la retórica...; el lenguaje era visto como uno de los elementos que distinguen al hombre de las demás criaturas, el hombre –decían– es un *zóon logon ekhon* (un ser vivo capaz de discurso). Afirmación que converge y se complementa con otra también conocida de esa época que afirmaba: "sólo es hombre quien es ciudadano". En consecuencia, el hombre, por su capacidad de lenguaje es el único ser de la naturaleza que puede construir un universo simbólico, para uso propio y para el de sus congéneres mediante el uso de la palabra y del lenguaje en general. De manera que, si no existe libertad de palabra para convencer, para argumentar, para controvertir, para educar..., entonces la democracia no es perfecta, la ciudadanía y la humanidad, por tanto, tampoco lo son.

La democracia como forma de vida de la *Polis,* facilitada por la capacidad de lenguaje, pide considerar el papel del individuo, en cambio, en la prevaleciente atención prestada a la *Polis* la categoría de individuo no recibe mayor miramiento, aunque, al menos, propició que se discutiera y reflexionara sobre las injusticias y otros casos que implican necesariamente al individuo, como se puede constatar en los discursos y literatura de ese tiempo, ejemplo ilustrativo de ello son las tragedias en las que se enfrentan las costumbres de la familia y la ley vigente en la ciudad, es decir, es nada menos que el hurto entre las relaciones de sangre y la impersonal justicia de la Polis. En la tragedia *Antígona* se nos da a conocer la lucha entre las necesidades de la naciente Polis de orden e igualdad, simbolizada por el rey Creón y los más profundos lazos de sangre representados por su parienta Antígona. En la fatal contradicción entre familia y ciudad, Antígona y Creón chocan con afectos catastróficos para ambos en la representación que señala la dolorosa transición que vive una cultura, la del paso de la tribu a la ciudad[6].

Otra actividad de primera importancia en la sociedad de la Grecia antigua era la defensa de la patria a través de las armas. En una primera etapa de la Grecia antigua figura el individuo considerado como héroe épico (como el de los tiempos homéricos), que no es sólo humano y se mezcla con las divinidades, pero que tiene en sus manos la decisión de las situaciones que atañen a todos. Es el soldado de las grandes hazañas, distinto al hoplita o guerrero democrático por antonomasia que le sucede y que ya no pertenecía a una clase social o militar privilegiada y desligada de la comunidad política, el hoplita ya no hace suyo el combate singular que daba consistencia al héroe, el nuevo soldado rechaza la proeza puramente individual y se considera parte del grupo.

Con la declaración de que el hombre es un ser político capaz de discurso, Aristóteles inaugura nueva tradición antropológica que considera al ser del hombre a partir de sus relaciones con sus congéneres, tomando en cuenta las concordancias en la construcción de una realidad compartida por medio del discurso, del lenguaje y de la palabra. El *logos* aristotélico implica reconocer en el hombre una potencia no-examinada sistemáticamente hasta entonces.

Un versado profesor en la cultura griega nos decía que la expresión de Aristóteles: (el hombre es) "un ser vivo capaz de discurso" se traduce como: "un ser vivo capaz de razón". Con ello nos quería señalar como relevante la calidad de un discurso, en el que, razón y palabra son dos caras de un mismo fenómeno

---

6 Tal vez no sería atrevido decir que, respetando las diferencias entre la Grecia antigua y no sólo el México de hace doscientos años, sino también el actual, esa transición no termina por concretarse: desde los primeros años de independencia nuestra sociedad ha tenido familias, clanes que han manejado al país y la visión de sociedad de igualdad y justicia no llega a cuajar. La lucha entre partidos políticos que en su interior no son ciertamente democráticos y sufren la imposición y enquiste de líderes, parece que sólo en el discurso buscan la alternancia cuando es necesaria, porque en la práctica, recurren a cualquier medio para mantenerse en el poder. Esta realidad es la que explica la violencia que estamos viviendo en estos tiempos de elecciones (mayo de 2024).

que permite la creación de la comunidad política, lo que presupone también y sin falta el pensamiento y el conocimiento. En esto radica la riqueza y complejidad del concepto de logos: refiere a lo que puede conocerse, pero también a lo que puede pensarse y a aquello sobre lo cual se puede hablar. Se puede decir que estas son las propiedades fundamentales de la concepción griega del hombre como ser de razón. J. Vernant, en su libro *El individuo, la muerte y el amor,* menciona que en un principio el filosofar, el pensamiento racional, dependía de una visión religiosa del mundo, y en esos inicios, la trascendencia era procurada a través de la comunicación con los dioses, así lo indica Platón en *Timeo* (90ª). La búsqueda de la divinidad fue reemplazada en la etapa siguiente de esa cultura por la indagación de la verdad, que al igual que sucedía con la divinidad, se le concebía como inmutable y mostraba siempre un solo rostro, permitía a los hombres cumplir con su misión fundamental de procurar la trascendencia; entonces, a través de la fuerza irresistible que ejerce este deseo de trascendencia, la filosofía empieza a convertirse en la mente de los griegos en la actividad humana por excelencia que procedía en dos etapas: primero tenía lugar la actividad del *nous* que consistía en contemplar lo eterno, actividad en sí misma sin palabras; después seguía el intento de traducir la visión o, mejor, la abstracción, mediante palabras, mediante el logos. Así, el *nous* permitía participar en lo eterno, mientras que el logos, destinado a decir "lo que es" es el atributo específico y exclusivamente humano que se aplica también al mero "pensamiento mortal", a lo que ocurre en ámbito de los asuntos humanos, a lo que simplemente parece, pero no es (Arendt, 2002). Para los griegos de entonces, mientras el *nous* contempla las esencias, el logos hace posibles las dimensiones: epistemológica, estética, ética y política de la vida humana, que se manifiestan en el lenguaje que permite al hombre comunicar su saber acerca del mundo, plasmar la naturaleza en sus obras llenas de sentido (*poiein*) y actuar con sus semejantes (*prattein)* (Scheler, 1978). Para Aristóteles había tres actividades dignas de ser desempeñadas por el hombre: la teoría o la contemplación de las esencias universales a través de la ciencia (sea matemática o filosófica); la ética, que agrupa a las actividades que tienen un fin en sí mismas y la política, que permite al hombre hacer uso de su humanidad, es decir, de la razón y de la palabra para habitar la ciudad, actividades que se desenvuelven en el ámbito de la libertad. Para los griegos, tanto la libertad como la dignidad eran condición de la humanidad.

En la época preclásica La cultura griega se sustentaba en la confrontación que permitía sobresalir en la lucha y alcanzar la estatura de héroe, pero también estaba sustentada en la vida pública, en la vida en comunidad (vida de ciudadano), experiencia que ya implica la relación con el otro, además de que ya tomaban en cuenta la alteridad y la diversidad que les patentizaban sus enemigos; pero términos como "yo" u "otro" no fueron el centro de la atención que fue acaparada por la Polis.

La cuestión del sujeto en la actualidad

Atravesamos tiempos de rupturas y de cambios que nos ponen en la necesidad de elaborar nuevas palabras para poder movernos en sorpresivas realidades que hacen recordar las inseguridades y la angustia vivida en la adolescencia cuando veíamos el horizonte como un ámbito incoloro e indefinido en el que teníamos que abrirnos paso. Después de haber delineado una especie de genealogía de la categoría sujeto-individuo sombreada por la de sujeto-colectivo, a partir del siglo XIX la primera ha tenido mayor atención, de manera especial en el campo de la filosofía, hasta esa centuria, la moderna metafísica de la subjetividad se sustentaba en la relación sujeto-objeto, modificando el significado que estos vocablos tenían en la Edad Media. Ese desplazamiento fue de tal envergadura que marcó el cambio de una época a otra, inició el paso de la concepción medieval teocéntrica de la realidad a una nueva que desplaza a la divinidad y pone en su lugar al hombre mismo. Este cambio inaugura lo que se llama la época moderna, en la que el hombre surge como sujeto. Así inicia la filosofía moderna, Heidegger lo expresa de esta manera:

> Dentro de la historia de la época moderna y como historia de la humanidad moderna, el hombre intentó desde sí, en todas partes y en toda ocasión, ponerse a sí mismo en posición dominante como centro y como medida, es decir, intenta llevar a cabo su aseguramiento. Para ello es necesario que se asegure cada vez más de sus propias capacidades y medios de dominación, y los tenga siempre preparados para una disponibilidad inmediata (Heidegger, 2000, p. 22).

Cambio de visión que modificó también la autocomprensión del humano y su relación con la naturaleza, logrando grandes hallazgos en la ciencia, en la tecnología y en otros campos de la actividad humana, con ilusiones casi ilimitadas como las que aun en nuestros días observamos en algunos congéneres. Pero esta forma de ver la realidad inicia a recibir pesadas críticas expresadas, en primer lugar, por los llamados pensadores de la sospecha (K. Marx, 1818-1883; F. Nietzsche, 1844-1900 y S. Freud, 1856-1939). Desde entonces la consideración de la categoría "sujeto" ha tenido mayor y variado estudio, al grado que en la segunda mitad del siglo XX se llegó a negar o, al menos a eclipsar su validez en algunos planteamientos metodológicos de trabajo, en especial, en el estudio y en la producción del texto literario. De manera que, dado este vuelco, ahora es difícil poder abarcar la amplia gama de estudios que se centran en el sujeto y lo viable es no rematarlo y eliminarlo por completo (lo que se antoja imposible), tampoco se trata de exaltarlo por su triunfal regreso que se nota en algunos planteamientos de teoría y crítica literaria (Ph. Lejeune; Ph. Forest), lo que parece posible es encontrar una subjetividad que permita convivir en la contingencia y la incerteza de nuestro tiempo, que facilite una vía de emancipación en la tensión entre globalización y los plegamientos nacionalistas de corte despótico. Y tal vez lo que se considera de mayor posibilidad es iniciar el punto en cuestión partiendo de preguntas, que no son pocas las que se pueden formular y, en consecuencia, hay que elegir unas cuantas de entre ellas.

Una pregunta hoy en discusión es la de Danilo Martucelli quien interpela: *¿Existen individuos en el Sur?* Este autor considera que el individuo no está nunca, como se suele suponer y algunos afirman, en el origen de la sociedad, sino que es el resultado de un modo específico de hacer sociedad. Llega a la conclusión de que el concepto de individuo es una idea nueva en América Latina, y, en cuanto tal, es una afirmación que permite examinar con otra mirada el pasado de nuestra sociedad que abre nuevas preguntas al mundo de hoy, dado que toda indagación se realiza por la inteligencia del presente, en consecuencia, sus claves son las que en el fondo orientan la selección de los aspectos históricos en consideración.

La pregunta de Martucelli pide dar cuenta críticamente de los marcos históricos en los cuales es abordada. Sin este sondeo por la historia de las ideas no hay posibilidad de respuesta posible. La pregunta está envuelta en una serie de consideraciones indisociablemente culturales y políticas contextuales que necesitan de explicitación, porque, según este autor, el concepto de "individuo" se ha construido en la región a través de un proceso especular particular: en la capacidad de algunos actores de instituirse en tanto unidad próspera en algún sentido –en el norte–, ha sido indisociable de su capacidad para negarles esta dimensión a otros actores –en el sur–. Es estudiando esta dialéctica norte/ sur como podemos entender lo que se decía en las primeras décadas del siglo XVIII que en el México de entonces no había la posibilidad de llevar adelante el desarrollo del nuevo país. Si se pretendía hacer de México una prolongación o una copia del país vecino del norte, la lectura de la situación nacional en esos años era adecuada, pero ¿por qué seguir esos pasos si las características de los dos países eran y son pronunciadamente disímiles? Sin embargo, esa era la visión subyacente de algunos dirigentes del México de entonces y es la que se sigue acariciando todavía por quienes en manera insensata, comodina y sin el mínimo de responsabilidad siguen esperando que la redención llegue del exterior, no importando la forma en que ésta se concretice y sin pensar en sus consecuencias, lo que buscan es mantener sus privilegios.

En la lectura de la Constitución Mexicana de 1824 aparece como inevitable el tomar en cuenta la visión oficial del país en el momento en que se elabora el documento que, en su escueta formulación, no toma en cuenta el factor humano de su proyecto. En páginas anteriores se ha señalado que las prioridades del momento eran otras, y que en la Europa de entonces tampoco hubo marcada atención en el individuo, y que en la Grecia antigua sucedió algo semejante y dominó la visión de colectividad. La Grecia de la *Ilíada* y de la *Odisea* era el mundo del héroe, era un mundo todavía de visión mítica que necesitaba de fuerzas sobrehumanas para conseguir su libertad. La diferencia de la Europa del siglo XVIII y la de México de 1824 es que en ambos casos ya se contaba con la cauda de aportaciones de la Revolución francesa, era la libertad buscada con medios puramente humanos que también perseguía la igualdad y la fraternidad. Se trataba ya de un mundo deseado con independencia, sin despotismo y sin injusticia, que resultaba de un modo específico de hacer sociedad y de hacer individuos.

El individuo, en primera instancia, es visto como un agente empírico presente en toda cultura o sociedad. Pero esta palabra también designa un ser moral o un actor dotado de una serie de atributos específicos que permiten representarlo como un sujeto individual. En la primera acepción del término casi no hay discusión, la segunda, en cambio, es un tópico altamente polémico, al grado que se ha podido decir que no todas las sociedades están constituidas por "individuos", no todas las colectividades humanas son "sociedades de individuos" (Elías, 2002).

La división histórica del individuo, su consideración dicotómica, se ha convertido en una constante descriptiva y normativa de la cultura occidental. Como sucedió con el término "orientalismo", inventado por los ingleses en sus conquistas del Medio Oriente, de manera semejante la designación "América Latina" fue fijada entre autores franceses e intelectuales hispanohablantes en el mismo siglo XIX con el fin de contraponer la región a una América sajona. Contraposición que anima versos de José Martí, misma que José Enrique Rodó extendió a proyección continental con su *Ariel* (1900).

Los tiempos de la primera Constitución de 1824 que uno se puede imaginar de grandes ideales posibles con la libertad conseguida, de esplendores como el que poco después se mencionaría como la raza de bronce. Grandezas de las que ahora, al menos en la diplomacia, se trata de alcanzar al hablar al tú por tú con nuestros vecinos, quienes han sido siempre prepotentes por la pretensión de estar destinados a ver por todo el continente, suposición hecha realidad con la apropiación de la mitad de nuestro territorio y con los lacerantes tratos de discriminación que reciben nuestros compatriotas que trabajan en territorio norteamericano o, frecuentemente, con la atención que reciben nuestros turistas que por su color de piel son señalados y tratados de manera diferente, vistos como el "otro", el de segunda clase o el bárbaro. Esta diferencia se nota hasta en las salas de espera y puertas de salida de los aeropuertos: los destinos a países del llamado tercer mundo no son iguales a los del primer mundo. Toda sociedad fabrica estereotipos negativos de las otras sociedades, al mismo tiempo que se autodesigna por un conjunto de imágenes que la valorizan. En casi todos los lugares y tiempos los prejuicios establecen una división entre el endo-grupo y el exo-grupo. Desde milenios esta es una característica trans histórica de la experiencia humana: el rechazo cuasi universal del otro. Extraña actitud de nuestra común humanidad. En este sentido, una distinción histórica mayor sobrevino con el descubrimiento de América. Las razones de la diferencia del "otro" fueron particulares si consideramos a fondo la cuestión. En 1824 se promulgaba la Constitución que nos declaraba libres de España, pero al mismo tiempo buscaba defendernos de otra amenaza que también llegó de Europa en el siglo XVI (en el My Flower), y enraizado durante tres siglos, fortalecido y con visos de continuar la aventura conquistadora, además de la exploración y ocupación de su territorio occidental, ambicionaba extenderse por donde le fuera posible. El sur se antojaba presa viable. En esas circunstancias, el México naciente podía pasar de una dependencia a otra. Cabe imaginar que en el sentir del pueblo que se independizaba, todavía no cicatrizaba la herida de la conquista, que no fue sino resultado de un azar de navegación y de un bautizo improbable de sus tierras y de sus habitantes ("las indias", "indios"); imaginario traumático, cuya sombra es aún perceptible en nuestros días.

Conquistar todo un continente no fue sin consecuencias, el conquistador no vivió sólo momentos de satisfactorio triunfo, albergó también ambivalentes sentimientos en los que el "otro", el conquistado era visto como la imagen del paraíso y del buen salvaje, pero a la vez era la figura de la barbarie y del vicio. Choque de dos culturas que al relacionarse y conocerse van calificando al diferente con las características más llamativas, con estereotipos construidos también según sus expectativas: seres en estado de naturaleza y virtual fuerza de trabajo, pero sin ambición ni voluntad de hacer, gente indolente y perezosa, roída por el placer y lo prohibido, pero viviendo en lugares en los que abunda el oro y otras riquezas. Bien se puede decir que el vecino del norte así nos veía en 1824. Edmundo O' Gorman decía que toda América Latina no fue descubierta sino inventada.

La Europa conquistadora diseña los estereotipos mediante el monopolio efectivo de la palabra, en prolongadas discusiones y con toscas contradicciones establece los contenidos de la alteridad México. Esta actitud es clara desde los cuadernos de viaje de Colón, prosigue con las crónicas de la conquista y más tarde es depurada con la participación de pensadores como Montaigne, de las Casas, Rousseau, Defoe, Hegel, Marx. Nuestra manera de ver al sujeto, la sensibilidad histórica actual, la inquietud por la común humanidad está en deuda con estos y otros autores que han debatido ampliamente sus intuiciones, pero también algunos han llevado a mutilar matices del tema en beneficio de un gran estereotipo en el que la diferencia ha terminado siendo subordinación, como lo muestra el eurocentrismo.

Los europeos se han pensado como radicalmente diferentes del resto del mundo. Actitud que en la dialéctica civilización y barbarie se convierte en factor decisivo de la cultura occidental. Esta diferencia es acentuada a partir del siglo XVIII por los movimientos de independencia que reaccionan precisamente ante ese dominio y, así, surgen las nuevas naciones, pero la independencia política no significó verdadera libertad para todos. En el siglo XIX, lo que era una tendencia europea se torna endógena en las sociedades latinoamericanas a través de la actitud de las élites que simplemente sustituyeron al poder español y, con ello, inició el proyecto explícito que conocemos de contener a los sectores populares, al indio, a la clase trabajadora que han sido considerados como "otro" peligroso. De esta manera, en nuestro país continuó la cruda dependencia para la mayoría de los mexicanos, dependencia interna de quienes han ignorado las propuestas de la Revolución francesa y de pensadores que han buscado formas humanas de convivencia y, en cerrada actitud, limitan su vida a la defensa de sus bienes.

A comienzos del siglo XIX, en los países del norte, se difundió un discurso político que afirmaba el peligro de una civilización amenazada por la barbarie o por una clase trabajadora percibida como clase peligrosa (Baczko, 1991). Pronunciamiento que fue de consecuencias prolongadas. Quienes anunciaban esta amenaza, la dirigente élite criolla no se limitaba a transponer o adaptar el estereotipo del Otro, lo cargaba de agregados, lo hacía complejo con el fin de que funcionara como escudo frente a la nueva realidad sociopolítica, considerada como la irrupción del "caos" postindependencia. Buscaban poner un dique a la creciente presencia política de las "masas".

Liberarse de un estereotipo plurisecular no es fácil. Esta adjetivación sigue estando presente en las representaciones de nuestros días, la vemos en las formas ordinarias que reviste la discriminación. Pero no todo es gris, algo ha cambiado en sentido, en el relato de la invención del Otro hay algo con función distinta a la alteridad esencial que hemos venido mencionando. Ya no se trata de preguntar si el Otro tiene alma o no, se trata de proponer interpretaciones históricas susceptibles de explicar la insuficiente individuación. La invención del Otro impedía el reconocimiento de la existencia de individuos en las situaciones de dependencia. La falta subraya las desviaciones presentes en referencia a las normas históricas de los países centrales. Las insuficiencias y las anomalías se convierten en los factores decisivos de la nueva narración. Los criollos, al instrumentalizar el estereotipo del otro, al usarlo en su provecho, han sido incapaces de desactivar su carga simbólica (que pesa sobre ellos mismos), y en el espacio nacional terminan siendo sus celosos guardianes, siendo este mismo estereotipo el que en el espacio internacional los excluye de la civilización. El otro sigue siendo otro en tanto diferente del modelo individuo occidental, pero en adelante es preciso dar cuenta desde la historia del porqué de esta diferencia. La no individualidad del otro deja de ser una pretendida evidencia para convertirse en un problema.

La invención del "Otro" que inició en la conquista de América, y que se prolonga y mantiene en la discusión actual, lo ve con insuficiencias y cargado de anomalías, ya en los primeros textos de sociología, a fines del siglo XIX (Durkheim, Weber), en la perspectiva de la distinción que hace Ferdinand Tönnies (1977) entre los conceptos de "comunidad" y "sociedad", se señala la débil diferenciación social en el primero que no da lugar, sino a insuficiente individualización, dado que la semejanza entre sus miembros es impuesta; en el concepto de "sociedad", en cambio, debido a su complejidad creciente, se advierte la progresiva emergencia del individuo. Esta discusión y sus resultados no fueron de gran eco en Latinoamérica ni en los países no europeos o norteamericanos del periodo, y fue, en cambio, en referencia común a un pasado propio y al parecer, en algo superado con las metrópolis (Europa y los Estados Unidos de Norteamérica) y también a un presuntamente presente "atrasado" (el resto de países considerados no primer mundo), que se trazó la división entre sociedades con individuos (en el Norte) y sociedades sin ellos (tanto en el llamado Sur como también en referencia al pasado europeo).

Perspectiva que conlleva una lógica de progreso lineal, con la idea de desarrollo con inevitables y necesarias etapas. Consideración de mayor auge desde mediados del siglo XIX hasta mediados del XX y aun hasta nuestros días. En esta dirección resultó evidente para muchos que los países de Latinoamérica presentaban un conjunto de anomalías e insuficiencias. Esta es una lectura de la realidad Latinoamericana que todavía tiene cultores y es una de las teorizaciones sociales de la región, es la que desarrolla la escuela de la dependencia.

Uno de los célebres personajes literarios de *Conversación en la catedral*, de la novela de Mario Vargas Llosa: Zavalita, nos ayuda en aclarar esta cuestión, resume este punto explicativo en el pasado preguntando: "¿Cuándo se jodió el Perú?" Esta búsqueda-lamento no remite al discurso tradicional de la decadencia, tan presente por razones raciales en el imaginario de la extrema derecha europea o de textos conservadores de nuestra región, tampoco nos hace pensar en una sociedad que sería presa de los bárbaros que, como en estos días se propala, la propiedad privada desaparecerá en el próximo periodo presidencial mexicano si… Lo que se interroga en la novela es el cuándo y el porqué de un ingreso fracasado en la historia. Se trata de la búsqueda de un momento pasado, cuya traza ha sido perdida en la memoria y que condena la historia presente a causa de esta insuficiencia originaria, a una frustración para siempre.

Según algunos autores (Murena, 1954), desde la aceptación misma del término "América Latina" se constituyó uno de los puntos nodales de la inferioridad de los latinoamericanos, que se forjaron, en contraposición con el norte, una identidad que los excluye de la modernidad. Otro autor, tal vez de mayor impacto, Achille Mbembe (2000, p. 19) resume lo mismo a partir del caso africano: el discurso sociopolítico viene a ser el inventario de las causas explicativas de estas anomalías –es siempre a través de lo que "falta" que se comprende lo que es.

La dependencia reenvía a un conjunto de obstáculos históricos y políticos que engendran simultáneamente el subdesarrollo y la dominación. La dependencia es el resultado de una dinámica particular en las relaciones de clase. El subdesarrollo no es más concebido como una etapa en la evolución de las sociedades periféricas, resulta de un proceso global de desarrollo del capitalismo en los países centrales y de subdesarrollo en los países del sur. La dependencia subraya la complejidad de una trama social en la cual las relaciones sociales nacionales son siempre definidas en función de la naturaleza de la inserción de un país a nivel internacional. La realidad social nacional posee por doquier una "otra" escena, está constantemente siendo sobredeterminado por relaciones sociales supranacionales. Las situaciones locales no son sólo determinadas ni por sus condiciones, ni por el simple juego entre actores nacionales, ni por la sola impronta del Estado y su administración, sino por la articulación conflictiva de, por lo menos, estos tres registros. Es la dialéctica de lo global y lo local. La heterogeneidad estructural es la principal característica de estas sociedades, esta es, a la vez, causa y consecuencia de desacoplamiento entre un sector moderno y otro tradicional. Los actores no están determinados ni política ni culturalmente sólo por la dependencia de los países centrales, como lo explica Pablo González Casanova (1965), lo son también por el colonialismo interno específico de sus propias sociedades nacionales. Octavio Paz (1979) opinaba que la ausencia de una edad "crítica" en Latinoamérica explica por qué no hemos logrado ser realmente modernos. Las sociedades latinoamericanas han sido el teatro de formas particulares de tutelajes, cuyas figuras mayores han sido el Ejército y la Iglesia (G. Nugent, 1999). Ambos tutelajes tienen en común la voluntad de ordenar de manera jerárquica y sin discusión, la forma como los ciudadanos deben vivir sus vidas. Forma que se apoya en la jerarquía de las posiciones ocupadas y no en la universalidad de la ley. Es un orden que encontró en el paternalismo reinante en las haciendas un lugar de pregnancia original que habría progresivamente irrigado toda la sociedad. En un universo así, la libertad de pensamiento no puede percibirse sino como una falta de respeto (Nugent, 2001). Las divergencias nacionales tienden a interpretarse en términos de relaciones sociales asimétricas o de déficit (insuficiencias), y por ende bajo la suposición, al menos implícita, de una común humanidad. Con relación a la existencia o no de individuos, el meta relato de la insuficiencia en ningún otro punto del planeta es tan visible. En América Latina no ha existido una verdadera tradición individualista, o sólo se ha dado de manera esporádica con una visión positiva. No ha habido en la región una lectura del lado positivo del individualismo y las más de las veces ha sido condenado. Hay pocas reivindicaciones políticas individualistas, no hay demanda ciudadana para asumir su autonomía y continúa la supeditación; de esto, un ejemplo es, al parecer, indeleble: cuando una persona no ha entendido lo que se le ha dicho, pide la repetición con ¿mande usted? Así, se han dado infinidad de manifestaciones de clientelismo y de caudillismo en los que la endeble democracia es delegativa con escasa experiencia de responsabilidad. La manipulada exaltación del "pueblo" se ha acompañado por una censura a las expresiones individuales. Se puede intuir con facilidad la frecuente manipulación de términos o su no aceptación que tiene importante repercusión en el desarrollo del individuo, en su autonomía.

El individualismo se cifra en la capacidad de los individuos de dotarse de su propia manera de vivir, exigencia inevitable de una revolución política que hizo del contrato entre ciudadanos, libres e iguales, la base del pacto social. Desde la autonomía del juicio, más que desde la independencia económica se construyeron las bases del rechazo al individualismo en A.L. La capacidad de cada individuo de asegurar libremente su sobrevivencia material, consecuencia en Europa del fin del orden medieval y de la creación de un mercado de trabajadores libres, no sucedió de la misma manera en Latinoamérica, donde, no sólo la independencia económica ha sido sistemáticamente obstaculizada, sino también la independencia de juicio con la idea de una colectividad de "individuos" considerados como incapaces de tomar en sus propias manos sus intereses y, por ello, se autocondenan al tutelaje. A la autonomía individual se le ha opuesto e impuesto un estatus de supeditación.

El individualismo es inseparable, como elemento, en todo proyecto de constitución de una esfera pública en la que todos, tanto el gobierno, como los partidos políticos y los actores sociales compiten entre sí en la dirección que tome el país. En la historia, las sociedades viven una invención permanente de sus proyectos, diseñan ideas, imágenes mediante las cuales se dan una identidad en la que perciben sus divisiones, legitiman su poder, elaboran modelos de formación para sus ciudadanos, como en el caso del "valiente guerrero" de la Grecia homérica o el de los recientes de Nelson Mandela en Sudáfrica o de Víctor Jara en su convulsionado Chile.

Solamente en los esquemas simplistas la utopía aparece siempre como "subversiva" y también la memoria colectiva como "conservadora"; las realidades históricas, en cambio, demuestran ser mucho más ricas y complejas. Considerar desde nuestro tiempo la esperanza que la primera Constitución de nuestro país suscitaba hace dos siglos, incluye muchas cosas. En nuestro modo de ver ese momento, en nuestra simple opinión, la ventura era sin límites, porque los mexicanos salían nada menos que de siglos sin libertad. En el mundo que dejaban atrás, los sistemas coloniales conjugaban el monopolio del poder y del sentido, de la violencia física y también de la simbólica, la exclusividad de la censura y del adoctrinamiento, buscaban suprimir todo intento de imaginación que no sea aquella que legitima y garantiza su poder y su determinación del conjunto de la vida en el país.

Se suele asociar la imaginación con la política y el imaginario con lo social. Hoy los políticos exitosos lo son en función de sus capacidades de imaginación. El discurso contestatario de 1968 fue impactante ejemplo del desplazamiento de la imaginación al discurso, todavía recordamos las pintas y slogans que figuraban en espacios de las calles de ciudades europeas, principalmente en Paris: *¡La imaginación al poder! ¡Pidamos lo imposible!* Exclamaciones que impactaban no tanto por su deslizamiento semántico, del que casi no nos dábamos cuenta, asombraban por la asociación de *imaginación* y *poder* como inocultable paradoja, dado que la palabra *imaginación* en su uso común refería a la facultad productora de ilusiones, de sueños y símbolos, su campo era el de la poesía y las artes, pero en ese entonces, irrumpió en un terreno reservado a lo "real" y formal. La paradoja, en realidad, es sólo aparente. Las disciplinas humanísticas hacen patente que todo poder, más el político, se teje de representaciones, de sentimientos, de aspiraciones y de muchas otras cosas. Y se sabe bien, para el poder que aparenta indiferencia, en realidad el ámbito de la imaginación y del símbolo es un lugar estratégico y lo maneja, porque le es de importancia capital.

Parte conclusiva

En nuestros días es una necesidad no renunciar a la subjetividad crítica, en oposición a la llamada subjetividad funcionaria. Las reivindicaciones de emancipación social, nacional, sexual o la que fuere, exigen la constitución y reconocimiento de una subjetividad crítica. Hay que desactivar los nuevos dogmas esencialistas, la desmedida propuesta de una globalización que arrasa, pero también las crispaciones de un nacionalismo sin horizonte. Sólo cuestionando el concepto de subjetividad como identidad del sujeto presente a sí mismo, estable y segura, se pueden criticar las identidades que se van institucionalizando, cristalizando. Doble tarea que parece comprometer gestos contradictorios, pero sin ella no habría responsabilidad ni decisión, sino máquina programática. La decisión y la responsabilidad deben pasar por la prueba de la contradicción y de la indecidibilidad. No recuerdo en qué lugar Derrida dice que entre la indecidibilidad y la decisión no hay contradicción, porque lo indecidible es la condición de la decisión. Cada decisión supone una evaluación de la situación singular en la que se toma la responsabilidad de articular y negociar estos dos gestos contradictorios. En esto no hay regla ni garantía preestablecida. Estamos siempre atrapados en un espacio que es, a la vez, el de la subjetividad crítica y el de la subjetividad funcionaria e institucional.

Referencias

Arendt, H. (2002). *La vida del espíritu.* Barcelona: Paidós.

Baczko, B. & Betesh, P. (1991). *Los imaginarios sociales: memorias y esperanzas colectivas.* Buenos Aires: Nueva Visión.

Elías, N. (2002). *Humana conditio: consideraciones sobre la evolución de la humanidad.* Barcelona: Península.

González Casanova, P. (1965). *La democracia en México.* México: Ediciones Era.

Heidegger, M. (2000). *Nietzsche.* Barcelona: Destino.

Lukács, G. (1965). *Il romanzo storico.* Torino: Giulio Einaudi Editore.

Martucelli, D. (2010). ¿Existen individuos en el Sur? Santiago: LOM Ediciones.

Mbembe, A. (2000). *On the Postcolony.* California: University of California Press.

Murena, H. (2017). *El pecado original de América*. España: Fondo de Cultura Económica.

Nugent, G. (2008). El laberinto de la choledad: páginas para entender la desigualdad. *Quehacer* n. 170, abr. - jun. 2008, p. 86.

Nugent, G. (1999). La segunda modernidad: individuos civiles. *Quehacer*, n.120, sept. - oct. 1999, p. 86.

Paz, O. (1979). *El ogro filantrópico*. Barcelona: Seix Barral.

Rousseau, J. J. (2004). *Contrato social*. México: Casa Editorial Boek.

Scheler, M. (1978). *La idea del hombre y la historia*. Buenos Aires: La Pléyade.

Turner, R. (1948). *Las grandes culturas de la humanidad*. México: FCE.

Vernant, J. (2001). *El individuo, la muerte y el amor*. Barcelona: Paidós.

White, H. (1992). *Metahistoria. La imaginación histórica en la Europa del siglo XIX*. México: FCE.

Semblanzas de los autores

Mauricio Ávila Barba

Doctor en filosofía por la Universidad Nacional Autónoma de México, es profesor de Tiempo completo de la Facultad de Filosofía de la Universidad Autónoma de Querétaro. Miembro del SNII, nivel 1, pertenece al Cuerpo Académico "Filosofía Contemporáneo", registrado en PRODEP, clave UAQ-CA-96. Miembro de la Red filosofía, pensamiento y sociedad, con clave 6609/REDP2022, incorporada en el registro permanente de Redes temáticas de colaboración académica de la Universidad Autónoma del Estado de México (UAEMéx). Entre sus publicaciones más recientes: Ávila Barba, M. (2018). ARQUEOLOGÍA DEL SABER. Formación Discursiva, Positividad y Bioética. México: UAQ-Fontamara.

Davide Eugenio Daturi

De origen italiana, estudió la licenciatura y la maestría en Filosofía en la Universidad de Milán. Es doctor en Humanidades (Filosofía contemporánea), título conseguido en la Universidad Autónoma del Estado de México (Uaeméx). Actualmente, es profesor de tiempo completo definitivo en la Facultad de Humanidades de esa misma institución. Sus estudios se han dirigido a la comprensión de las cuestiones relacionadas con la experiencia perceptiva, sobre todo en el área de la estética y desde la perspectiva fenomenológica. Ha desarrollado investigaciones sobre la filosofía de Merleau-Ponty, la filosofía italiana de la escuela de Milán y la obra de Marc Richir. Es autor del libro *Merleau-Ponty y el cuestionamiento de la metafísica del Sujeto* (2023, Coimbra University Press - Portugal), coordinador de los libros *La filosofía messicana del Novecento* (2018, Mimesis - Milán) y *Meditaciones metafísicas. La experiencia sensible y sus horizontes* (2024 - Tirant Humanidades); así mismo es autor de artículos en revistas nacionales e internacionales. Es miembro del SNI (nivel 1) desde 2017.

Roberto Andrés González Hinojosa

Es Doctor en Filosofía por la UNAM, Profesor-Investigador en la Facultad de Humanidades de la Universidad Autónoma del Estado de México. Sus líneas principales de investigación son: Antropología filosófica, Ontología, y Epistemología. Ha publicado 14 libros como autor único, ha sido colaborado como coautor en diversos libros. Asimismo, tiene publicados más de ochenta artículos especializados en revistas nacionales e internacionales.

Robert Stingl

Nacido en 1975 en Salzburgo, Austria. Estudió Filosofía y "Estudios de Teatro, Cine y Medios de Comunicación" en la Universidad de Viena, donde se tituló en 2008. Sus líneas de investigación se centran en la filosofía cultural, la crítica del lenguaje y la filosofía judía. Ha colaborado en diversos proyectos de investigación en Austria, EE. UU. y México. Vive en Toluca Estado de México desde 2009. Cuenta con Doctorado en Estudios Latinoamericanos, 2019 por la Universidad Autónoma del Estado de México (UAEMéx). Trabaja en la UAEMéx en la Facultad de Humanidades, Lenguas y Ciencias Políticas desde 2012. Y labora desde 2020 en el Instituto de los Estudios sobre la Universidad. Es Profesor con Perfil deseable y Miembro del Sistema Nacional de Investigadores.

Miguel Ángel Sobrino Ordóñez

Doctor en Estudios Latinoamericanos en el área de Filosofía por la UNAM, Doctor en Filosofía; Doctor en Teología Moral. Profesor-Investigador de tiempo completo de la Facultad de Humanidades de la Universidad Autónoma del Estado de México (1993-2024); Ha dirigido unas 130 tesis de licenciatura, maestría y doctorado (Filosofía, Estudios Latinoamericanos, Educación); ha sido Miembro del Comité de Evaluadores Expertos. Conferencista y ponente en varios eventos académicos nacionales e internacionales. Entre sus líneas de investigadores se encuentran: Historia de las Ideas Filosóficas y Religiosas en América Latina: Historia Cultural, devociones y prácticas religiosas. Historia de las Ideas Educativas en América Latina; Historia Escrita. Ha publicado, entre otras obras: Historia de la filosofía moderna y contemporánea (México, 2003); Me llamo... pero me dicen. Sobrenombres, títulos honoríficos, abreviaturas y más. Repertorio de autoridades citadas por pensadores novohispanos (México, 2007); en torno a la Paideia Isocrática, Platónica y Aristotélica

(México, 2011); Educación y Utopía. A 500 años de "Utopía" de Tomás Moro, (México, 2011); Educación: Hermenéutica y Teoría Crítica, (México, 2012); La Fiesta. Diez miradas (México, 2015); además de varios artículos en revistas especializadas nacionales e internacionales. Actualmente, tiene dos obras de prensa: Sepan cuanto esta carta de testamento última y postrimera voluntad vieren como yo… Testamentos, codicilos, cartas poder e inventario de bienes en el Archivo General de Notarías del Estado de México 1565-1623 (México, 2024); e Incienso, Oficios religiosos, beneficios, diezmos, … Expresiones, dichos y conceptos religiosos coloniales, (México, 2024).

Mario Díaz Domínguez

Estudió la licenciatura en Filosofía en la Universidad Autónoma de Tlaxcala. Maestría y doctorado en Filosofía en la Benemérita Universidad Autónoma de Puebla. Es Miembro del Sistema Nacional de Investigadores y perfil PRODEP. Es Miembro asociado de la "Sociedad Iberoamericana de Estudios heideggerianos" y de la "Hans-Georg Gadamer-Gesellschaft". Es miembro del Cuerpo Académico consolidado Modernidad y Humanismo de la UATx e investigador del Centro de Investigación Educativa (CIE-UATx). Su línea de investigación se enfoca en la relación existente entre Metafísica y Hermenéutica, tanto en el periodo antiguo, como en la filosofía contemporánea e idealismo alemán. Algunas de sus publicaciones son "El Banquete de Platón. Una aproximación hermenéutica a la insipiencia" (2022) Editorial Universidad Iberoamericana; "Consideraciones gadamerianas en torno a la universalidad del lenguaje y su correlación comprensiva del mundo a través del diálogo" (2023), Editorial Lambda.

Eduardo Manuel González de Luna

Profesor-investigador de tiempo completo en la Facultad de Filosofía de la Universidad Autónoma de Querétaro, México. Obtuvo la licenciatura en Física en la Facultad de Ciencias, la Maestría y el Doctorado en Filosofía de la Ciencia en el Instituto de Investigaciones Filosóficas de la UNAM. Ha dirigido tesis a nivel de licenciatura, maestría y doctorado, y ha publicado libros y artículos especializados en el campo de la filosofía de los conocimientos. Sus intereses de investigación actuales se relacionan con problemas del pensamiento posthumanista, con la filosofía social de la ciencia y la tecnología, las metodologías de la complejidad, los problemas éticos de la investigación científica y la ética animal y ambiental. Ha sido miembro del SNI desde el 2014.

Gabriel A. Corral Velázquez

Doctor en Estudios Científico Sociales (ITESO – Universidad Jesuita de Guadalajara, México) Profesor de tiempo completo desde 2006 adscrito a la Facultad de Filosofía de la Universidad Autónoma de Querétaro (México) Su línea de investigación se centra en la filosofía y comunicación política; focalizando el interés en las prácticas que configuran la cultura política y el espacio público. Ha sido columnista invitado en medios de comunicación escritos y electrónicos. Ponente en congresos internacionales y nacionales, autor de más de veinte artículos científicos, capítulos de libro. Ha publicado cuatro libros sobre investigación de la comunicación, la producción informativa en México, la cultura digital y la filosofía política. Miembro desde 2015 del Sistema Nacional de Investigadores del CONACYT – México.

Juan Monroy

Juan Monroy García, cursó la Licenciatura en Filosofía en la Facultad de Humanidades de la UAEMéx, obtuvo los grados de Maestro y Doctor en Estudios Latinoamericanos en la Facultad de Filosofía y Letras de la UNAM. Es profesor de tiempo completo en la Facultad de Humanidades desde 1987. Miembro del Sistema Nacional de Investigadores. En los últimos años, sus investigaciones se han concentrado en el estudio de la transición y consolidación de la democracia en Centroamérica y México, así como en el análisis de la incorporación de los movimientos insurreccionales a las democracias de dicha región. Producto de este interés, han aparecido sus artículos y ensayos en diversas publicaciones periódicas como Diálogos, (Costa Rica), Contribuciones desde Coatepec (UAEMéx), Dialéctica (BUAP), y Political Vector-Pro, Scientific Journal, de la Universidad Estatal de Montes Urales del Sur. Capítulos en libros del CIALC de la UNAM, en textos del IEEM, y de la Universidad de los Montes Urales del Sur, Rusia. La UAEM le ha publicado los libros: (2011) La iglesia católica en Nicaragua, entre el poder y el compromiso con los pobres y (2013) De la insurrección a la transición a la democracia en Centroamérica. Los casos de El Salvador, Guatemala y Nicaragua. En coedición con la UNAM, los libros (1997) Tendencias ideológico-políticas del Frente Sandinista de Liberación Nacional (FSLN) 1975-1990 y (2001) Transición a la democracia en Nicaragua 1990-1996. Además, Juan Pablos Editores, los libros: (2016) La iglesia católica en El Salvador y Guatemala. Entre el poder y la opción preferencial por los pobres, así como (2020) Samuel Ruiz entre la insurrección y la opción preferencial por los indígenas.

José Antonio Mateos Castro

Doctor en Filosofía por la Universidad Nacional Autónoma de México. Profesor de Tiempo Completo de la Universidad Autónoma de Tlaxcala y coordinador de la Licenciatura en Filosofía de la misma universidad. Miembro del Sistema Nacional de Investigadores. Profesor con Perfil PRODEP y Líder del Cuerpo Académico Consolidado Modernidad y Humanismo. Integrante de la academia de Filosofía, del Núcleo Académico Básico del posgrado Estudios del Discurso y Literacidades Académicas de la universidad y del posgrado en Estudios Interdisciplinarios en Humanidades, ambos posgrados de la Facultad de Filosofía de la UAT. Integra los comités tutoriales de posgrado en Filosofía Contemporánea de la BUAP, en Humanidades de la UAEMx y en el Posgrado Interinstitucional en Derechos Humanos de la UATx. Líneas de Investigación: Problemas de filosofía práctica contemporánea y Educación, Humanismo y Universidad.

Miembro de la Red de Investigadores en Filosofía (RIF) de la Región Centro-Norte. Miembro del seminario Historia de las ideas filosóficas de nuestra América y las relaciones de poder, CIALC-UNAM y de la Red Filosofía, Cultura y pensamiento contemporáneo. UAEM, UAQ. Sus últimas publicaciones: (2023) "Hacia una distinta comprensión del ámbito político. Algunas consideraciones gadamerianas desde el diálogo prudente." En Revista Logos, año LI, no. Universidad La Salle, (2023) *Acercamientos a la situación epocal desde la diversidad filosófica contemporánea*. Argentina, Biblos, (2023) "Política, historia y hermenéutica del peligro en Walter Benjamin", en *Acercamientos a la situación epocal desde la diversidad filosófica contemporánea*, (2024) "La constitución de la subjetividad moderna y los sujetos colectivos latinoamericanos, una tensión histórica permanente." México, UNAM.

Herminio Nuñez Villavicencio

Licenciado en Teología por la Universidad Pontificia Sto. Tomás de Aquino, Roma (1971). Licenciado en Lenguas y Literaturas Modernas por la Universidad de Estudios de Roma "La Sapienza" (1976). Especialización en Informática para las Humanidades, "La Sapianza" (1987). Maestría en Estudios Literarios, Universidad Autónoma del Estado de México (1990). Doctorado en Filología, Universidad Complutense de Madrid (1998). Experiencia de investigación: Quince proyectos finiquitados (como responsable o como colaborador); ponente en más de 150 congresos nacionales e internacionales; autor de 4 libros sobre teoría literaria, humanismo y educación; co autor de 14 libros colectivos; autor de 43 artículos nacionales e internacionales indexados. Evaluador CONAHCYT, PROMEP Y COAPEHUM.

www.ingramcontent.com/pod-product-compliance
Lightning Source LLC
LaVergne TN
LVHW041510170726
843492LV00005B/1436